U1016079

上海文化发展基金会图书出版专项基金资助项目

图书在版编目(CIP)数据

近代中国银行监管制度思想研究:1897—1949/何业嘉著.—上海:上海财经大学出版社,2019.8

(近代中国经济转型历史与思想研究文库)

ISBN 978-7-5642-3090-6/F·3090

Ⅰ.①近… Ⅱ.①何… Ⅲ.①银行监督-银行史-研究-中国-1897-1949 Ⅳ.①F832.96

中国版本图书馆 CIP 数据核字(2018)第 177195 号

□ 策　　划　袁　敏
　　　　　　黄　磊
□ 责任编辑　黄　荟
□ 封面设计　张启帆
　　　　　　贺加贝
□ 封面篆刻　林　健

近代中国银行监管制度思想研究

(1897—1949)

何业嘉　著

上海财经大学出版社出版发行

(上海市中山北一路 369 号　邮编 200083)

网　　址:http://www.sufep.com

电子邮箱:webmaster@sufep.com

全国新华书店经销

上海华业装璜印刷厂印刷装订

2019 年 8 月第 1 版　2019 年 8 月第 1 次印刷

787mm×1092mm　1/16　14.25 印张(插页:2)　240 千字

定价:52.00 元

近代中国经济转型历史与思想研究文库

主　编

程霖

副主编

王昉

燕红忠

总　序

近代中国面临“千年未有之大变局”，中国经济也在外部冲击和内部调整之中发生了空前的转型变迁。本文库聚焦近代中国经济转型历史与思想研究，力图全方位、多视角地解析近代中国经济的转型路径与发展脉络。对近代中国经济转型的历史进程、思想演变及其内在逻辑规律的揭示，对于当下正处在新的转型之中的中国经济的涅槃和更生，无疑具有强烈的启示意义与现实价值！

本文库以经济史与经济思想史作为主要研究基质，以问题导向性作为划分体例，分别以独立专著形式展开研究，选题内容广博丰富，聚焦于近代中国财政、金融、保险、城乡关系、农村地权、民族资本主义、家族企业变迁等各个方面，在详尽搜集各领域相关经济思想和经济史料的基础上，深入研究了近代中国经济相关领域制度变迁和转型升级的经验及教训，有助于揭橥中国道路的近代历史渊源。

同时，正如习近平总书记在 2016 年 7 月 8 日主持召开的经济形势座谈会上所指出的：“坚持和发展中国特色社会主义政治经济学，要以马克思主义政治经济学为指导，总结和提炼我国改革开放和社会主义现代化建设的伟大实践经验，同时借鉴西方经济学的有益成分。”观察近代中国经济转型同样也有一个不可忽视的重要理论背景，就是西方经济学说在近代中国传播与本土化，为此本文库也纳入了这方面的专著。

本文库是上海财经大学“创新团队建设项目”成果之一，不仅较为全面、深刻地展示了近代中国经济转型历史与思想的重要研究成果，为新时代构建中国特色社会主义政治经济学理论体系、学科体系和话语体系提供了可靠立足点，同时基于对近代中国经济转型发展经验教训的总结和提炼,有助于与现当代中国经济转型实践的逻辑连接,也有助于指导并预测中国经济转型的未来方向,从而为世界经济发展尤其是后发国家的转型发展提供具有可借鉴性和可推广性的中国智慧。

丛书主编　程霖

前　言

随着世界经济的不断发展，银行作为金融市场中重要的主体，对于金融及经济发展有着重要意义。银行是一种以高负债为特点的企业，经营的对象是货币资本，因而银行在经营过程中时刻面临着风险问题。高风险伴随着高收益，银行作为以追求利润最大化为目的的企业，其自我防范风险的意愿并不高。因此，需要政府通过设立专门的银行监管机构，对银行的设立、日常经营和问题银行退出等各方面进行监督和管理，引导银行正确地对待风险和收益，保证银行的安全稳健运营。基于上述原因，银行监管制度的建立对于一个国家或地区金融市场的安全稳定运行意义重大。银行监管制度既是金融制度的重要组成部分，其本身又是国家公共行政管理制度的重要内容。作为一种制度，它包括制度的各项构成要素，如银行监管的主体、银行监管的客体、银行监管的法律依据、银行监管内容的规律性特征，以及银行监管的方法与手段等，同时也涉及各项要素之间的相互关系等。从这个意义上讲，研究近代中国银行监管制度思想的产生、发展及其变迁过程，并对近代中国银行监管制度思想中体现的监管理论做一总结，对于推进和完善当今中国银行业监管制度的建设，也有重要的现实意义。

对于当代银行监管制度的研究，主要是依据当代金融理论，以现代银行监管制度建设等为研究的主要内容。从经济史学角度对银行监管制度的研究，也主要从经济史的角度梳理近代中国银行监管制度发展及存在的问题等，未能有从经济思想史的角度对近代中国银行监管制度思想的发展进行系统梳理和研究的成果。自 1897 年中国第一家商业银行——中国通商银行——建立以来，有关银行理论的研究犹如雨后春笋。由于银行业的不断发展,银行监管理论自然成为国人研究的重要方面。从中国经济思想史学科的发展来看,近代中国银行思想作为中国经济思想研究的重要部分,一直是社会各界关注的重点。而本书的研究对完善近代中国金融思想史,特别是近代中国银行思想史的研究,具有重要的理论意义。从目前来看,有关近代中国银行思想的研究成果主要以银行制度建设思想和银行经营管理思想为主,其中一些研究也对近代银行监管思想的发展进行了一定梳理,但对近代中国银行监管制度思想加以系统全面的研究,则尚属空白。因此,本书的研究,无论是对于拓展中国金融思想史的研究领域,还是深化中国金融思想史的研究内涵,都会起到一定的填补作用。

本书的研究是在已有的近代中国银行监管制度的形成与演变研究基础之上,以近代银行监管制度思想的变迁为主要线索,分晚清时期、北京政府时期、南京国民政府时期三个时段,对近代中国银行监管制度思想的各个方面进行梳理和研究,以发现和还原各时期中国银行监管制度思想的发展脉络,总结各时期中国银行监管制度思想的发展特点。全书共分为五章:第一章为“导言”,主要阐述了选题的意义、对以往相关学术研究的回顾、研究的对象及基本研究框架、现代银行监管理论及本书研究中相关概念的界定,以及近代中国银行发展与银行监管制度思想的关系等。第二章为“近代中国银行监管制度思想的产生(1897—1911)”,主要研究晚清时期的银行监管制度思想。首先对晚清时期中国银行业的产生及银行制度建设思想的产生与发展进行了论述,在此基础之上,分别探讨了近代中国银行监管制度思想的产生、晚清银行监管的目标、晚清银行准入制度思想和退出制度思想等内容,并总结这一时期银行监管制度思想的特点及不足。第三章为“近代中国银行监管制度思想的发展(1912—1927)”,主要研究北京政府时期的银行监管制度思想。具体内容包括:对北京政府时期中国银行业的发展现实及银行制度建设思想的发展进行了阐述;对北京政府时期银行监管必要性的讨论及监管目标的论述;对北京政府时期的银行准入制度思想和银行退出制度思想的研究;总结了北京政府时期银行监管制度思想的特点及不足。第四章为“近代中国银行监管制度思想的深化(1927—1949)”,主要研究国民政府时期的银行监管制度思想。首先论述了国民政府时期中国银行业及银行制度建设思想的现实发展状况，随后对国民政府时期银行监管制度思想对银行监管必要性的讨论进行了论述，并对国民政府时期银行监管目标进行了总结，在此基础上，详细讨论了国民政府时期的银行准入制度思想和银行退出制度思想，最后对国民政府时期银行监管制度思想的特点及不足进行了总结。第五章为“近代中国银行监管制度思想发展的规律及启迪”，主要从整个近代时期对中国银行监管制度思想发展的特点进行了总结，并揭示了其对现代中国银行监管制度建设的启迪作用。

通过上述研究，笔者发现近代中国银行监管制度思想的发展存在如下几方面规律：(1)近代中国银行监管制度思想的发展体现了监管制度的强制性变迁过程；(2)近代中国银行监管制度思想的发展过程中，政府控制力不断加强；(3)近代中国银行监管制度思想的发展是一个渐进的过程；(4)在近代中国银行监管制度思想的发展过程中，对风险的认识不断深入。近代中国银行监管制度思想的特点包括：(1)财政部始终为银行监管的主体；(2)对银行准入制度思想的重视；(3)近代中国银行监管制度思想的发展具有先进性；(4)近代中国银行监管制度思想的发展具有时代性；(5)重管理、轻监督的制度设计理念。近代中国银行监管制度思想对当代中国银行监管制度建设的启示有：(1)健全的法律体系是监管制度完善的基础；(2)监管制度的建设要学习和吸收国际经验；(3)监管制度的设计要符合国情；(4)监管制度的设计要具有一定的预见性；(5)掌握信息的充分性和及时性是银行监管有效性的主要保证。

何业嘉

2019 年 6 月

目　录

第一章 导 言

一、选题意义

近代中国自1897年第一家商业银行——中国通商银行——建立以来，有关银行理论的研究犹如雨后春笋。随着近代中国银行业的不断发展以及银行经营存在风险性的特点，银行监管制度的建立自然成为国人研究的重要方面。从中国经济思想史学科的发展来看，近代中国银行思想作为中国经济思想研究的重要部分，一直是社会各界关注的重点。本书的研究对象为近代中国的银行监管制度思想，这一研究对完善近代中国金融思想史，特别是近代中国银行思想史的研究，具有重要的理论意义。从目前已有的研究成果来看，有关近代中国银行思想的研究成果主要以银行制度建设思想和银行经营管理思想为主，其中一些研究也对近代银行监管思想的发展进行了一定梳理，但对近代中国银行监管制度思想加以系统全面的研究，则尚属空白。因此，本书的研究，无论是对于拓展中国金融思想史的研究领域，还是深化中国金融思想史的研究内涵，都会起到一定的填补作用。

除上述理论意义外，本研究对于当代中国银行监管制度的发展同样具有重要的现实意义。随着我国金融业的发展，我国的金融监管制度也在不断地发展和完善，而金融监管理论涉及的领域几乎涵盖了经济学、管理学、法学和社会学等多个学科。其分支理论，如银行监管理论、证券监管理论等的迅速发展，对经济体系的健康运行发挥着重要作用。特别是银行监管制度及其理论，伴随着银行业的不断发展，其重要性日益凸显。商业银行作为从事吸收公众存款、发放贷款、办理结算等业务的企业法人,其经营活动涉及国民经济和社会生活的各个方面,是国家金融体系的重要主体,商业银行的风险控制对于整个金融体系的安全具有重要作用。银行监管主要指政府设定的监管机关依据法律规定对银行组织及其业务活动实施监督和管理,促使其合法、稳健运行的一系列行为。银行监管制度既是金融制度的重要组成部分,其本身又是国家公共行政管理制度的重要内容。作为一种制度,它包括制度的各项构成要素,如银行监管的主体、银行监管的客体、银行监管的法律依据、银行监管内容的规律性特征,以及银行监管的方法与手段等,同时也涉及各项要素之间的相互关系等。上述银行监管制度的各个方面,近代中国的银行监管制度建设同样会涉及,并形成相应的银行监管思想。从这个意义上讲,研究近代中国银行监管制度思想的产生、发展及其变迁过程,对近代中国银行监管制度思想中体现的监管理论做一总结,做到以史为鉴,对于推进和完善当今中国银行业监管制度的建设,也有重要的现实意义。

二、学术回顾

当代学术界,有关近代中国金融监管制度及思想的研究并不多,其中涉及银行监管内容的研究大致可以分为如下几个方面:金融监管制度及思想、银行监管制度及思想、银行组织与管理法规、中央银行制度及思想。

关于近代中国金融监管制度及思想的研究,主要代表性的研究成果有吴永光2006年的硕士学位论文《国民政府时期金融监管体制变迁研究》[1],以及姚会元、易棉阳的《中国政府金融监管制度的演进与特点(1900—1949)》[2]。姚会元和易棉阳将其研究的时段分为清末、北洋政府及南京国民政府三个时期,通过对每一时期金融监管制度的演进与特点的讨论,认为近代中国金融监管体制经历了"单一监管→双头监管→单一监管"的变迁过程,其变迁方式则以强制变迁为主、以诱致性变迁为辅,并且两种变迁方式之间存在逆向交替的关系。吴永光的硕士论文《国民政府时期金融监管体制变迁研究》,通过对国民政府时期的金融监管制度进行研究,认为国民政府时期金融监管主体在行使金融监管职能过程中先后发挥主导作用的是财政部、四联总处和中央银行,监管内容均

〔1〕 吴永光:《国民政府时期金融监管体制变迁研究》,2006年广西师范大学硕士学位论文。

〔2〕 姚会元、易棉阳:《中国政府金融监管制度的演进与特点(1900—1949)》,《广东金融学院学报》,2007年第9期。

包括各时期对货币发行、金融市场与金融机构的监管。同时得出如下结论：国民政府时期金融监管体制实现了从财政部主导型向中央银行主导型的转变，其中国民政府起了重要推动作用，并且国民政府是通过四联总处的设立及其职能的强化与弱化来实现这个转变的。在这个转变过程中，国民政府所起的作用是积极的，是值得肯定的。但1947年后，由于国民政府的过度介入，制度供给过剩、金融监管失灵，导致国民政府金融体系的最后崩溃。

关于近代中国银行监管制度及思想的研究比较丰富，代表性的研究成果有程霖的《中国近代银行制度建设思想研究(1859—1949)》[1]、刘平的《近代中国银行监管制度研究(1897—1949)》[2]，以及朱晓辉的硕士论文《试析中国近代银行监管制度及思想(1859—1927)》[3]。程霖先生的《中国近代银行制度建设思想研究(1859—1949)》一书，虽然是以近代中国银行制度建设思想为题，但他在著作中明确表示银行监管制度建设是银行制度建设的重要方面，并对晚清、北洋政府及南京国民政府时期有关银行监管目的的认识、银行监管主体的讨论以及各时期主要的银行法规等进行了详细论述。程霖先生的研究，初步梳理出了近代中国银行监管制度的发展脉络，为我们展现出了近代中国银行监管制度思想的基本内容和特点，为本书的研究提供了先行经验和基本研究脉络。同时，程霖先生的研究也形成了唯一一部对整个近代中国的银行监管思想进行系统梳理的著作。刘平的《近代中国银行监管制度研究(1897—1949)》一书，对1897—1949年间近代中国银行监管制度分别从法规依据、主体特征、客体构成、监管的内容及方式等方面进行了系统研究。这本书也是现有的对近代中国银行监管制度最为全面、系统研究的论著，但该著作是一部经济史著作，对近代银行监管的思想并未进行深入系统的研究。最后值得一提的是朱晓辉的硕士论文《试析中国近代银行监管制度及思想(1859—1927)》，该论文是较早以近代中国的银行监管制度思想作为研究对象的文章，对晚清时期和北洋政府时期的银行监管制度及思想进行了较为系统的研究和梳理，但限于硕士论文的篇幅，对这两个时期的银行监管思想研究的深度与广度均不够充分。同时，该论文对于近代中国银行监管制度发展最重要的时期，即国民政府时期的银行监管思想则

---

[1] 程霖：《中国近代银行制度建设思想研究(1859—1949)》，上海财经大学出版社1999年版。

[2] 刘平：《近代中国银行监管制度研究(1897—1949)》，复旦大学出版社2008年版。

[3] 朱晓辉：《试析中国近代银行监管制度及思想(1859—1927)》，2002年中国政法大学硕士学位论文。

未做研究,实属遗憾。

对于银行监管制度思想的研究,还有一类是有关近代中国银行组织与管理法规的研究。政府对银行的监管必然要制定相关法规,作为对银行进行监管的法律依据,所以在对近代中国银行法规的研究中,必然会涉及近代中国的银行监管制度思想。这类研究的代表性成果有马志刚的博士论文《中国近代银行业监理法律问题研究》[1]和李婧的博士论文《中国近代银行组织法律制度研究(1897—1949)》[2]。马志刚的论文从法学的视角,对近代中国的银行立法之状况、中央银行之生成及发展、银行业公司治理结构法律制度、银行业业务经营法律制度、银行业风险监理法律制度、中央银行经理国库法律职能、中央银行票据清算法律制度、中央银行最后贷款人法律制度、货币政策法律制度、外汇黄金管理法律制度以及中央银行独立性和权威性问题等内容进行了详细论述。该论文从内容来看是以法律视角为研究的出发点,进而对近代中国银行监管制度的发展进行梳理和研究。所以,该论文仍应当作为经济史或法律史方面的研究,不属于经济思想的研究范畴。另外,该论文以银行业监理来命题,从其成文的时间来看,如此命题实属不当。因为当时理论界公认的表述方法应为银行监管而非监理,所以该论文的命题方式令笔者十分不解。李婧的博士论文对近代中国银行组织法律制度进行了梳理,从资本组织法律制度、内部组织法律制度、分支行法律制度三个层面,对银行法的内容、立法意义、立法缺陷、实施绩效等问题进行了解析,并将银行的资本构成及产权演变、内部治理机制、分支行设置与监管等法律问题纳入考察视野,概括和归纳了近代中国银行组织法律制度的发展脉络与基本特征。该论文同马志刚的论文一样,虽然在讨论银行法发展的过程中涉及近代中国银行监管制度的许多方面,但仍然为法律史的研究范畴。

最后一类涉及近代中国银行监管制度及思想的研究,是对近代中国中央银行制度及思想的研究。这类研究的代表性成果有程霖的《近代中国中央银行制度思想演进》[3]、李昌宝的博士论文《中国近代中央银行思想研究》[4]和刘慧宇的《中国中央银行研究(1928—1949)》[5]。程霖先生的《近代中国中央银行制度思想演进》从经济思想史角度,对近代中国中央银行制度思想的演进做一

[1] 马志刚:《中国近代银行业监理法律问题研究》,2001年中国政法大学博士学位论文。

[2] 李婧:《中国近代银行组织法律制度研究(1897—1949)》,2009年华东政法大学博士学位论文。

[3] 程霖:《近代中国中央银行制度思想演进》,《财经研究》,2005年第31卷第3期。

[4] 李昌宝:《中国近代中央银行思想研究》,2007年复旦大学博士学位论文。

[5] 刘慧宇:《中国中央银行研究(1928—1949)》,中国财政经济出版社1997年版。

探讨。他认为,近代国人关于在中国建立中央银行制度的思想,经历了清末、北洋政府和国民政府三个历史时期的发展,对于推动中央银行制度在近代中国的建立起了积极的作用。但由于政治经济条件的制约,这种推动作用常常是滞后的。通过对近代中国中央银行制度思想演进的考察,得出如下结论:(1)建立中央银行制度是近代国人长期追求的目标;(2)近代中国中央银行制度思想包含许多真知灼见,值得我们学习借鉴;(3)近代中国中央银行制度思想推动了中央银行制度在近代中国的建立。李昌宝的博士论文则对近代中国的中央银行思想进行了全面研究,从中央银行思想的发轫、发展、成熟以及进一步发展四大专题出发,每一专题围绕着重点问题展开,运用现代中央银行理论从中提炼出思想史的线索,归纳出近代中国中央银行思想演变的基本特征和发展动因。刘慧宇的《中国中央银行研究(1928—1949)》探讨了国民政府中央银行建立及相关职能演进的历史规律和利弊得失,揭示了国家中央银行的特殊功能及其与国民政府的特殊关系,对中央银行与金融监管的关系有所涉及。上述研究中,前两篇属于经济思想史的研究范畴,后一篇属于经济史的研究范畴,但三篇文章均仅从中央银行的金融监管职能及思想方面,对近代中国的银行监管制度思想进行了相关研究。

综上所述,近年来对近代中国银行监管问题的研究主要集中在金融监管、银行制度建设、银行法规和中央银行制度等方面,真正系统地对银行监管制度及思想的研究成果则不多。在已有的对近代中国银行监管制度的研究中,也以经济史方向的研究为主,且比较深入系统,而经济思想史方向的研究则较为贫乏,且多不系统或不够深入。例如,刘平的《近代中国银行监管制度研究(1897—1949)》是唯一一部全面系统研究近代银行监管的著作,但他是从经济史的角度对近代银行的监管制度进行系统研究,并未对银行监管思想的演变和发展进行系统研究。程霖先生有关银行监管制度思想的研究虽较为系统,但限于研究的对象和范围,有关银行监管制度思想的许多方面仍未能展开深入研究。尽管如此,上述研究成果仍为近代中国银行监管制度思想的研究做出了应有的贡献。特别是程霖先生的研究,是本书研究的最重要思想来源。

三、研究对象及基本框架

本书研究的对象为近代中国的银行监管制度思想,以现存的有关近代银行研究的著作、论文、期刊和已有的一些专题性资料集(如《银行周报》、《银行周报汇编》、《中华民国金融法规档案资料选编》、《中央银行史料》、《四联总处史料》等),以及全国各档案馆的档案资料为基础史料,运用现代银行监管理论和历史研究的方法,对史料中的银行监管思想进行系统的发掘与整理,并对近代银行监管思想的产生及演进过程进行系统研究,梳理其发展的规律性特征及特点,总结其对现代银行监管思想的影响及启示作用。本书研究的时间段定为1897—1949年,1897年是中国第一家商业银行——中国通商银行——正式建立的时间,1949年是中华民国和中华人民共和国交替的年份,是两种性质差异明显的政治经济体制交替之年,因此分别以这两年作为本书研究时间段的起点与终点。这样的划分方式,也符合理论界通行的对近代中国时间段的界定。

本书的基本研究框架,是在已有的近代中国银行监管制度的形成与演变研究的基础之上,以近代银行监管制度思想的变迁为主要线索,分晚清时期(1897—1911)、北京政府时期(1912—1927)、南京国民政府时期(1927—1949)三个时段,对近代中国银行监管制度思想的各个方面进行梳理和研究,以发现各时期中国银行监管制度思想的发展脉络,总结各时期中国银行监管制度思想的发展特点。全书共分为五个部分:

第一部分为“导言”,主要阐述了选题的意义、对以往相关学术研究的回顾、研究的对象及基本研究框架、现代银行监管理论及本书研究中相关概念的界定,以及近代中国银行发展与银行监管制度思想的关系等内容。

第二部分为“近代中国银行监管制度思想的产生(1897—1911)”,主要研究晚清时期的银行监管制度思想。首先对晚清时期中国银行业的产生及银行制度建设思想的产生与发展进行了阐述,在此基础之上,分别探讨了近代中国银行监管制度思想的产生、晚清银行监管的目标、晚清银行准入制度思想和退出制度思想等内容,并总结这一时期银行监管制度思想发展的特点及不足。

第三部分为“近代中国银行监管制度思想的发展(1912—1927)”,主要研究北京政府时期的银行监管制度思想。具体内容包括:对北京政府时期中国银行业的发展现实及银行制度建设思想发展的阐述;对北京政府时期银行监管必要性的讨论及监管目标的论述;对北京政府时期的银行准入制度思想和银行退出制度思想的研究;总结北京政府时期银行监管制度思想发展的特点及不足。

第四部分为“近代中国银行监管制度思想的深化(1927—1949)”,主要研究国民政府时期的银行监管制度思想。首先论述了国民政府时期中国银行业及银行制度建设思想的现实发展状况,随后对国民政府时期银行监管制度思想对银行监管必要性的讨论进行了论述，并对国民政府时期的银行监管目标进行了总结，在此基础上，详细讨论了国民政府时期的银行准入制度思想和银行退出制度思想，最后对国民政府时期银行监管制度思想发展的特点及不足进行了总结。

第五部分为“近代中国银行监管制度思想发展的规律及启迪”，主要从整个近代时期对中国银行监管制度思想发展的特点进行了总结，并揭示了其对现代中国银行监管制度建设的启迪作用。

四、现代银行监管理论及本书研究中相关概念的界定

（一）银行监管的概念及本书研究对银行监管的界定

银行监管是一个复合概念，其中的“监”是监督，“管”是管理，即银行监管包含银行监督和银行管理两方面属性。银行监督是指一个国家或地区的银行监管机关，对该国或地区的银行市场运行状况进行系统、及时的信息收集和信息处理，以维护市场秩序和防范市场风险；同时，对银行机构实施全面的、经常性的检查和监督，并以此促使银行机构依法稳健地经营，安全可靠和健康地发展。银行管理是指银行监管机关依法对辖区的银行机构及市场进行管理，包括市场体系的构建、市场规则的制定和对市场违规行为的处罚等，同时对银行机构及其经营活动实行领导、组织、协调和控制等。现代的银行监管虽然实际包括上述两方面内容，但更偏重于银行的监督。

银行监管的定义有狭义和广义之分。狭义的银行监管是指银行监管当局依据国家法律法规的授权，对整个银行业(包括银行机构以及银行机构在金融市场上的所有业务活动)实施的监督管理。广义的银行监管除包含狭义的银行监管外，还包括银行机构的内部控制与稽核、同业自律性组织的监管、社会中介组织的监管等。现代银行监管理论的研究内容包括广义银行监管的各个方面，但研究的重点仍以狭义的银行监管为主。

本书的研究限于研究者的能力和篇幅，结合近代银行监管发展的历史现实，以及当代银行监管理论主要以狭义的银行监管为研究重点的特点，将狭义的近代银行监管作为主要研究对象。即本书所要研究的近代中国的银行监管制度思想，主要是指近代中国政府对于银行及其业务经营活动的监督和管理行为，不涉及近代中国银行的内部控制制度和钱业公会等同业自律性组织对银行业的监管行为。

(二)银行监管的基础理论

此处的银行监管基础理论,主要指的是银行监管理论有关银行监管必要性的若干理论解说,其内容主要包括银行体系脆弱论、监管追逐论、信息不对称理论、公共利益理论及“代表假说”。

银行体系脆弱论认为,由于银行业是典型的资产负债不对称行业、典型的高负债经营行业和典型的信息不对称行业,所以强调银行体系宏观上的脆弱性,需要对其进行监管,防范由银行体系宏观上的脆弱性引发的金融危机,具体包括马克思主义不稳定性理论、明斯基·金德尔伯格的周期性理论和货币主义理论。

监管追逐论认为,监管是适应产业部门需求的供给,即立法者被产业部门疏通和利用,监管部门一直为产业部门所控制,监管最终有利于被监管者。所以对银行进行监管,实际上是有利于银行发展的。

信息不对称理论包括信息不对称条件下的委托代理理论和信息不对称条件下的道德风险及逆向选择理论。企业委托代理机制存在激励不相容、责任不对等、信息不对称和合同不完全四大问题,代理人有动机、有条件损害委托人的利益,难以保证代理人忠实地为委托人服务,使得委托代理制存在巨大的风险。银行作为企业也会存在上述委托代理问题,并且由于银行经营性质的特殊性,使得这一问题更为严峻,因此必须对银行进行监管。另外,根据信息不对称发生的时间,可将信息不对称问题分为事前和事后两种。事前的信息不对称问题会引发逆向选择行为,事后的信息不对称问题则会引发道德风险。金融市场上的信息不对称问题尤为突出,在监管者与被监管者之间、存款人与银行之间、银行所有者与经营者之间、银行与企业之间、银行内部上级行与分支机构之间都存在信息不对称问题,这直接导致了金融领域道德风险和逆向选择问题的发生,加剧了金融市场的不确定性和风险性。因此,由于道德风险和逆向选择问题的存在,需要通过银行监管来解决或缓解这类问题。

公共利益理论建立在新古典微观经济理论基础上,认为银行业存在着明显的市场垄断性、外部性和信息不完全、不对称,这些均会引发市场失灵,而通过政府的监管可以消除这些问题,从而纠正市场失灵,实现资源配置的帕累托最优。

“代表假说”认为,由于银行的债务主要是小储蓄者,为了保护小储蓄者的利益,需要对银行实施监管。而小储蓄者由于存在“搭便车”行为,从而对实施监管没有激励,需要由储蓄者的私人代表或公共代表来代其对银行实施监管。

银行监管制度的构建和完善,是以对银行监管必要性的深刻理解和认识为基础的。近代中国银行监管制度思想对于银行监管的必要性,也引发了大量的讨论。本书在研究近代每一时期中国银行监管制度思想时,首先对这一时期银行监管必要性的讨论进行了阐述。虽然近代中国银行监管制度思想对银行监管必要性的论述未能达到如上现代银行监管理论的水平,但其所形成的相关观点与现代银行监管理论有许多相似之处。本书通过对比近代与现代银行思想或理论对银行监管必要性的论述,来研究近代中国银行监管思想对银行监管必要性探讨的历史及其发展脉络。

(三)银行监管的目标

确定银行监管的必要性后,接着就是如何确立监管目标的问题。政府对银行进行监管,首先必须确定正确合理的监管目标。银行监管的目标由各个国家或地区的性质以及金融业发展的历史、现状和特点等因素决定,通常由各国或地区的金融法规加以明确规定。目前世界各国或地区的银行监管目标,由于历史、文化、传统、法律和金融发展水平等方面的差异,主要包括多元目标、二元目标和一元目标三种类型。具体的世界主要国家银行监管的目标类型及主要内容如表 1.1 所示。

表 1.1　各国银行监管目标的不同类型[1]

类型	国别	监管目标主要内容
多元目标	美国	维护公众对银行系统的信心;建立有效率、有竞争的银行服务系统;保护消费者;允许银行体系适应经济变化而变化
二元目标	日本	维护信用、确保存款人利益;谋求金融活动顺利进行,经济健康发展
	韩国	增进银行体系健全运作;促进经济发展,有效利用资源
一元目标	英国	保护存款人利益
	加拿大	规范货币与信用,促进经济与金融发展
	德国	保证银行资产安全和业务运营正常
	法国	确保银行体系正常运作
	新西兰	保持金融体系效率及健全

从表 1.1 可见,尽管各国银行监管目标的类型及内容并不完全一致,但都

[1] 该表引自杨家才、阙方平、秦汉锋编著:《银行监管通论(上)》,华中科技大学出版社 2006 年版,第 15 页,表 1—1。

基本以保持金融系统的稳定和信心、保护存款人的利益为银行监管目标的主要内容。这与巴塞尔委员会发布的《有效银行监管的核心原则》中认为的“银行监管的目标是保持金融系统的稳定和信心,以降低存款人和金融体系的风险”完全一致。当代中国参照《有效银行监管的核心原则》,将银行监管的目标确定为维护金融稳定和保护债权人利益,其类型属于二元目标。近代中国银行监管的目标经历了错误、修正到深化的发展过程,不同时期的银行监管目标体现了近代中国银行理论的发展状况和对银行监管必要性认识的深刻程度。上述发展过程,将在后文有关各时期银行监管目标的论述中得以体现。

(四)银行监管的内容及本书研究对近代银行监管内容体系的划分

银行监管的内容由银行监管的目标来决定。根据《有效银行监管的核心原则》与各国银行监管的实际,银行监管的内容包括以下三个方面:市场准入监管、银行业务运营监管和市场退出监管。

市场准入监管是指对新设立的商业银行,包括合并和增设分支机构的登记、审批等进行的监管。市场准入是监管的首要环节,把握好市场准入是保障银行业稳健运行和整个金融体系安全的重要基础。金融机构的市场准入又分为三个方面,即机构准入、业务准入和高级管理人员准入。机构准入,是指依法定标准,批准金融机构法人或其分支机构的设立;业务准入,是指按照审慎性标准,批准金融机构的业务范围和开办新的业务品种;高级管理人员准入,是指对金融机构高级管理人员任职资格进行审核或认可。本书在研究近代中国各时段银行市场准入监管制度思想时,也是依照机构准入制度思想、业务准入制度思想和高级管理人员准入制度思想三个方面分别进行研究和梳理的。

银行业务运营监管即银行日常审慎监管,是指以安全和稳健为目标来控制银行经营业务的全过程。商业银行在日常经营中,不可避免地要面临风险,这些风险包括信用风险、国家和转移风险、市场风险、利率风险、流动性风险、操作风险、法律风险和声誉风险等,其中大部分风险是商业银行为追逐高额利润或疏于防范而导致的,因此对银行日常经营的审慎监管尤为必要。根据《有效银行监管的核心原则》,银行日常审慎监管是监管程序的一个重要部分,监管者制定和利用审慎法规的要求来控制风险,内容主要包括资本充足率、呆账准备金、资产集中、流动性、风险管理和内部控制等方面。近代中国的银行监管制度实际上主要侧重对银行准入的管理,其对业务经营的管理也主要通过业务的准入来进行。所以,在近代中国银行监管制度思想中,并没有完全意义上的银行业务运营监管思想。本书在研究过程中也并未设立专门的章节对其进行讨论，而是将相关内容放入准入监管制度中的业务准入思想进行讨论。

由于银行经营的特殊性，再严格的监管也不能绝对保证银行不倒闭，一旦银行出现破产倒闭，就可能会给整个银行业甚至金融体系带来影响。银行的市场退出监管，即通过采取正确的措施，将银行倒闭的影响降到最低限度，是现代银行监管的重要方面之一。银行市场退出监管，根据问题银行所处的不同阶段，可以分为纠正性监管、救助性监管和市场退出监管三方面内容。纠正性监管主要是对正常或基本正常的金融机构应采取保护性措施，对关注的金融机构，针对所存在的风险种类及性质，采取相应的纠正性措施。救助性监管主要是对有问题的金融机构及时采取救助性监管措施，这些措施包括调整决策层和管理层，实施资产和债务重组，进行外部注资，变现资产，股东增资，冻结大额开支和股息、红利分配，停止部分业务，以及实施兼并、合并等。市场退出监管主要是针对已经发生严重危机的金融机构，如不及时退出，就会遭受更大损失，并可能波及其他金融机构导致金融风险时，应及时采取市场退出的处置措施。近代中国的银行监管制度思想中，有关银行退出制度的思想内容并不能如上述类型完全区分为纠正性监管思想、救助性监管思想和市场退出监管思想。因此，本书在研究过程中，虽然也将相关银行退出制度思想按上述类别分类进行研究，但其划分并不十分严格，只是将各项思想内容按其主要体现的银行退出制度思想内容进行归类。

五、近代中国银行发展与银行监管制度思想的关系

(一)近代中国的银行业与银行监管制度

银行监管的对象即银行，因此要研究近代中国银行监管制度及思想的产生与发展，必然不能脱离近代中国银行制度及思想发展的历史背景而孤立地进行研究。在研究每一时期中国银行监管制度思想时，首先必须要弄清楚这一时期中国银行的现实发展状况。与西方“先有银行，后有银行监管”不同，近代中国的银行业与银行监管制度基本上是同时产生的。从 1897 年近代中国第一家银行——中国通商银行——的建立，到 1908 年标志着近代中国银行监管制度产生的《银行通行则例》的颁行，其间不过十几年的时间。中国的银行业并非中国经济发展内生的产物，而是作为一种外来新生事物引入中国的。因此，从中国银行业诞生之初，其与中国的社会和政治发展就密切相关。西方银行业的产生

是由于商品经济的快速发展对资金快速融通的需要,近代中国银行业的产生和发展却并非如此。众所周知,近代中国银行业是在半封建半殖民地的社会背景下产生的,是为了抵制列强的金融侵略、管理国家的财政和促进国民经济的发展等需要而建立起来的。近代中国银行业在建立之初就离不开政府的管理,甚至银行也是在政府力量的主导下建立起来的,近代大部分银行都是官办或者官商合办的性质。由于近代中国大量的银行始终处在政府参股的状态下,近代中国银行业的发展也始终处于政府的管理和控制之下,其未来经营发展的方向常受到政府财政和经济政策导向的影响。因此,对近代中国银行监管制度建设及其思想发展的研究,不仅对于认识近代中国银行监管制度思想史具有重要意义,同时对正确认识和理解近代中国银行制度的发展同样重要。近代中国政府对银行的监管往往由其政策导向决定其监管的首要目的,而银行的发展由于受到政府的管理进而受到政府政策的影响。所以,近代中国政府往往通过对银行的监管来影响近代中国银行业的发展,在研究近代中国银行业发展史的时候,必然不能忽略银行监管对银行发展的影响。

综上所述,近代中国银行业的发展与银行监管制度的发展是一个相互影响的过程,银行监管的目的影响了近代中国银行业的发展方向,而近代中国银行业的发展又决定了政府银行监管政策的制定和执行。因此,本书在研究各时期银行监管制度思想的发展时,首先对每一时期银行的发展状况进行了梳理和回顾,其目的在于通过正确把握各个时期中国银行业的发展现实,探寻银行监管制度思想产生和发展背后的推动因素,更为准确地把握各时期银行监管制度思想产生与发展的实际情况,还原各时期银行监管制度思想发展的历史原貌。

(二)近代银行制度建设思想与银行监管制度思想

在研究银行监管制度思想时,除了要准确把握每个时期银行业的现实发展状况外,还应当注意各个时期银行制度建设思想的发展与银行监管制度思想发展的相互关系。银行监管制度与银行制度的关系是部分与整体的关系,银行监管制度是银行制度的一个重要方面。现代银行理论对于银行制度虽未有一个统一的定义,但基本的观点都认为银行制度包括银行体系结构和管理制度两个方面,其具体内容包括各类银行的组织形式、性质、地位、职能、运营机制以及银行的监管制度等。可见,银行的监管制度是包含在银行制度之中的,是银行制度的重要内容之一。一个国家或地区所建立的银行监管制度,是由该国或地区的银行制度体系决定的,什么样的银行制度体系就要求什么样的银行监管制度,不匹配的银行监管制度必然会被其所依赖的银行制度所淘汰。所以,什么样的银行制度决定了什么样的银行监管制度,如要准确把握近代中国银行监管制度思想的发展,就必然要弄清楚当时银行制度建设思想的发展状况。另一方面,当银行制度决定了银行监管制度的类型后,所建立起来的监管制度也会反过来影响银行制度建设的发展方向。这是因为,银行监管作为一种政府行为,其监管的实施必然贯彻着政府的政策意图,而政府的政策导向会对银行制度的发展方向产生重要影响,因此银行监管制度会反作用于银行制度的发展。

基于银行制度与银行监管制度的相互关系,本书在研究近代中国银行监管制度思想时,在对近代中国银行业的现实发展状况进行论述后,对每一时期银行制度建设思想的发展也进行简单梳理,对各时段银行制度建设思想的主要方面进行总结和阐述。对每一时期银行制度建设思想的探讨,一方面是为了总结和归纳近代中国各时期银行监管制度思想发展的理论基础,另一方面也为了探讨各时期银行监管制度思想是如何影响银行制度建设思想发展的。

第二章　近代中国银行监管制度思想的产生(1897—1911)

第一节　近代中国银行监管制度思想产生的历史条件

一、外国银行的入侵与近代中国银行业的兴起

(一)外国银行的入侵及对晚清中国金融市场的控制

鸦片战争后,为进一步扩大国际贸易的需要,加强对中国政治和经济的控制,英、法、日、俄等帝国主义列强纷纷在中国境内设立银行。1845年,英国首先在香港设立中国历史上第一家外国银行——丽如银行(Oriental Bank)[1]。1851年,成立于印度孟买的汇隆银行(Commercial Bank of India)在广州设立分行,并于1854年在上海成立代理处,1861年又在福州和汉口两地设立分支机构。1854年,阿加剌银行(Agra and United Service Bank)在上海设立分行,后于1855年和1858年先后在广州和香港设立分支机构和分行。1867年,阿加剌银行改组后,又先后在福州(1875年)、汉口(1880年)、九江(1885年)、芝罘(1887年)设立分支机构。1854年,印度·伦敦·中国商业银行(Mercantile Bank of India, London & China)在上海设立代理处(1860年改为分行)。1857

[1] "Oriental Bank"原应译为"东方银行"或"远东银行",在广州最早被称作银房,在福州被称为东藩汇兑,在香港则被称作金宝,丽如是其在上海的中文名称,后被逐渐统一为其中文通称。参见洪葭管主编:《中国金融史》,西南财经大学出版社1993年版,第149页。

年,印度·伦敦·中国商业银行与亚细亚特许银行(Chartered Bank of Asia)合并为有利银行(Chartered Mercantile Bank of India, London & China),先后在广州(1855 年)、汉口(1866 年)、福州(1867 年)、九江(1876 年)、芝罘(1878 年)、厦门(1880 年)设立分支机构。1858 年 7 月,麦加利银行(Chartered Bank of India, Australia & China)在上海设立分行,同时在香港设立代理处(第二年改为分行),该银行其他分支机构的设立地区分别为汉口(1863 年)、福州(1868 年)、厦门(1873 年)和天津(1895 年)。从 1845 年至 1858 年的 13 年中,在中国设立的外国银行均为英国的银行,直至 1860 年才有其他国家的银行进入中国。1860 年,法兰西银行在上海设立分行,并于 1863 年在香港设立分行。随后,法兰西银行又陆续在天津(1867 年)、福州(1868 年)、汉口(1876 年)、厦门(1876 年)、北京(1887 年)等地设立分支机构。1864—1865 年之间,利生银行分别在宁波、汉口、九江、福州设立分支行,汇川银行、利华银行和利生银行分别在上海、香港两地设立分支行。由于上述 4 家银行规模均不大,也被一些学者称为"小四行"。继上述 9 家英国银行和 1 家法国银行后,1864 年 4 月,汇丰银行上海分行正式开业。与已有的其他英国银行不同,汇丰银行的总行一开始就设在香港,以中国为其营业的主要对象。在各外国银行的扩张中,由于汇丰银行与英商关系密切,能充分适应英商扩大贸易之需要,再加上其总部设立在香港,不仅得到香港政府的特殊庇护,而且能就近对中国境内各项业务做出正确的决策和判断,使得汇丰银行在中国的业务发展特别迅速,很快便超过其他外国在华银行。此后至 1880 年之间,也有其他国家在华设立过银行,但存在时间都较短,设立不久就撤销或倒闭。直到 19 世纪 90 年代,英国银行独霸的局面才开始改变,其他各主要资本主义国家也开始在华设立资历雄厚的银行。从 19 世纪 90 年代至 20 世纪初,德国的德华银行(1890 年上海总行正式开业)、日本的横滨正金银行(1893 年上海分行正式开业)、俄国的华俄道胜银行(1895 年在上海设立分行)、法国的东方汇理银行(1899 年在上海设立分行)和美国的花旗银行(1902 年在上海设立分行)相继在华设立机构,与英国汇丰银行一起,形成六强并存的局面,一起控制着晚清时期中国的金融市场。至晚清结束时期,外国在华设立过营业机构的银行不下 40 家,除去多数清理或倒闭的银行,到清王朝覆灭时只有 11 家尚在继续营业,包括有利、麦加利、汇丰、德华、横滨正金、华俄道胜、东方汇理、花旗、华北、荷兰等。[1]

晚清时期在华外国银行除了经营存款、放款、国际汇兑、买卖生金银等一般银行业务外,还负责各国对清政府的巨额政治性借款和铁路借款,此外各国银行在中国还经营纸币发行业务。在所有这些业务中,以国际汇兑、发行纸币和对清政府的借款为各外国在华银行的主要业务。19 世纪外国银行在中国着重经营的业务之一,即国际汇兑业务。银行通过国际汇兑业务,不仅可以使本国进出口商业在办理结算时获得便利,还可以有融通资金的便利,从而使进出口商可以经营超过其自有资金范围以外的业务,使本国商品充斥中国市场,同时能大规模地从中国获得原料和资源。以汇丰银行为例,1880 年在美国纽约设立第一家英国银行分行,极大便利了纽约与香港、上海间的汇兑业务,直到 1902 年麦加利银行在纽约开行时为止,汇丰银行几乎包揽了美国与远东之间的全部外汇交易。[2] 据统计,1869 年、1881 年、1885 年和 1894 年,汇丰银行运用在国际汇兑和国际贸易上的资金投入比例[3]分别为 28.78%、33.13%、36.42%和 40.56%。该比例的逐年上升,足以说明国际汇兑是汇丰银行从金融方面为英国控制中国国际贸易的主要方式之一。而汇丰银行的例子,也代表了其他资本主义列强是如何通过国际汇兑的方式,为其本国控制中国国际贸易的。除了国际汇兑业务外,外国银行在中国的另一项重要业务是对晚清政府的各项巨额借款。近代中国最早的一笔由外国银行承贷的外债是 1862 年 11 月的苏松太道借款,金额为 9.6 万余两,借款人为苏松太道吴煦,贷款者为英商阿加剌银行,用于装载攻打太平天国起义军的军械与士兵的运输费。[4] 据统计,如果不计 1853 年至 1873 年间清政府的小额短期外债,从 1874 年起到 1890 年,清政府共借外债 26 笔,总额4 136万两,其中仅汇丰银行一家就贷了 17 笔,总额2 897万两,占总额的 70.04%。[5] 从 1894 年中日甲午战争后,各资本主义列强将贷款作为对中国进行瓜分和划分其势力范围的重要手段。1894 年至 1898 年间,清政府共举借外债35 091万两(不包括铁路借款)。[6] 直到 1911 年辛亥革命清政

[1] 洪葭管主编:《中国金融史》,西南财经大学出版社 1993 年版,第 147—167 页。
[2] 洪葭管主编:《中国金融史》,西南财经大学出版社 1993 年版,第 158—159 页。
[3] 该比例为“应收未收票据”减去“应付未付票据”后的余额占汇丰银行所有投资额的比例。参见洪葭管主编:《中国金融史》,西南财经大学出版社 1993 年版,第 159—160 页。
[4] 徐义生编:《中国近代外债史统计资料(1853—1927)》,中华书局 1962 年版,第 4 页。
[5] 洪葭管主编:《中国金融史》,西南财经大学出版社 1993 年版,第 161 页。
[6] 洪葭管主编:《中国金融史》,西南财经大学出版社 1993 年版,第 167 页。

府崩溃时,其所借外债总额约达库平银12亿3 394万余两,较甲午战争前所借总额的27倍还多。[1] 各列强通过其在华银行对晚清政府的贷款,不仅获得了巨额的垄断利润,同时成为各国划分和争夺其在华势力范围的重要工具。特别地,由于清政府需对这些借款提供偿付担保,进而成为各列强控制清政府财政收入的重要手段,并使晚清政府丧失关税主权。各列强不仅通过国际汇兑和对清政府的巨额借款,对近代中国的金融市场产生重要的影响,并控制晚清时期中国的国际贸易和清政府的财政收入,各外国银行还借口享有"治外法权",不经中国政府批准,擅自在中国境内发行纸币或银行券。这不仅侵犯了中国的货币发行权,更扰乱了中国的金融市场,严重阻碍了近代中国币制统一的进程。在清末民初的二三十年间,外国银行发行的纸币长期主宰着各地的金融市场,它们发行的纸币成为各地区的主要货币,如东方汇理银行在云贵,华俄道胜银行在东北及新疆,朝鲜银行在东北,麦加利、花旗银行在长江中下游。[2]

(二)近代中国银行业的兴起

尽管鸦片战争后,大量的外国银行进入中国,并控制了中国的金融市场,但在相当长的一段时间内,中国自己的现代银行仍没有产生。直到1897年5月27日(光绪二十三年四月二十六日),中国人自办的第一家银行——中国通商银行——才正式成立。[3] 中国通商银行是由当时任督办铁路事务大臣的盛宣怀创办的,他于1896年11月1日上奏光绪皇帝,认为中国开办铁厂,不能不办铁路,而开办铁路就不能不办银行。[4] 盛宣怀在奏折中还指出,银行应当由商家来办,政府予以扶持;银行除办理存款、放款和汇款业务外,还可发行钞票、经办国债、铸造银元;通商银行的总部应设在上海,其组织结构和章程以汇丰银行为准则。同年11月12日(光绪二十二年十月初八),军机处正式批文,准许盛宣怀开办银行。[5] 中国通商银行成立时的资本定额为500万两,先收半数250万两,其中官督商办的轮船招商局和电报局分别投资80万两和20万两,盛宣怀本人(包括代表李鸿章出面的股份)73万两。至1897年底,中国通商银行的

[1] 徐义生:《从甲午战争到辛亥革命时期清政府的外债(上)》,《经济研究》,1957年第4期。

[2] 戴建斌、于彤著:《中国近代商业银行纸币史》,河北教育出版社1996年版,第149—150页。

[3] 洪葭管主编:《中国金融史》,西南财经大学出版社1993年版,第172页。

[4] "盛宣怀奏呈自强大计折附片(节录)",陈旭麓、顾廷龙、汪熙主编:《中国通商银行——盛宣怀档案资料选辑之五》,上海人民出版社2000年版,第3—4页。

[5] "军机处关于盛宣怀开办银行的批文",陈旭麓、顾廷龙、汪熙主编:《中国通商银行——盛宣怀档案资料选辑之五》,上海人民出版社2000年版,第8页。

实收资本只有 213 万多两,具体投资人及股份见表 2.1[1]。

表 2.1　　光绪二十三年(1897 年)底股份统计

投资人	股份	实收资本
一、招商局	16 000股	800 000两
二、张振勋	2 000股	100 000两
三、盛宣怀	14 600股	730 000两
四、严信厚	1 000股	50 000两
五、电报局	2 000股	100 000两
六、洪植臣	800 股	40 000两
七、梁干卿	200 股	10 000两
八、其他	2 585股	129 250两
九、外埠招商局代收	3 350股	167 500两
十、外埠招收	92 股	4 600两
合　计	42 627股[2]	2 131 350两

通商银行开办后三年中,先后在汉口、北京、福州、天津、广州、镇江、烟台、香港、重庆、保定等地设立了 11 个分行。中国通商银行成功创办后,至 1911 年辛亥革命前夕,清政府又先后创办了大清银行和交通银行。1905 年 8 月,户部草拟章程奏请清政府批准开办了户部银行,总行设于北京,同年的 9 月和 10 月先后设立天津分行和上海分行,后 1906 年设立汉口分行和济南分行,1907 年设立张家口分行、奉天分行、营口分行、库伦分行,1908 年设立重庆分行和南昌分行。1906 年,清政府将户部改为度支部,并于 1908 年正式将户部银行改名大清银行。大清银行组建时是股份公司的形式,开办资本 400 万两,每股 100 两,共 4 万股,其中官股和商股各 200 万两。1908 年改名后,其资本增加为1 000万两,新增的 600 万两仍由官商各认购一半,以强调其为官商合办之银行。1911 年 3 月出任大清银行正监督的叶揆初主张,缩小大清银行的一般银行业务规模,试图将大清银行向近代中国的中央银行方向发展,专以“维持币制,活动金融”为

〔1〕 该表引自黄鉴晖著:《中国银行业史》,山西经济出版社 1994 年版,第 86 页。

〔2〕 原书表格中各项股份数合计为 42 027 股,与原表最后合计 42 627 股不符。根据表中数据计算,平均每股资本额为 50 两,以盛宣怀 730 000 两的出资总额计算,其股份额应为 14 600 股。

主要任务。但辛亥革命爆发后,大清银行亦就宣告停业。交通银行于1907年由邮传部奏准筹设,1908年1月在北京正式开业,是中国人自办的第三家现代银行。邮传部设立交通银行的目的,主要在于办理轮船、铁路、邮政、电报四项事业的款项收付,以便集中资金、灵活调度,改变其资金分散的局面;并利用银行经理的股票、债券,筹集资金,发展本国的交通事业,避免因举借外债而受制于外国人。[1] 交通银行开办时的资本定额为500万两,先收250万两,并为强调其纯商业银行的性质,规定官股占四成、商股占六成。交通银行奏定章程规定总资本额分为5万股,每股100两,由邮传部认购2万股,本国之官绅商民认购其余3万股,官商股年息均为6厘。1908年7月17日(光绪三十四年六月十九日),交通银行奏请邮传部批准,增添招股5万股,将其资本额扩充为1 000万两,仍然保持官股和商股4∶6的比例。[2] 除了通商银行、大清银行和交通银行三家全国性的银行外,20世纪初各省办成的地方性银行也不少。1902年直隶省银行(时称天津官银号)在天津成立,1906年浚川源银行在四川成都成立,1909年浙江银行在杭州成立,1911年福建银行在福建闽侯成立。这些地方性银行同三大全国性银行一样,也是官商合办性质的股份制商业银行。其中存立较久的是浙江银行,辛亥革命后官商分家,其官股部分改称为浙江地方银行,总行仍在杭州,商股部分则改称浙江实业银行,总行设在上海,并在李铭(馥荪)的主持下,发展成为著名的"南三行"之一。[3]

晚清时期中国银行业的兴起虽然是以官办和官商合办的股份制商业银行为主,但此时由于还未有相应的准入制度和银行主管机关,同时中国的资本主义企业也有了初步发展,这些新型的私人资本家们投资的银行也开始出现。这些完全由私人投资设立的银行,没有中央或地方政府投资的官股,它们的主要创办人和管理者也都是资本家而非官僚,其典型代表有信成银行、浙江兴业银行和四明商业储蓄银行。信成银行成立于1906年4月28日,该行为股份有限公司,资本50万元,除经营一般银行业务外,还经商部批准有获得发行银行兑

---

〔1〕 交通银行总行、中国第二历史档案馆合编:《交通银行史料第一卷(1907—1949)》上册,中国金融出版社1995年版,第7—8页。

〔2〕 交通银行总行、中国第二历史档案馆合编:《交通银行史料第一卷(1907—1949)》上册,中国金融出版社1995年版,第16—17页。

〔3〕 洪葭管主编:《中国金融史》,西南财经大学出版社1993年版,第179页。

换券的权利。由于当时的大型银行还未开办储蓄业务[1],所以该银行还兼办储蓄业务,改变了银行不收受零星小额存款的情况。信成银行的总行设于上海,并在无锡、南京、天津、北京等地设立分行。信成银行的总理(总经理)为无锡巨商周廷弼,协理为上海商界的沈缦云。该行经营期间,存款余额最多时达700万元,钞票最高发行额为110万元。由于信成银行为辛亥革命的军民和秘密活动提供巨额经费而受累,只存在了短短几年,但其仍是中国近代历史上第一家纯粹的民间银行。浙江兴业银行成立于1907年10月16日。当时国人积极自办铁路,而浙江成立的铁路公司的股份最多,为解决这部分股份资金的存放,多数股东认为应当设立独立的铁路银行。于是浙江兴业银行从浙江铁路公司独立出来正式成立,设总行于杭州(1915年改设于上海),并在上海和汉口设立分行。浙江兴业银行成立初期的资本额为100万元,其中浙江铁路公司占1/3,但在1914年浙江铁路公司收归国有后,其所拥有的股份陆续出让给工商业者。这家银行的主要投资人和董事几乎全为浙江、上海和汉口的商人,属于典型的民族资本性质的商业银行。辛亥革命后,其业务发展迅速,成为著名的"南三行"之一。四明商业储蓄银行成立于1908年9月,其发起人、主要投资人和主要的管理人员均为在沪经商的浙江宁波籍人士,注册资本为150万两,实收50万两。该行的9名董事和2名总协理,集中了宁波在沪的著名工商业者。辛亥革命爆发时,该行曾以巨额经费资助革命党人,同盟会机关报《民立报》曾就该行和信成银行的捐助行为做过较多报道。这也表明,这些私人银行不仅在社会和经济上取得了一定的地位,并且在政治上也有自己的倾向和行动。[2]除此影响较大的三家私人资本银行外,信义银行于1906年成立,并于1909年停业;裕商银行于1908年成立,1911年停止营业。

从1897年中国第一家现代银行——中国通商银行——成立到1911年辛亥革命爆发,这一时期中国人自办的银行包括官商合办和私人资本设立的共有30家,即中国通商银行(1897年)、中国华商银行(1903年)、户部银行(1905年设立,1908年改名大清银行)、浚川源银行(1905年)、信成银行(1906年)、信用银行(1906年)、信义储蓄银行(1907年)、浙江兴业银行(1907年)、信立钱业公司(1907年)、汇源银行(1907年)、交通银行(1908年)、北京储蓄银行(1908

[1] 至1908年大清银行附设储蓄银行前,中国通商银行和大清银行(户部银行)均未开办储蓄业务。

[2] 洪葭管主编:《中国金融史》,西南财经大学出版社1993年版,第179—181页。

年)、四明商业储蓄银行(1908年)、和慎银行(1908年)、裕商银行(1908年)、和大商业储蓄银行(1908年)、大通商业兼储蓄银行(1908年)、公益商业兼储蓄银行(1908年)、裕宁银行(1909年前)、裕苏银行(1909年前)、北京厚德商业银行(1909年)、浙江银行(1909年)、广西银行(1909年)、大信银行(1909年)、直隶省银行(1910年)、四川银行(1911年)、殖业银行(1911年)、兴殖银行(1911年)、中华银行(1911年)、贵州银行(1911年)。[1] 这些银行包括官办、官商合办和商办等,其中官办和官商合办银行占13家。尽管这一时期中国人自己建立的银行有30家之多,但由于自身经营管理的不善、外国银行的限制和金融市场的不稳定等因素,绝大多数银行寿命很短。

二、西方银行理论传入与近代中国银行制度思想的产生

1840年鸦片战争后,伴随着西方银行的侵入和"西学东渐"思潮的兴盛,西方的银行理论与制度也随之传入中国,对近代中国的金融思想产生了深远影响。这些先进的银行理论不仅使国人开始认识并了解现代银行制度,更直接催生了近代中国建立自己的现代银行的要求,并促成了近代中国银行制度思想的产生。

(一)西方银行理论的传入

最早将西方银行理论介绍给国人的是魏源,他在1846年出版的《海国图志》中介绍了英国的银行制度,内容包括英国债券、银行券、汇兑和存放款等银行业务,并简要介绍了英格兰银行和一般商业银行的设立及资本情况。[2] 对于英格兰银行设立的原因,魏源认为是由于英法百年战争后,亏欠商业银行本

---

〔1〕 杜恂诚著:《民族资本主义与旧中国政府(1840—1937)》,上海社会科学院出版社1991年版,附录,第501—503页。另外,洪葭管在其著作《中国金融史》中,根据黄汉民的调查认为,这一时段中国人开设的银行共20家,分别是中国通商、户部、浚川源、信成、信义、浙江兴业、交通、北京储蓄、四明商业储蓄、和慎、裕商、浙江、广西、大信、直隶省、四川、殖业、兴殖、中华、贵州。参见洪葭管主编:《中国金融史》,西南财经大学出版社1993年版,第181页,注③。

〔2〕 "通国所行之宝,系金块,价值银三两,分为二十银块,以此再分为十二块,亦用铜钱十二块为一银块,以此铜钱再分为四分也。但银钱重,船难多载,况计所有多不足用,积贮又阻于通商,于是国立银局,内收税饷,出银票以敷所用。道光初年,所出银票计价五千四百万两有余。六年所贮现银三千万两有余,故出所最著者银票,在国中及大邑,任商人别立票来往川流,不须动支实项,非若他国银票滥用,致局少现银,受害无穷。"(清)魏源著:《海国图志·大西洋·英吉利国广述上》。

息巨甚,政府为偿还债务之便利而设立了英格兰银行[1],这基本上是准确的。此外,他对英国银行的评价也符合事实,认为英国银行在各国银行中办理最善、信誉最著。[2] 但是,魏源也仅仅是介绍了英国银行的制度,并且其内容十分简单、不成系统。他在《海国图志》中也未将"bank"翻译为"银行",而是译作"银局"。

19 世纪 60 至 80 年代,一批早期的留学人员和外交官开始将更多西方的货币与银行理论引入中国,但鉴于当时的历史背景,此时期他们更多关注的是货币制度理论,而对于银行理论则过于简单和不成系统。1894 年,郑观应在《盛世危言》中较详细地介绍了西方的银行制度理论。他在书中专列银行上、下篇,详细介绍了银行的职能和作用、银行业务与收益、银行的资金来源,以及银行券的发行等现代银行制度的主要方面,并附录《英国国家总银行考》。1896 年,容闳为建立国家银行,将美国 1857 年制定的《国家银行法》译成中文,他是最早将外国国家银行法引入中国的人。该法全文共分四节,内容包括银行的创立、事权、制用钞票、生意条例和结账开收,对于晚清时期国人了解美国国家银行制度起到一定的积极作用,后被上海昌言报馆收入《财政丛书・银行类》。1897 年,英国人詹姆斯・布拉德(James Platt)所著的《金钱论》(*Money*),由英国人傅兰雅(John Fryer,1839—1928)口译、徐家宝笔述,以《保富述要》为书名出版,这是第一部汉译货币银行学著作。全书加序言和总论共 19 章,分货币、银行、货币信用与经济关系三部分,内容包括货币原理、货币历史,银行的设立、业务、管理,货币、资本、银行与经济发展的关系,以及对当时英国经济、货币政策的批评和建议等。该书的银行部分共分 6 章:第一章为"论银行股份",主要介绍股份责任有限制和股份责任无限制,股本、收益与风险的关系,以及银行总管在股份管理上的责任等内容;第二章为"论银行办法",以英国的银行法规为例,介绍了有关银行的法律和规章制度及其发展演变过程,并叙述了银行总办的职责与应具备的经营管理能力和基本的管理办法;第三章为"论汇银之事",内容主要为对汇兑制度和汇兑办法的介绍,以及对国际汇兑与国际贸易关系的论述;第四章

[1] "兰顿国(即英国)都银号一所,因昔与佛兰西(即法兰西)战,亏欠商民本银四十二万四千一百四十一万有奇,息银万有六千九百二十七万有奇,书票付给,分年支取。"(清)魏源著:《海国图志・大西洋・英吉利国总记・杂记》。

[2] "列国中惟英国银局最信,各国之商俱寄资取利焉。"(清)魏源著:《海国图志・大西洋・英吉利国广述上》。

为“论利息”,主要介绍了欧洲古代禁止贷放取息及近代这一思想的演变,并指出愿意存款的人存款多少和商家借款的多少决定了利息的高低;第五章为“论本钱”,论述了商工两家的本钱与从银行借贷两者之间的比例关系;第六章为“论银行抄挤”,介绍了银行抄挤(即挤兑)的原因及防范措施。尽管《保富述要》是近代最早对西方银行理论及制度进行详细介绍的汉译货币银行学著作,但其对银行的种类及中央银行的论述存在一定缺陷,也使得其在近代西方银行监管思想传播中的作用大打折扣。

进入20世纪,国人对西方银行理论和制度的引入及介绍更加详细和系统,先后出版了大量相关著作。1901年,严复出版了《原富》,钱恂出版了《财政四纲》,作新社编译了《政法类典·银行论》。这三部著作均对西方银行理论及制度进行了大量的系统论述,其中以《财政四纲》最具代表性。全书按“四纲”分为租税、货币、银行、国债四卷,其中银行卷又分为银行之源起改革、银行之种类、银行之业务、银行纸币及发行法、恐慌之原因及救治对策五节。这也是中国人自己编写的第一部系统介绍西方银行制度的著作。钱恂在《财政四纲·银行》的绪论中明确叙述了银行的职能作用及其对一国经济的重要性,他指出:“银行者,一国财源盈虚消息之机关,于农工商实业社会上之盛衰大有关系。实业社会之盛衰,更关系国家强弱。譬之人身,银行如血管,凡一国血液皆借其流转。一旦塞滞,则实业社会即罹于厄,而国家亦受其病。反之而银行整理得宜,通用圆滑,实业上借以发达,而国家亦受其福。”在该卷的“银行之种类”一节中,钱恂初步介绍了中央银行、农业银行、储蓄银行和庶民银行的主要职能,并将中央银行置于该节之首。特别是对于中央银行的介绍,在近代中国尚属首次。他首先介绍了中央银行的三大职能:(1)作为银行的银行。中央银行为“中央政府所立,为国家理财之机关,所以计通货之伸缩,金利之平准者也。其营业虽为贷借存金等事,其专注之要策,则与普通银行不同,同普通银行专与人民为借贷存金之业,而中央银行者,则转对各银行为贷借者也……诚以中央银行者,立于各银行之上,所谓银行之银行,而称为世界银行之母也”。(2)发行的银行之职能。在介绍中央银行的发行职能时,钱恂指出:“中央银行独有之特权,得发行纸币是也……此固特别之责任,而普通银行之断不可争者也。”这表明了货币发行应为中央银行之职能,其他任何商业银行均不能发行货币。(3)国家的银行之职能。钱恂在论述中央银行的职能时指出,中央银行在一般责任之外的“别有义务”,主要包括“国库金之支办,掌募集公债,或付公债之利金,或引受大藏省之证券,抑或为恐慌之镇定等是也”。此外,钱恂还以英格兰银行为例,简单介绍了中央银行的再贴现业务和集中保管存款准备金职能,并对比了英格兰银行与日本中央银行职能的不同,还对英国、日本和德国的中央银行制度及条例进行了介绍。对于农业银行的职能,钱恂指出其主要经营以土地为抵押的贷款,为农业生产提供资金支持。农业银行与其他银行不同,其特点在于借款的利息低、期限长,其还款通常也采取分期偿还的方式。农业银行的资金来源则主要依靠发行债券。储蓄银行则主要吸收国民的储蓄存款,并将吸收的资金用于“借贷,或买入公债证券株券(即股票)等,又或别营安全之事业,以收各种利益”。储蓄银行因其自身业务之特点有如下之规定:一是不得限制储存最少金额;二是储存的最高金额须有限制;三是其资本皆多数细民存储而来。对于储蓄银行的重要作用,钱恂指出:“一以养勤俭之风,一以备缓急之需,于一国之社会实有莫大利益。”因此,一国必须设立储蓄银行。最后,所谓的庶民银行,主要以便民为目的,以助工农百业之兴。庶民银行的合资者即该银行职员,由职员组合而成,利益归组合人所得。庶民银行的贷款对象主要为小本细民,其资金来源主要是在职员加入时一次缴清或按每月份额缴纳的资金,或是向其他大银行的贷款。对于银行的业务内容,钱恂则主要介绍了预金(即存款)、贷付(即放款)、割付(即贴现)、贷越(即透支)四种。钱恂在介绍完银行的职能及积极作用后,还专列一节来论述金融恐慌。所谓金融恐慌,是指“某银行亏空过巨,不能支持,而一时破绽倒闭”,进而引发“甲迫于乙、乙促于丙,商况激变,彼此逼迫因而之倒产”。对于引发金融恐慌的原因,钱恂认为有三个:一是“射利心盛,以致生产过度”造成;二是“流动资本变为固定,以致货币减少”;三是“货物之顿塞或障害,以致激变”。同时,钱恂提出了两条救治金融恐慌的对策,即银行增发贷款投放和提高利率。《财政四纲·银行》可以说是最早的国人按照西方货币银行学体系系统论述银行问题的著作,较详细地介绍了现代银行的职能及分类,并对中央银行的性质、职能、作用,以及英、日、德等西方国家的中央银行制度及条例进行了介绍。这对当时国人了解中央银行制度以及推动近代中国建立自己的中央银行,均起到了积极的作用。但是,该书的内容仍过于简单,不够全面和系统,如在银行分类中未包含商业银行,更有甚者,有的内容及表述是错误的,如将中央银行视为政府的理财机关等。

1911 年 4 月,由中国留学生谢霖、李澂编撰的《银行制度论》出版,该书是第一部由国人自撰的专论银行的著作。该书是由谢霖、李澂二人参考日本佐野善作、崛江归一的银行理论,以及野口宏毅、村田俊秀郎等人的银行论著编著而成。全书共分三编十二章,对银行的定义、效用、组织形式与分类以及银行的辅助机关等问题均作了详细、系统的论述,其对西方银行理论及制度的介绍较《财政四纲》也更加详细、准确。首先,该书详细介绍了银行的四种组织形式,即个人组织、共同组织、独占组织和分立组织。同时,对于每种组织形式的优缺点,该书均作了详细介绍。其次,该书更加详细地介绍了中央银行制度。该书认为,一个银行,有独占国内发行纸币权,有运用国币、枢纽财政并为国库代理者之权,这个银行就可以称为中央银行,这两项特权也即中央银行的特征。同时,该书还对中央银行"不经营商业银行业务,不与商业银行争利,而应保护商业银行"的特点进行了介绍。对于中央银行的重要性,该书则主要从中央银行的政治利益和经济利益两方面进行了阐述。关于中央银行的组织形式,该书概括为两种:一种是官督制度,主要针对股份制中央银行。具体的办法有两种:一是对业务不干涉,只对纸币发行进行规定;二是不限制纸币发行,政府主要对经营者的选任进行干预。另一种是国有制度,即一切事务均由设官而理。该书认为国有制度有三弊二利[1],且只有瑞典和俄罗斯采用,说明此法不适用,主张中央银行为一独立机关。除了对中央银行进行详细介绍外,该书还对储蓄银行、农业银行、商业银行和工业银行均作了比较详细的介绍,并以比较大的篇幅对商业银行和工业银行的资本构成及业务种类进行了介绍。最后,需要指出的是,该书首次向国内介绍了银行票据交换所与征信所等银行体系中的辅助机关。

至1911年辛亥革命前,除了上述主要几部介绍国外银行学的著作外,还有以下几部著作均比较详细地介绍了西方的银行理论、制度及业务情况。它们是1908年出版的刘鹤年译自日本水岛铁也著的《银行及外国为替》,1911年4月出版的王建祖、吴忠焘译自美国哈佛大学博士顿巴(C.F.Dunbar)著的《银行学原理》,1911年4月出版的李澂、谢霖编撰的《银行经营论》以及同年6月出版的谢霖著的《银行论》。

从晚清介绍西方银行理论及制度的著作可以看出,对于西方银行理论及制度在晚清时期中国的传播,经历了一个从零星粗浅地介绍到系统全面地论述的逐步发展的过程。这一时期西方银行理论在中国的传播可以分成两个阶段:第

---

〔1〕 三弊为:(1)对财政难保其营业的独立,政府财政一旦移用过度,其危险将影响经济全局;(2)一旦方针有误,政府立于后援者地位,则国库与银行容易混同;(3)营业方针易为政治所左右。二利为:(1)不为集资者所牵制,而专谋公共利益;(2)政府可得发行纸币的全部利益。

一阶段为19世纪末期,该时期西方银行理论及制度在中国的传播主要侧重于介绍某一国家(主要为英国和美国)的银行制度以及对银行的职能、作用、组织形式、业务和经营管理的一般性介绍,对西方银行制度的了解也比较粗浅,其介绍的目的主要是同在近代中国建立银行制度的要求相结合。这一阶段的西方银行理论主要是通过留学或出使欧美的近代知识分子与外交官及传教士传入中国,因此这一时期的思想家在提出自办银行的建议时,多主张模仿英美的银行制度。第二阶段为20世纪初,该阶段更多地注重介绍各类银行(特别是中央银行)的职能作用及其组织形式,内容几乎涉及当时西方银行理论及制度的所有方面,并且理解和把握均较前一阶段更加准确。这一阶段西方银行理论主要是通过留学日本的学生和出使日本的官员介绍到中国,因而此阶段的思想家多要求效仿日本的银行制度来创办我国的银行制度。晚清时期的知识分子对西方银行理论的介绍,主要通过翻译外国原著和自己著述两种形式,而所谓的自己著述也主要是参考外国著作所进行的编译性质的著作,尚不能提出自己的观点。尽管如此,西方银行理论及制度在晚清时期中国的传播,使得国人对银行的职能、作用、组织形式和业务等问题的了解日益充分,激发了他们要求在中国建立银行制度的愿望与热情,并为他们探讨中国银行制度的建设提供了理论依据和参考资料。特别地,中国第一家银行中国通商银行的建立和1905年户部银行的建立,以及西方银行理论和中央银行理论及制度的传入,为它们的建立提供了必要的理论基础。

(二)近代中国银行制度思想的产生

鸦片战争后,西方列强先后在中国开设银行,这些外国银行通过垄断中国的国际汇兑业务和对清政府的大量贷款,控制了中国的金融市场和中国的经济。外国银行对中国金融市场的侵略和控制,使得国人开始认识到自办银行的重要性,纷纷提出自办银行的主张。清政府为偿付大量的战争费用和巨额赔款,以海关、盐税等作抵押向外国银行的大量借款,不但丧失了财政主权,也使得一部分官员产生了兴办银行的想法。此外,从19世纪60年代洋务运动的兴起,中国新式工商业也有了初步发展,这些“官督商办”和“官商合办”的企业对资本的需求日益强烈。但中国传统的以钱庄和票号为主的旧式金融业,由于其规模狭小和经营目的之局限,已不能满足近代中国新式工商业的融资需求。而当时的外国银行也都不向华资企业提供贷款,以限制近代中国新式工商业的发展。基于对资金融通的需要,一些新式企业的创办人和为推动近代产业发展的维新思想家,纷纷提出创办银行的要求和建议。基于以上的历史背景,加上西方银行理论和制度在近代中国的大量传播,从1859年至1911年,社会各方面人士从不同的阶级立场出发,先后提出在中国建立银行的主张。这一时期关于建立银行制度的思想可以分为四个阶段[1]:第一阶段为1859年至1860年,洪仁玕和容闳率先提出在中国建立新式银行,并试图通过太平天国的政权加以实现。但由于太平天国运动的失败,使得这一计划未能实现,也未能产生广泛的社会影响。第二阶段为1876年至1886年,为了解决洋务企业的融资困难及发展国际贸易业务,一些以幕僚身份出现的知识分子鼓动洋务派官员建立现代银行制度,但这一阶段各种建立银行的计划和活动也因各种原因和外资银行的阻碍而归于失败。第三阶段为1895年前后,为振兴民族经济、救国图强,一批以政治家或改革者姿态出现的知识分子,通过报纸杂志、著作等提出建立新式银行的要求,为近代中国的经济建设提供信用服务和资金支持。另外,一部分洋务派官员如盛宣怀等,也积极要求建立银行,以解决洋务企业的资金问题。基于这些人的要求和努力,近代中国第一家自办银行中国通商银行由此产生。第四阶段为1897年以后,一些政府官员为整齐币值、维持财政之需要,提出创办国家银行的要求,并最终建立了户部银行(后改名大清银行)。此外,一部分省政府官员为其地方财政和经济发展的需要,提出创办省地方银行的要求,而江苏和浙江籍的部分富商为推动中国工商业的发展和方便小额储蓄的需要,提出建立商业银行和储蓄银行的要求。这些要求最终促成一些省银行和商业银行的设立。

本时期的银行制度建设思想主要包括三方面的内容:一是对于近代中国建立银行必要性的探讨;二是对近代中国银行建立的种类、方法和组织形式的讨论;三是对近代中国银行监管制度建设的提出。这里主要就前两个方面的内容做一简要论述,有关银行监管制度建设思想是本书的主要研究对象,将在后面的章节做详细论述。[2]

晚清时期的思想家有关近代中国建立银行必要性的探讨,共提出了四条中国必须创办新式银行的理由。第一条理由是,银行是国民经济的枢纽,近代中

---

〔1〕 程霖:《中国近代银行制度建设思想研究(1859—1949)》,上海财经大学出版社1999年版,第20—21页。

〔2〕 以下有关近代银行制度建设思想的论述,如无注明,均引自程霖:《中国近代银行制度建设思想研究(1859—1949)》,上海财经大学出版社1999年版,第21—55页。

国要发展工商业,就必须创办新式银行。这也是晚清思想家普遍坚持的一种观点。最早提出兴办银行的洪仁玕就是从银行发行纸币易于商业发展的角度论述兴办银行的必要性,但其论述只限于"商"而未论及"工"。陈炽进一步指出,"银行以兴商务"[1],实"通商惠工之真源,怀远招携之实效",是发展生产、扩大流通、开展商业的必要条件。郑观应强调银行是国民经济的总枢纽,通过融通资金保证国民经济各部门资金的需要,以维持生产、流通的顺利进行和市场的稳定。他认为,"洋务之兴莫要于商务,商务之本莫切于银行。泰西各国多设银行,以维持商务,长袖善舞,为百业之总枢,以浚财源,以维大局"[2],并列举了银行利国利民的十大好处[3]。盛宣怀认为,银行在社会经济中处于枢纽地位,具有重要的"信用中介"职能。同时,他还认为银行比钱庄、票号组织完善、规模大,更能满足为工商业筹集资金的需要,起到"汇通工商"的作用,中国要发展工商业,就必须创办银行。梁启超则从设立银行、发行公债有利于振兴经济的角度,论述了近代中国建立银行的必要性。综上所述,这些清末思想家均将促进近代中国工商业的发展作为建立银行的重要理由,这既符合晚清时期中国社会经济发展的客观要求,在银行制度理论上也具有其合理性。第二条理由是,设立银行是保证政府开支、筹措军费的必要条件。晚清时期主张设立银行的思想家及政府官员大多持有此观点。陈炽就曾说道:"中国既无银行,又不思急行创立,故上欲筹饷则人易我难,下欲经商则人通我塞。"[4]郑观应认为,设立银行以代理国库,可以避免国家财政收入由官吏保管时受官吏侵抑之弊;而通过银行发行钞券,还可以获取利润,增加财政收入,减少财政支出,缓解政府的财政危机。[5] 这种将银行视为政府财政来源之一的观点,依据现代银行理论来看

[1] 陈炽:《盛世危言·序》。

[2] 郑观应:《盛世危言·银行上》。

[3] "银行至盛衰隐关国本,上下远近,声气相通。聚通国之财,收通国之利,呼应甚灵,不形支绌,其便一。国家有大兴作,如造铁路、设船厂,种种工程可以代筹,其便二。国家有军务、赈务缓急之需,随时通融,咄嗟立办,其便三。国家借款不须重息,银行自有定章,无经手中饱之弊,其便四。国家借款重叠,即或支应不敷,可以他处汇通,无须关票作押,以全国体,其便五。中国各殷实行家、银号、钱庄或一时周转不灵,诸多窒碍,银行可力为转移,不至败坏市面,商务藉可扩充,其便六。各省公款寄存银行,各海关银行岁计入息约共数十万两需用之时支应,与库存无异,而岁时入息仍归公项,不致被射利之徒暗中盘算,其便七。官积清俸,民蓄辛资,存款生息,断无他虑,其便八。出样华商可以汇兑,不致如肇兴公司动为洋人掣肘,其便九。市面银根短绌,可藉本行汇票流通,以资挹注,其便十。"郑观应:《盛世危言·银行上》。

[4] 陈炽:《续富国策·创开银行说》。

[5] 郑观应:《盛世危言·银行上》。

显然是不恰当的,但在晚清时期的中国,则有其产生的历史必然性。鸦片战争后,晚清政府的财政危机越发严重,如何解决该问题成为政府和社会各界普遍关心的重要方面。银行作为经济生活的重要方面,必然成为人们借以解决财政危机的重要工具,这也成为近代中国银行成立的重要原因之一。同时,即便是从西方银行的发展历史看,其银行在发展过程中也常常成为政府财政收入的重要来源。除了当时的现实历史条件外,也有其思想渊源,即此种观点的产生与晚清时期西方银行理论在中国的传播过程中对银行具有辅助财政功能的认识有很大关系。如魏源就认为英格兰银行的设立是为了"内收税饷,出银票以敷所用"。钱恂也认为银行在国家的地位"总务之统于中央政府","实具财政妙用之机"。第三条理由是,设立银行是抵制外国银行实行经济侵略的重要手段。郑观应认为,外国在华银行通过任意发行钞票,获得了巨额利润,疯狂剥削了中国人民;他指出,外国银行招收华股,却不替华商办事,不与华商往来,是"西商操其权,而华商失其利;华商助以资,而西商受其益"[1]。盛宣怀认为,"英、法、德、俄、日本之银行,乃推行来华,攘我大利","中国亟宜仿办,毋任洋人银行专我大利",只有中国自设银行,才能"通华商气脉,杜洋商挟持"。晚清时期的思想家把抵制外国银行侵略作为兴办中国银行的一个重要原因,是由近代中国社会的特殊性和对外国银行侵略本性的深刻认识决定的,体现了晚清思想家的爱国之情。第四条理由是,设立银行也是整齐币制和推行银币的需要。将设立银行作为整齐币制的需要,是由晚清时期货币制度发展的客观要求决定的。自光绪以来,国际银价不断下跌,导致"金贵银贱",对中国长期实行的银两和制钱两种货币平行的制度造成了冲击,严重影响了国家的经济生活。为改变这一状况,有人提出改革币制,行用金币,但国家积金甚少,于是决定先实行银币。为使银币畅行无阻,则必须设立国家银行为之操纵维持。因而就有人以整齐币制、推行银币为由,提出设立户部银行。光绪三十年户部奏《拟由部试办银行推行银币以维财政而浚利源折》,提出:"现当整齐币制之际,亟赖设有银行为推行枢纽","迅即试办银行以为财币流转总汇之所"。次年,钱能训在《户部银行应推行银币片》中再次指出:"户部银行之设,为推行银币之枢纽,亦整齐银价之权舆。"综上所述,晚清时期社会各界在论述中国建立银行的必要性时,主要是基于社会经济实际之需要,在一定程度上反映出他们对当时中国社会特殊

---

[1] 郑观应:《盛世危言·银行上》。

性的正确把握,但也使他们对银行的功能作用的理解更偏向于政府财政功能的发挥。

晚清时期的思想家除对中国建立自己银行的必要性进行全面论述外,还对中国建立银行的种类、方法和组织形式等也进行了探讨。晚清时期的思想家主要提出建立中外合资银行、商业银行、国家银行、专业银行和省地方银行五种类型的银行,并针对不同种类的银行提出了不同的建立方法。建立中外合资银行的思想主张是由李鸿章提出来的,他在光绪三十一年(1886 年)拟设官银行节略中说:“若由户部及外省委员开设,恐信从者少,资本尤缺,须纠合中外众商之力,着实办理,可期经久。”[1]同时,他还附呈英国怡和银行商人克锡格·密克关于在北京设立合办银行的章程和计划。该章程和计划提出:“银行应有权利,须令大小各户之银尽存于内”;“国家库存现银亦可交存行内,设有需用,即由银行领取”;“国家无庸收发现款,凡遇进出各皆由银行经办。即以银纸成交,俾免国家劳心”;“中国常有与外洋各处交涉银款之事,亦即可令为经理。即后欲借巨款,更不须令别家银行承办”。李鸿章创办中外合资银行的主张,从理论上讲是引进外资的便利渠道和国家实现金融国际化的途径,但其允许合资银行发行纸币、代理国库、垄断政府借款及分享在华各种特权,实际上侵犯了中国经济的自主权,引起了当时国人的强烈反对,并最终导致其主张的失败。晚清时期最早提出并获得较多人赞同的是建立商业银行的思想主张,如最早提出兴办银行的洪仁玕即主张“兴银行……或三四富民共设立,或一人设立,均无不可”。1896 年 10 月,盛宣怀上《条陈自强大计疏》并附《请设银行片》,提出通过招商方式创办股份制通商银行。他在《请设银行片》中指出:“银行者,商家之事,商不信则力不合,力不合则事不成。拟请简派大臣,遴选各省公正殷实之绅商,举为总董,号召华商,召集股本五百万两,现在京都、上海设立中国银行,其余各省会、各口岸,以次添设分行,照泰西商例,悉由商董自行经理。”[2]需要指出的是,盛宣怀创办商业银行的主张完全照搬外国银行之做法,其经营方针和业务管理均要求“悉照西例”,“以汇丰为准”,未能从中国实际出发,建立适合中国自身特点的银行制度和管理模式,体现其思想具有一定的历史局限性。此外,他在主张建立商办银行的同时又要求政府代为

---

〔1〕《李文忠公全集》译署函稿十九。

〔2〕“盛宣怀奏呈自强大计折附片(节录)”,陈旭麓、顾廷龙、汪熙主编:《中国通商银行——盛宣怀档案资料选辑之五》,上海人民出版社 2000 年版,第 4 页。

维持,并要求通商银行享有国家银行之待遇,使其要求建立的银行又带有国家银行的性质。最早提出建立国家银行的是钟天纬,他在《中国创设铁路利弊论》[1]一文中提出,“若能国家自开银行,自借国债,则天下之官利渐轻”,即要求由国家开设银行以解决国家造铁路需借外债、利息负担重的问题。1894年,郑观应提出“由国家出资筹办官银行于京师,由户部派堂官督理,在各省设分行,由藩司督理,建立国家银行”的建议。官银行的资本由国家拨四成洋税抵充,待银行创办后,再集商股。对于银行的用人,主张“宜仿西法,凡银行所用之人皆由公举,不得私荐,责成官绅及诸股董各就所知保荐才能廉洁之士。荐而作弊,举主坐之,倘有亏蚀,荐主罚赔。以众人之耳目为耳目,以天下之是非为是非”。郑观应认为,官银行的业务应为发行纸币、代理国库及办理存放款。1896年,容闳提出了更为详细的建立国家银行的计划。容闳在其奏折《请创办银行章程》[2]中认为,中国应仿效美国银行章程设立国家银行,并对我国建立国家银行作了详细计划,内容涉及统一铸币、有准备的发行、代户部筹款等,并明确其建立的银行为国家银行。与此同时,晚清政府的一些官员也从国家财政的角度出发,积极要求设立国家银行。1895年,广西按察使胡橘菜上奏,要求在京城设立官银行归户部督理,省会分行归藩司管理,并要求以银行为枢纽推行钞币,以钞币来完纳租赋税厘、军饷、俸银。1898年,盛京将军依克唐阿要求由户部筹款在京师设立总银行,外省提用库银于省垣各设分银行,各处口岸则由关道筹款设立通商银行,仍由部印造钞票,妥定章程。1904年3月,户部尚书鹿传霖上奏光绪皇帝,提出试办户部银行,并指出试办户部银行既要博采各国银行之长,又要适合中国国情。他参照英格兰银行和日本银行的做法,草拟了试办户部银行章程三十二条。鹿传霖试办户部银行的章程得到晚清政府的批准,并于1905年8月正式成立户部银行。1908年,户部银行改名为大清银行,并制定了《大清银行则例》二十四条。该则例明确赋予大清银行代国家发行纸币、代理国库及经理国债和国家存款以及代国家发行新铸币三项特权,表明晚清政府欲将大清银行办成中央银行的思想。

---

〔1〕 对于该文的成文年限,学术界尚存疑虑。《刖足集外篇》标题下注国“丙戌冬”,即光绪十二年冬(1886年)。而《钟鹤笙征君年谱》将此文系于光绪十年(1884年)。但据叶世昌的考证,该文应成于1883年。参见程霖:《中国近代银行制度建设思想研究(1859—1949)》,上海财经大学出版社1999年版,第35页注①;叶世昌:《近代中国经济思想史》,上海人民出版社1998年版,第112页注④及第116页注②。

〔2〕 [清]邵之棠辑:《皇朝经世文统编》卷五十八·理财部三·银行。

1909年大清银行第一次股东会议,总办张允言号召全体股东,研究如何改良大清银行经营管理之方法,以便将大清银行办成中国的中央银行。1910年,盛宣怀提出将大清银行办成中央银行,并规定了它的职责权限为统一币制、代理国库,并强调大清银行成为中央银行后不应再办理一般存放款业务。1911年3月,出任大清银行正监督的叶景揆主张,大清银行应缩减其一般商业银行业务,扩大中央银行业务,并专以"维持币值,活动金融"为己任。从上述将大清银行办成中央银行的建议看,盛宣怀、叶景揆对中央银行职能的理解同当时在近代中国传播的中央银行理论内容是一致的,也表明中央银行理论在晚清时期的中国已开始了如何付诸实践的探寻。对于建立专业银行的思想主张,最早的是马建忠在1886年主张创立一个以开发台湾为目的、提供专项资金贷放的股份制合资银行。1902年,严复在《原富》中提出设立储蓄银行的思想,他认为设立储蓄银行能够富国富民,改变社会风气。[1] 1905年,无锡富商兼商部三等顾问官候选道周廷弼向商部提议,参酌日本银行章程,在沪创设信成储蓄银行。他的呈文被商部批准后,于同年冬,东渡日本考察银行办法。后再次上奏商部,要求将信成储蓄银行改为信成商业储蓄银行,兼营普通商业和储蓄银行业务,并再次获准。1906年,信成商业储蓄银行成立,成为我国第一家储蓄银行。1910年,梁启超在《外债平议》中除主张设立储蓄银行外,出于国计民生和对外政策的原因提出设立移民银行,出于改良农业提出举办农业银行。此外,晚清政府也鼓励创办各类专业银行,并于光绪三十四年参照日本制定和颁布了《储蓄银行则例》和《殖业银行则例》。此时期关于设立专业银行的思想具有两个显著特点:一是专业银行的思想只有储蓄银行和农业银行两类,这与当时中国的社会发展需要是相适应的;二是这两类银行的建立均参照日本的做法,这主要是由于当时人们多认为日本的这两类银行制度比较完善,足以借鉴和仿效。晚清时期思想家提出建立的最后一种银行类型为省地方银行,该思想最早是由钟天纬在其1889年的《中国铁路如何取道为便论》中提出的。[2] 1901年,著名实业家张謇在《变法平议》一文中,从推行钞币的角度论

---

〔1〕"不徒富国之至术,而教化行寓之。"参见严复译:《原富》,商务印书馆1981年版,第250页。

〔2〕钟天纬指出:"今中国钞票之法虽废,而西号之汇兑,商民之期票,反能彼此流通。近且沿海各口,反用美(英)汇丰等银行钞票以代现银,更觉相形见绌。"故认为:"似宜集西商票号数十家,听其每省公开以银行,准其造钞票,铸银币,一切章程听商人自议。"参见程霖:《中国近代银行制度建设思想研究(1859—1949)》,上海财经大学出版社1999年版,第46页。

及设立官办省地方银行。[1] 晚清时期设立省地方银行的主张主要是由省地方政府提出的。[2] 设立省地方银行的目的也主要是为了维持地方财政,发展地方经济。省银行组织结构和管理制度既受西方银行制度的影响,又吸收了票号的诸多有益做法,其所用管理和办事人员也多系经营过票号的人员,这与前几类银行是不同的。纵观晚清有关中国建立银行的种类、方法和组织形式的探讨,具体有如下几个特点:第一,晚清时期尚未有人明确提及中国应建立怎样的银行制度及体系,更未有人对银行体系中银行的种类及各银行的职能分工和相互关系进行讨论;第二,晚清时期的思想家多主张模仿西方的银行制度来建立中国自己的银行制度;第三,对于中国的商业银行多主张商办,对于国家银行、地方银行和专业银行多主张官办或官商合办,在具体的组织形式上都主张股份制;第四,晚清思想家在主张建立银行时,没有人提出将钱庄改组为银行,但有人主张将票号改组为银行。

三、近代中国银行监管制度思想产生的历史条件

综观晚清时期中国的银行业,伴随着外国银行的入侵并对中国金融市场的控制,促使国人学习和传播西方的银行理论,并催生出中国自己的银行和银行制度建设思想。作为银行制度思想的重要方面,银行监管制度思想也随之产生。通过对近代中国银行业和银行制度思想的回顾,笔者认为,近代中国银行监管制度思想是在以下历史条件下产生的:

第一,外国银行的入侵和银行理论在中国的传播,促使近代中国银行业的兴起,使得近代中国产生了对银行监督和管理的现实需求。如前所述,近代中国的银行业是在外国银行进入中国,并控制了中国金融市场的背景下产生的。尽管从 1897 年中国第一家银行通商银行成立至 1911 年之间,近代中国共有 30 家银行成立,但大部分银行的寿命十分短暂。这一方面是因为外国在华银行的

---

〔1〕 "券钞之法,唐宋金元明皆行之,其弊也以票为货。票与货皆虚,虚故不能久也。欧洲各国之用币,则有国立贸易,兑换储蓄存金,农工劝业,各银行为之挹注焉。""中国各行省民间钱店,方其殷实,人何尝不宝贵其票券哉? 各省布政司宜各设以官立之银行,凡赋税所入悉汇凑焉。大省以五十万为本,中省以四十万为本,小省以三十万为本。其用钞币之数,视本加三成,旋行廛市。各府州县设立分支官立银行,均设储藏。"参见《张季子(謇)九录·政闻录》卷二。

〔2〕 1902 年,直隶省银行(1910 年以前时称天津官银号)在天津成立。1905 年 5 月 9 日,四川总督锡良向慈禧太后和光绪皇帝奏请创办四川省银行(浚川源银行),并附《银行章程》36 条。1909 年,广西省政府提请将广西官钱号改组为广西银行,并拟定《广西银行章程》,于 1910 年 2 月在桂林正式成立。1909 年,浙江省提请设立浙江银行。1911 年,福建省政府提请设立福建银行。

排挤和压迫,另一方面也因为国人对银行理论及银行的经营方式等方面并不了解。因此,在近代中国银行业刚刚产生的雏形阶段,需要政府对银行业进行监督和管理,以帮助本国银行业的健康发展。尽管晚清时期的政府并不具备这一能力,但是银行业的发展需要政府的扶持这一现实需求仍然是存在的。此外,晚清时期中国银行的无政府状态,使各银行均将纸币发行业务作为资金来源的重要渠道之一,最终造成纸币滥发的严峻形势。这迫使晚清政府不得不开始对银行业和纸币发行实行管理,并最终促成我国第一部银行法和银钱票管理法的出台。而晚清时期中国银行业的无政府状态还表现在银行的准入制度上。晚清时期银行的设立,不论是官办、商办还是官商合办,尽管其大部分均经过政府的批准,但这些银行在设立之时并没有一个统一的标准。并且对于不同种类的银行,其在设立时的标准,如注册资本额、组织形式、业务经营范围等也各不相同,需要根据其不同特点,设置与之相适应的准入标准。正是由于近代中国银行的设立并未存在一个准入标准,加之近代中国金融市场受制于人、动荡频繁,使得这些银行在成立时就已经摇摇欲坠,根本不具备抵抗市场风险的能力,许多还未开始经营就已面临倒闭。基于近代中国金融市场的不稳定,以及中国银行业的无政府状态,使得建立近代中国银行监管制度成为当时的迫切需要。

第二,西方银行理论的传播和中国银行制度建设思想的产生,成为近代中国银行监管制度思想产生的理论基础。西方银行理论在近代中国的大量传播,不仅仅促使中国建立起自己的银行和银行制度思想,也将西方各国对银行监督和管理的理论及方法传入中国。这些有关银行监管的理论,尽管在初期并未引起大部分推行建立中国自己的银行的思想家的重视,但随着中国银行业的不断发展和对西方银行理论的不断深入理解,有关银行监管的制度思想逐渐成为银行理论的重要方面。特别地,随着近代思想家对西方银行理论的不断深入理解,越来越多的思想家开始重视对中央银行理论的介绍和论述,并将中央银行理论不断运用到中国中央银行制度的建设中。晚清时期中央银行制度理论的传播和实践,对后来的思想家和中国银行监管制度的建设均产生了深刻的影响,后来的中国银行监管制度建设的许多思想及实践都是以中央银行作为监管制度的主体机关来讨论的。此外,随着中国银行制度建设思想的不断发展和完善,也为近代中国的银行监管思想奠定了良好的理论基础。比如,近代思想家在探讨中国银行的制度建设时,对中国银行的制度体系和银行种类的讨论会不断深入和完善,而什么样的银行制度体系决定了什么样的银行监管体系,对银行制度的深入讨论必然使银行监管制度思想更加完善。另外,对于建立和完善中国银行制度的问题的讨论,就必须考虑如何建立和完善相应的银行监管制度,没有与之相适应的银行监管制度,所建立起的银行制度必然是不完整的。因此,近代思想家在讨论银行制度建设的同时,必然会对银行监管制度建设进行深入探讨。

综上所述,近代中国银行业的兴起,产生了建立与之相适应的银行监管制度的内在需求;而近代中国银行制度理论的不断发展,为近代中国银行监管思想的产生提供了理论基础。正是基于上述两点原因,近代中国银行监管制度思想应运而生。

第二节　晚清时期银行监管思想的提出及监管目标

一、晚清时期银行监管思想的提出

自中国第一家银行中国通商银行于1897年成立后,中国的自办银行逐渐增多,并成为近代中国金融市场上的重要组成部分,促进了中国金融市场快速发展。晚清时期中国银行的快速发展,是以晚清时期兴办银行的思想为基础的,如前所述,这一时期出现了丰富的有关如何构建中国自己的银行及银行制度的思想。尽管这一时期的银行制度建设思想极为丰富,但是关于如何构建中国银行监管制度体系的思想却十分稀少。直到1908年,才开始有人提出制定银行条例,要求政府对银行实行有效管理。

1908年3月2日(光绪三十四年正月三十日),度支部尚书载泽上奏《改户部银行为大清银行并厘定各银行则例》,全文如下[1]:

光绪三十二年闰四月二十二日,前财政处会同臣部奏称:银行者流通圆法之枢机,维持商务之根本。东西各国有中央银行,復有普通劝业储蓄各项银行。考其制度,约有两端:一为国家银行,有国家饬令设立,与以特权;凡通用国币,发行纸币,管理官款出入,担任紧要公债,皆有应尽之义务。一为民立银行,为商民之所请立,必有政府批准然后开设,大旨皆与商民交易,凡其集股数目,营业宗旨,以及一切办法,均当呈明于户部,而款项营业情形仍须随时报告。以上

〔1〕 中国人民银行总行参事室编:《中国近代货币史资料》第一辑下册,中华书局1964年版,第1044页。

各种银行,户部皆有统辖查考之权,且各设专例以监督之。诚以银行为通国财政所关,实户部之专责。中国现当整饬财政之时,凡划一国币,办理公帑洋款,银行尤关紧要。若无管理之规条,恐各项银行,必致自为风气,则财政仍无整齐之日。是以臣等参考银行之制设立户部银行。开办以来,略见成效,正筹推广以立中央银行之基础。现遴选通晓银行章程人员,参考东西各国规则,厘定各种银行管理及营业专例,勒为成书,恭呈钦定颁行。嗣后凡国家银行,以及普通工农、商业、储蓄各银行银号,无论官立、民立,均应遵照办理,庶尽臣等管理之责,而期与各国成法相符等语。奉旨允准在案。

臣等伏查近年风气开通,官立、私立各项银行日益增多,亟须颁布则例,俾营业者有所遵循。臣部职司管理,亦有所据依,藉收划一整齐之效。惟此项例文,虽有译成东西各国通行章程可备参考,而揆诸中国商务之风俗习惯,亦难必其尽合,纂辑之余,益用详慎。上年财政处于奏准后,遴选编纂成帙,移交到部。臣部復派员细心研究,拟定银行则例四种。臣部所设银行原名户部银行,即为中央银行。现臣部已改为度支部,拟改银行之名曰大清银行,计则例二十四条。中国向无银行,而经营汇划、贸易如银号、票商、钱庄以及各省所设置官银号、官钱局,凡有银行性质者,即可以普通银行赅之,计则例十五条。殖业银行,为农工所依赖,东西各个国实业之进步悉由于此,现时农业银行尚未设立,而关于路工之邮传部交通银行,及浙江铁路之兴业银行,皆殖业银行也,计则例三十四条。各项银行之存放款项务取其多而提倡居积之风,萃集锱铢之款者,为储蓄银行,各省现已设有数处,计则例十三条。臣等详加考核,尚属周妥,谨缮清单恭呈御览。

从载泽奏章的内容可以看出:第一,载泽对银行在国民经济当中的重要作用有深刻的认识,基于银行的重要性提出政府应当监督和管理银行的经营行为。第二,载泽认为在中国应当建立中央银行制度,推行以中央银行为监管主体的银行监管制度。但是,他虽然主张建立以中央银行为主体的监管制度,却指出银行的监管主体机关应为户部(即改革后的度支部)而非中央银行。载泽之所以会出现上述矛盾,一方面是因为古代中国中央集权制度的根深蒂固,使得其自然地以政府机关作为银行监管的主体,以保证政府对银行业的绝对控制力;另一方面,其选择中央银行制度是因为晚清时期传入的银行监管制度理论主要以中央银行制度为主,而且中央银行制度较其他银行监管制度也更适合中央集权的政治体制。最后,载泽提出对银行的监管是出于整理财政的目的,必然会选择清政府的财政部——户部——为银行监管的主体机关。正是基于上述原因,载泽在选择中央银行制度的同时,仍以户部为银行监管的主体机关。第三,载泽强调应依法对银行进行管理,并根据西方各国银行法规制定了相应的银行则例。载泽指出,对银行的有效管理,必须有相应的法律为管理依据,银行法规的制定可以使政府对银行的管理收整齐划一之效。同时,载泽强调银行法的制定应与各国成法相符,但在实际制定过程中,各条法规的选择和制定必须要符合“中国商务之风俗习惯”。第四,载泽不仅强调对银行的统一管理,同时指出应根据银行种类的不同,制定与各类银行业务特点相适合的银行法规。这表明,载泽在制定银行监管法规时,既考虑到银行业的共性,同时也注意到不同类银行的特性。

载泽的奏折是近代中国首次提出制定银行则例,以加强对银行的立法管理,并建立相应的银行监管制度的思想。这一思想的产生,首先是因为晚清时期中国的银行大多以官办、官督商办或官商合办的形式成立,这些银行在设立之初,均需要得到政府相关部门(户部或度支部)的批准,并订立相关章程后方可正式成立,实际在一定程度上受到晚清政府的管理。因此,载泽根据这一现实进一步提出制定银行则例,加强对银行的依法监督和管理。其次,晚清时期西方银行理论的传播,特别是对中央银行理论的深入介绍,成为载泽银行监管制度思想的重要理论源泉。正是基于晚清思想家对西方中央银行制度理论的深刻阐述,使得载泽在选择建立什么样的银行监管制度时,最终选择了中央银行制度。但是,限于中国传统政治体制的影响,载泽尽管选择了以中央银行为中心的监管制度,却并未将中央银行设定为银行监管的主体机关,而是仍将户部作为银行监管的主体机构。以上两点,即是载泽银行监管制度思想产生的现实基础和理论渊源。

二、晚清时期对银行监管目标的初步认识

既然要对银行实行监管,那么确定银行监管的目标是首要问题。现代银行监管的国际机构巴塞尔委员会在其《有效银行监管的核心原则》中,列举了四个银行监管目标:(1)保护存款人利益;(2)金融稳定;(3)保护消费者权益;(4)金融包容。[1] 综合来看,巴塞尔委员会确定的银行监管目标主要包括两个方面:

---

〔1〕 The banking supervisor might, for instance, in some jurisdictions be tasked with responsibilities for: (i) depositor protection; (ii) financial stability; (iii) consumer protection; or (iv) financial inclusion. “Core Principles for Effective Banking Supervision (September 2012)”, http://www.bis.org/publ/bcbs230.htm .

一方面是保证银行的稳定经营和健康发展,维护金融秩序,确保公众对金融体系的信心;另一方面是维护公众利益,特别是存款人的利益。我国《银行业监督管理法》第三条对我国银行监管的目标进行了明确规定:“银行业监督管理的目标是促进银行业的合法、稳健运行,维护公众对银行业的信心。”[1]由此可见,现代银行监管无论是在理论上还是在实践中,均将“促进银行业的合法、稳健运行,保证银行业的健康经营和发展,维护公众对银行业的信心,保护存款人的合法权益”作为银行监管的主要目标。

晚清时期,基于当时的特殊历史环境和经济发展状况,新式银行和银行理论对于近代中国都是外来新生事物,因而对于银行监管目标的确定与现代银行监管的目标不尽相同,有其历史局限性。首先,载泽在其提出对银行监管的奏章中指出:“诚以银行为通国财政所关……中国现当整饬财政之时,凡划一国币,办理公帑洋款,银行尤关紧要。”可以看出,载泽提出对银行的监管主要是出于整理财政的目的,而不是出于对银行经营风险会对社会经济产生严重危害的认识。载泽之所以从整理财政的目的提出对银行的监管,主要是因为晚清时期的中国政府由于鸦片战争失败后,面临大量的战争赔款,进而引发政府的财政危机,为解决这一问题,新式银行成为清政府的一个重要工具,因此对银行的监管必然以整理财政为主要目标之一。其次,对于银行的监督和管理,也是为了促进近代中国银行业的健康发展。尽管载泽将整理财政作为银行监管的重要目标,但这并非是其提出对银行监管的唯一目的,对银行在社会经济生活中的重要性的认识也是其提出监管要求的原因之一。例如,载泽在其奏章中的第一句即说道:“银行者流通圆法之枢机,维持商务之根本。”这说明载泽明确认识到了银行对货币和商品流通的重要性。同时,晚清时期大量中国银行的设立,以及载泽在办理户部银行过程中的经验,使他认识到需要制定统一的标准来规范和促进中国银行业的发展。

综合来看,晚清时期银行监管思想对于监管目标的认识,与现代银行监管理论对于监管目标的确定有很大不同。现代银行监管理论主要是基于银行经营的风险性会对经济产生巨大的破坏性,因而从保证银行稳健经营的角度来促进银行的发展。晚清时期银行监管思想则是从整理财政和促进近代中国银行业快速发展的角度,提出对银行的监管。整理财政的目标在现代银行监管理论

---

〔1〕《中华人民共和国银行业监督管理法》,http://www.gov.cn/jrzg/2006－10/31/content_429279.htm。

看来,明显是不适当的。促进银行业的发展虽然是现代银行监管目标之一,但是晚清时期的银行监管思想并非是从银行经营的风险性角度出发,而是基于银行对政府财政的重要性,提出通过制定相应的监管制度来促进银行业的发展。晚清银行监管目标的上述特点,究其原因:一方面是因为近代中国银行业和银行理论的发展尚处在萌芽和初步了解阶段,对于银行在经济生活中的地位和作用不能正确理解和认识,因此其对银行监管的目标存在很大的局限,甚至是错误的;另一方面,晚清时期提出对银行监管的主要是清政府的官员,因而其目的必然是强调政府对银行的管理,特别是中国几千年的中央集权制度,使得对银行的监管更多的是出于为政府政策目标服务,而非社会经济发展的需要。尽管如此,银行作为新兴事物进入中国,以及受洋务运动的影响,发展银行业也是晚清政府的政策目标之一,因此促进近代中国银行业的发展也成为银行监管的目标之一。

第三节　晚清时期银行监管主体机构思想及监管对象的确定

一、晚清时期银行监管主体机构思想

银行监管的主体即银行监管当局,是依法对银行业实施监督和管理的政府机构,是银行业监督和管理的主体。现代银行监管理论中,银行监管当局是政府组织机构体系的构成部分,具备如下三个特征:一是权威性,银行监管机构作为一国(或地区)的最高银行监管权力机构,履行银行监管法律赋予的职责和权力,其监管决策对银行业及其经营活动具有强制力和不可逆性,银行必须认真执行;二是独立性,银行监管机构依法对其监管地域范围内的所有经营活动实施监督和管理,直接对中央政府或国家立法机构负责,其他任何组织、单位和个人都无法对银行监管当局的监管工作进行干预;三是公共性,银行监管机构的监管权力属于公共权力的范畴,是政府公共管理部门的一部分,代表了社会公众的利益,以维护银行业的稳定、促进银行业和社会经济发展为责任。[1]

近代中国是先有银行的创立和银行制度思想的产生,后有银行立法和银行

〔1〕 参见祁敬宇主编:《金融监管学》,西安交通大学出版社 2007 年版,第 110—111 页。

监管制度思想的产生。近代中国银行监管的主体机关在银行创立之时即已存在,但其法律地位是在银行监管思想和银行立法出现后才得以正式确立。伴随着近代中国新式银行的产生,晚清政府的户部成为中国最早的银行监管主体机构。1897 年,中国第一家银行中国通商银行的成立,虽经军机处、总理各国事务衙门及户部共同批准,但其成立的具体章程的办理,均是由户部负责。[1] 因此,清政府时期的户部应为近代中国最早的银行监管主体机构。1906 年,光绪庚子后统一厘定官制,改组部院各衙门,将财政处并入户部改称度支部。[2] 其后,户部银行改组为大清银行,以及交通银行的建立,均是经过度支部批准的。但是,除了类似上述大银行的设立经过度支部核准外,还有许多地方的官办银行、官钱局、商办银行、票号、钱庄等银行及银行类金融机构的设立,并未经过度支部的核准,其经营活动也没有相关的政府机构进行监督和管理,实际上处于无政府监管的状态。

度支部(或户部)真正从理论上和制度上被确定为近代银行监管的主体机构是在 1908 年。度支部尚书载泽上奏,认为东西方国家均专门立法规定对银行的监管,中国政府在整理财政时,对银行的管理尤为重要,借鉴其他各国的做法,政府应当切实加强对银行的管理;由于“银行为通国财政所关”,故对银行的管理应为“户部(后改为度支部)之专责”,户部对各种银行“皆有统辖查考之权,且各设专例以监督之”。[3] 载泽要求以度支部作为银行监管的主体机关,是出于晚清时期的政府组织体系及其监管的目的。由于银行对于近代中国属外来新生事物,故在以往的政府机关中未有专门管理银行之机构,而与现代银行相近的中国传统金融机构银钱号即属于户部管理[4],故载泽自然将度支部作为银行的监管机构。另一方面,近代中国银行的建立,特别是国家银行的建立一直背负着整理财政、划一币制的重任,故必然将当时的财政机关——度支

---

〔1〕“清政府批准中国通商银行鼓铸银元谕旨”,陈旭麓、顾廷龙、汪熙主编:《中国通商银行——盛宣怀档案资料选辑之五》,上海人民出版社 2000 年版,第 35—36 页。“前据盛宣怀条陈自强大计,并请开设银行、设立达成馆各折片,当经谕令军机大臣、总理各国事务衙门、户部妥议具奏。……试行南省,如无窒碍,再由户部一定章程办理。”

〔2〕张德泽编著:《清代国家机关考略》,中国人民大学出版社 1981 年版,第 292 页。

〔3〕中国人民银行总行参事室编:《中国近代货币史资料》第一辑下册,中华书局 1964 年版,第 1044 页。

〔4〕户部是国家财务行政的最高机构,所管辖的有户籍、土地、农垦、货币、租税、漕运、救荒、官吏俸饷等。户部既是财务行政的监督机构,又兼管国库的开支和民政,并直接负责造币、运输、仓储等业务。参见孔令纪等主编:《中国历代官制》,齐鲁书社 2003 年版,第 336 页。

部——作为银行监管的主体机关,以促使银行的经营活动为政府的财政改革政策服务。1908年2月15日,清政府正式奏准度支部公布《银行通行则例》,正式以法律明确了度支部对银行的监管职责,并规定了度支部的监管责任及内容:(1)对银行准入及退出的管理。所有银行的设立,无论其是独资或公司制,都必须报度支部核准备案。银行歇业时,必须将其存欠数目核算清楚,并报度支部核查。(2)审核银行的纸币发行。发行市面通用银钱票的官设商立各行号,必须按期将每月的发行数目及准备数目报度支部核查,度支部也应随时派员前往稽查。(3)银行定期报告制度。所有银行每半年须将其详细的财产目录及出入对照表,呈送度支部进行核查;如某家银行有特别事故,则度支部应派员前往检查其各项簿册、凭单、现款及其经营状况,但不得干预其他银行业务。(4)银行组织变更的管理。银行的组织形式、制度变更、合并等事项,均应按照《银行通行则例》第二条的规定,呈报度支部进行审核批准。(5)违法银行的惩罚措施。对于违反《银行通行则例》相关规定的银行或银行类金融机构,度支部可根据其情节轻重,处以一定数目之罚款。[1] 这也是近代中国首次以立法的形式正式确定银行监管的主体机关,保证了度支部对银行监管的权威性,使其对银行监管的职责和权力得到法律的保障。载泽的奏章和《银行通行则例》尽管确立了度支部的银行监管主体地位及其权威性,但其作为监管机构应当具备的独立性和公共性,在奏章中并未得到明确体现,《银行通行则例》也未有相关的条款进行明确规定。特别是载泽要求以整理财政作为银行监管的目标,极易引发银行监管的独立性问题。虽然上述确立银行监管主体机构的制度及思想存在一定的不足之处,但这仍是近代中国首次从银行监管制度思想及法律上明确了度支部的银行监管的主体地位。

晚清银行监管制度思想除确立了度支部的银行监管主体地位外,实际上也将各地方政府作为银行监管主体机关的辅助机构,发挥一定的银行监管职能。例如,《银行通行则例》第二条规定:"凡欲创立银行者……均须预定资本总额,取具殷实商号保结,呈由地方官检查……。凡银行应行呈报事项,除呈请地方官转报外,并须径呈度支部,以便稽核。凡银行开办,须预将年月日,禀报所在地方官转报度支部。"《殖业银行则例》第二十条规定,殖业银行经营法规所列范围之外业务的,"应呈请度支部或该地方官核准";第三十条规定,"殖业银行有

---

[1] "清度支部奏准银行通行则例(1908年)",中国第二历史档案馆编:《中华民国史档案资料汇编》[第三辑:金融(一)],凤凰出版社1991年版,第20—22页。

背则例或害公益之事,度支部或该管地方官得随时禁止”。除上述所列条款外,晚清时期的银行法规体系中明确地方官监管主体地位的规定还有许多。这些法律条款均体现了各地方官在银行监管体系中的辅助监管作用。因此,晚清时期银行监管思想对于监管主体的确定,主要是以度支部为银行监管的主体机关,各地方官则作为度支部的辅助,发挥银行监管主体机关的相应职能。

晚清时期还出现了设置银行监理官的思想。晚清时期设置银行监理官的思想散见于该时期的各银行法规中,仅仅是零星的设置监理官思想,并未形成系统的银行监理官制度思想。1908 年,度支部尚书载泽在上奏《改户部银行为大清银行并厘定各银行则例》时,所附的《大清银行则例》第十五条规定:“度支部特奏派监理官二人,监理大清银行一切事务。监理官应随时检查大清银行票据、现金及一切账簿。监理官得出席于股东总会及其他一切会议,陈述意见,但不得加入议决数。度支部视为应行查核时,可随时派员会同监理官查核大清银行一切事务。”[1]另外,与《大清银行则例》同时奏准的《殖业银行则例》第二十九条规定:“度支部得就各地方官中特派殖业银行监理官,监视一切事务。监理官应随时检查殖业银行之账簿、现款、准备金、债票发行额等项,详细呈报度支部。监理官不得藉端索费及妨害银行利益,并不得干预银行业务。如银行实有危险,或违背则例情事,只可禀部听候查办制裁,从严惩处。”[2]近代中国银行监理官制度诞生之初,是作为清末财政监理官制度的延伸。清末政府为改革外省财政收支建立西式预算制度,以达到在财政上纾困、在制度上破局之目的,将派官巡视的“个案方式”转变为制度化的财政监理制度,即由度支部派财政监理官分赴各省,长时间驻省监理督责。[3] 财政监理制度的推行者,正是清末提出对银行进行统一监管之人——载泽。载泽提出对银行进行统一监管的目的之一即整理财政,故将财政监理制度思想引入银行监管,提出设立银行监理官。晚清时期设置银行监管的思想还很简单,并且未对所有银行均设立银行监理官。但对主要银行设置监理官,从一定程度上体现了政府对主要银行监管的重视。

---

〔1〕 中国人民银行总行参事室编:《中国近代货币史资料》第一辑下册,中华书局 1964 年版,第 1047 页。

〔2〕 “清度支部奏准殖业银行则例”,中国第二历史档案馆编:《中华民国史档案资料汇编》[第三辑:金融(一)],凤凰出版社 1991 年版,第 28—29 页。

〔3〕 刘增合:《纾困与破局:清末财政监理制度研究》,《历史研究》,2016 年第 4 期,第 45—62 页。

二、晚清时期银行监管对象的确定及划分

现代银行监管理论将银行监管的对象定义为从事商业银行业务的金融机构,不管其称谓如何,凡是吸收存款、发放贷款、办理资金结算、信托投资、财务管理、参与货币市场融资交易活动等的机构都属于银行业的监管对象。〔1〕根据这一定义,银行监管的对象不仅包括商业银行、政策性银行、信用合作机构、专业储蓄银行、专业信贷机构、信托投资公司、财务公司、金融租赁公司及典当行等,对于其他参与货币市场融资交易活动的非银行金融机构,也将其作为银行监管的特定对象。由此可以看出,现代银行监管理论是以金融机构是否经营特定的银行业务来确定其是否属于被监管的对象的。晚清时期对银行监管对象的确定与现代银行理论对监管对象的确定既有相一致的地方,也受当时实际的金融市场状况和银行思想发展程度的影响,而与现代银行监管理论不尽相同。

度支部尚书载泽在提出对银行实行监督和管理时认为,近代银行监管的对象不仅包括新式银行,同时也应将经营货币市场交易活动的传统金融业纳入监管范围。〔2〕在其所附的《银行通行则例》中,也对银行作了明确定义。该则例第一条规定,"凡开设店铺经营左列之事业,不论用何店名品牌,总称之为银行,皆有遵守本则例之义务"〔3〕,所列事业包括各种期票、汇票之贴现,短期拆息,经理存款,放出款项,买卖生金、生银,兑换银钱,代为收取公司、银行、商家所发票据,发行各种期票、汇票,发行市面通用银钱票共九种。从该条规定可以看出,凡是经营存放款、汇兑、贴现和票据发行(包括银钱票发行)的店铺,不论其店名牌号为何,都应定义为银行。这明显是从业务经营范围对银行进行定义,以确定监管的对象及其业务范围,但其规定仍有含混之处。可以看出,规定并未明确这九种业务是同时经营,还是只要含有一种业务即为银行。例如,当时

〔1〕参见祁敬宇主编:《金融监管学》,西安交通大学出版社 2007 年版,第 111 页。

〔2〕"中国向无银行,而经营汇划、贸易如银号、票商、钱庄以及各省所设置官银号、官钱局,凡有银行性质者,即可以普通银行赅之,计则例十五条。"《度支部尚书载泽摺——改户部银行为大清银行并厘定各银行则例》,中国人民银行总行参事室编:《中国近代货币史资料》第一辑下册,中华书局 1964 年版,第 1044 页。

〔3〕"清度支部奏准银行通行则例(1908 年)",中国第二历史档案馆编:《中华民国史档案资料汇编》[第三辑:金融(一)],凤凰出版社 1991 年版,第 20—22 页。以下关于《银行通行则例》的引文,如无特别注明,均引自此处。

的当铺同样经营放款和生金银买卖业务，而经理存款和兑换银钱之业务在一般商铺中也多有存在，明显这些机构不能称为银行。尽管《银行通行则例》在附则中明确指出，“凡只兑换银钱，无银行之性质者，本则例实行后，均作为银钱兑换所，免其注册”，但这仅仅是指明将那些既经营放款业务也兼营兑换银钱的钱铺、钱庄、银号视为银行，而将那些“只兑换银钱”的钱铺、钱庄、银号则视为“银钱兑换所”，其不在监管的对象范围之内。这一规定反而使得对中国传统金融机构的监管缺乏统一性，不利于监管机构对钱庄、票号等传统金融机构的监督和管理。尽管《银行通行则例》对银行的规定还存在不明确的地方，但其所定义的银行范围是十分广泛的，不仅指新式银行，还包括经营银行业务的旧式金融机构，如钱庄、票号、银号、钱铺等。这样的规定适应当时金融业发展之现实，便于对金融业实行统一管理。同时，对于监管对象的认定与现代银行监管理论对于监管对象的认定方法是一样的，以金融机构是否从事法规所规定的银行业务来确定其是否为监管的对象，只是对银行业务内容的规定与现代银行理论不尽相同，更加符合当时金融业的实际状况。

晚清时期的银行监管思想不仅对所监管的银行作了一般界定，对各专业银行也作了详细界定，并制定了相应的专业银行法规。1908 年(清光绪三十四年)，清政府除了奏准度支部尚书载泽的奏章并订立《银行通行则例》这一通行法外，还订立了《储蓄银行则例》[1]与《殖业银行则例》[2]两部特别法。《储蓄银行则例》第一条首先对储蓄银行进行了界定，“凡代公众存放零星款项为业者，均为储蓄银行”，“其他各种银行欲兼营此项储蓄事业者，于本则例奏定后，亦应一律遵守”。[3]《殖业银行则例》并未明确对殖业银行进行界定，但其第一条规定，“殖业银行为股份有限公司，以放款于工业、农业为其经营宗旨，其注册资本总额须在二十万两以上”[4]，这表明只要是放款于工业和农业的银行就应算作殖业银行，应遵守《殖业银行则例》的规定。但该规定并不明确，经营储蓄

---

〔1〕《储蓄银行则例》共十三条，其体例系参照“日本明治二十四年最初公布之《储蓄银行条例》转化而成”。参见王志莘：《中国之储蓄银行史》，上海人文印书馆 1934 年版，第 322 页。

〔2〕《殖业银行则例》系清政府参照日本《殖业银行条例》制定而成，共三十四条，其目的为推动和规范中国农业银行的发展。

〔3〕“清度支部奏准储蓄银行则例”，中国第二历史档案馆编：《中华民国史档案资料汇编》[第三辑：金融(一)]，凤凰出版社 1991 年版，第 24 页。

〔4〕“清度支部奏准殖业银行则例”，中国第二历史档案馆编：《中华民国史档案资料汇编》[第三辑：金融(一)]，凤凰出版社 1991 年版，第 25 页。

银行业务的银行也会贷放于工农业,是否这些储蓄银行也应算作殖业银行?因此,晚清时期的银行监管思想对于殖业银行的界定并不十分明确。对于这一规定,当时就有人指出:"殖业银行则例第一条,以放款于工业、农业为宗旨,观乎名称而谓。殖业之似劝业乎,然劝业贷付之目的在促农工业之进程,固非茫无限制者。如仅曰放款于工业、农业而已,则凡治此业而有需求者,银行皆当供给之,不嫌其失之滥乎。"[1]这表明对于殖业银行的界定并不明确,不利于对殖业银行业务经营的监督和管理。载泽的奏章除了要求对银行进行管理外,还要求将大清银行办成中国的中央银行,并附《大清银行则例》二十四条,但不论是载泽的奏章还是《大清银行则例》均未对中央银行进行界定。并且,从载泽的奏章中可以看出,其将中央银行和商业银行均作为银行监管的对象,而不是将中央银行作为银行监管的主体机关。载泽在奏章中只是说明大清银行即为中央银行,而《大清银行则例》也未对中央银行的地位和职能进行明确界定,仅是对中央银行的组织形式和业务范围等进行了规定。例如,《大清银行则例》第四条至第七条详细规定了大清银行可以经营的一般银行业务,以及发行纸币和代理国库等中央银行业务。[2]而且,中央银行业务的排他性在《大清银行则例》和《银行通行则例》中都未指明。虽然规定存在不足,但这也符合当时的实际状况。晚清时期的中国,币制混乱问题十分严重,各个银行均有发行纸币的行为,并且代理国库的也非户部银行一家。因此,在载泽制定的法规中并未对大清银行中央业务(尤其是纸币发行)的排他性进行明确规定。

综合来看,晚清时期对银行监管对象的确定和划分,受到晚清时期银行思想的影响和银行发展实际阶段的制约。尽管对比现代银行监管理论对银行监管对象的确定和划分,晚清时期银行监管思想对银行监管对象的确定及划分存在不足,但也符合晚清时期银行监管的现实要求。这一时期银行监管对象的确定及划分方式,对以后银行监管思想对监管对象的确定和划分产生了深远影响。晚清以后银行监管思想对监管对象的划分均是在晚清监管思想划分的基础上,结合各时期银行发展的现实情况作不断修正的结果。

---

〔1〕"部定银行则例之研究",《东方杂志》,1908年第8期。

〔2〕中国人民银行总行参事室编:《中国近代货币史资料》第一辑下册,中华书局1964年版,第1046页。

第四节 晚清时期的银行准入与退出制度思想

一、晚清时期的银行准入制度思想

现代银行监管理论中,银行的准入监管是指对新设立的银行,包括合并和增设分支机构的登记、审批等行为的监管。广义的市场准入,既包括通过组建新的市场主体或分支机构进入市场的行为,也包括通过扩大市场的主体营业能力或营业范围而进入市场的情形。而狭义的市场准入监管仅指对银行的新设、变更和拍照转让三种情形的监管。[1] 银行的市场准入监管关系到一个国家的银行数量是否适度,是否会给社会经济生活带来消极影响,是对银行进行监管的第一道关卡。合理的市场准入制度不仅能够保证银行的品质,而且能够保持合理的银行数量,防止银行集中于少数集团而不利于竞争,是保障银行业稳健运行和整个金融体系安全的重要基础。从银行准入的审批方式上看,存在四种不同的审批原则,分别是自由主义原则[2]、特许主义原则[3]、准则主义原则[4]和核准主义原则[5]。现代商业银行市场准入的通行制度为审批制,当代中国实行的也是这种准入制度。[6] 具体的银行准入监管主要包括三个方面,即机构准入、业务准入和高级管理人员准入。晚清时期银行监管准入制度思想仅包括机构准入思想和业务准入思想两方面,对高级管理人员的准入则未能涉及。

---

〔1〕 本书中对近代银行市场准入的监管指的是广义的准入监管。

〔2〕 自由主义,或称放任主义,指法律对银行机构的市场准入不予调整,这里银行既无法定条件限制,又无注册登记的程序。

〔3〕 特许主义,即银行设立的依据是国王的特许状或国家的特别法令,每成立一个银行就须颁发一道特许状(或特别法令)。

〔4〕 准则主义,即银行的设立无须报请有关机关批准,只要符合法律规定的成立条件即可申请注册。

〔5〕 核准主义,又称许可主义,或审批制,即银行的设立必须以事先的行政许可为前提条件,设立银行除具备法律所规定的条件之外,还必须报请金融监管机关审批核准后,才能申请登记注册,公告成立。

〔6〕 我国《商业银行法》规定:“设立商业银行,应当经国务院银行业监督管理机构审查批准。未经国务院银行业监督管理机构批准,任何单位和个人不得从事商业银行业务,任何单位不得在名称中使用‘银行’字样。”

(一)机构准入制度思想

所谓机构准入,是指依据法定标准,批准金融机构法人或其分支机构的设立。晚清时期银行监管思想有关机构准入的内容主要体现在当时的各项银行法规中,这些法规主要包括《银行通行则例》、《储蓄银行则例》和《殖业银行则例》等。此外,晚清政府为加强对银行设立的管理,还专门制定了《银行注册章程》,以对银行的注册和设立进行统一管理。这些法规和章程不仅构成了晚清时期银行监管的法规体系,也是北京政府初期银行监管的主要法规。[1] 但是,这些有关机构准入的规定,仅适用于中国银行机构的设立,对于外国在华银行或分支机构的设立并不适用。

《银行通行则例》对于所有银行的设立、注册和组织变更作了统一规定。该则例的第二条规定,"凡欲创立银行者,或独出资本,或按照公司办法合资集股,均须预定资本总额,取具殷实商号保结,呈由地方官检查,转报度支部核准注册,方可开办"[2];第三条对开设银行应呈报的事项作了具体规定,内容包括银行的名称、分支行的设立、资本额、组织形式、发起人及办事人的信息等。对于银行的组织变更和合并等行为,《银行通行则例》第十条规定:"凡银行或个人营业改为公司办法,或原系公司变为个人营业,或欲变更其公司制度,或欲与他公司合并等事,均应查照第二条办理。"自中国通商银行开办以来,尽管大清银行和交通银行的设立都需奏请清政府审批,但对于地方官银行、官钱局、官银号和商办银行的设立均是未经审批的,此外的其他银行类金融机构如票号、钱庄等的开立更是不需任何审批,即可自行设立。《银行通行则例》第十二条规定,"以前各处商设票庄、银号、钱庄等各项贸易,凡具有银行性质者,即宜遵守此项则例。其遵例注册者,度支部及优加保护,其未注册者,统限三年均应一体注册。倘限满仍未注册者,不得再行经理汇兑、存放一切官款";第十三条规定,"各省官办之行号或官商合办之行号,统限于本则例奏定后六个月内报部注册,一切均应遵守本则例办理"。上述两条规定将地方银行、票庄、银号和钱庄等的设立

---

〔1〕"惟前清银行各种则例及注册章程一时尚未能修改完竣,故一切呈报无所根据,往复批商手续又繁,如无一定之办理,则有碍企业之进行。兹暂定在则例未修订以前,仍暂照前清度支部奏定各种银行则例及注册章程办理。"参见"财政部关于设立银行号暂照前清度支部各种银行则例及注册章程办理令稿",中国第二历史档案馆编:《中华民国史档案资料汇编》[第三辑:金融(一)],凤凰出版社 1991 年版,第 19 页。

〔2〕"清度支部奏准银行通行则例(1908 年)",中国第二历史档案馆编:《中华民国史档案资料汇编》[第三辑:金融(一)],凤凰出版社 1991 年版,第 20—22 页。

也纳入银行的准入监管范围之内,明确规定经营银行业务的票庄、银号、钱庄和地方银行也应遵照《银行通行则例》之规定进行注册,并报度支部批准后,方可经营银行业务。这些规定不仅有利于对银行业准入的统一管理,更有助于通过准入制度提高近代银行的品质,保证银行运营的安全和稳定,同时也反映了晚清政府欲加强对银行监管的思想。而此后度支部奏准的《银行注册章程》,更进一步体现了晚清政府加强银行监管的思想。《银行注册章程》一方面敦促未注册的银行加紧进行注册,另一方面根据各银行组织形式的不同,分别对官办银行、商人独办银行、商人合资开办银行和商人集股开办银行的注册及应声明事项,进行了更加详细的规定。[1]

晚清时期储蓄银行和殖业银行的设立,不仅要遵照《银行通行则例》的规定,还必须符合《储蓄银行则例》和《殖业银行则例》中的有关规定,方可正式设立营业。对于储蓄银行的设立,《储蓄银行则例》第二条规定:“开设此项银行,须资本五万两以上之各种公司,禀部核准注册后,方准开办。”该规定根据储蓄银行经营之特点,增加了对储蓄银行资本规模的规定,体现了保证储蓄银行安全和储户的实际利益的监管思想。但该规定仅仅是要求开办储蓄银行的公司资本在五万两以上,并非是储蓄银行实际的注册资本,使得该规定对于保证储蓄银行安全和储户利益的作用大打折扣。对于殖业银行的设立,《殖业银行则例》对其组织形式、资本总额、股票的发行、分行和代理店的设立均作了规定。该则例规定,殖业银行为股份有限公司,其资本总额至少须在二十万两以上;殖业银行的股票为记名式,并规定只许国人购买,股东不许将股票转卖或抵押给外国人及外国公司。但该则例同时也规定,殖业银行可由地方官以地方官款,或管理地方公共财产人以地方公共财产,呈明度支部设立。[2] 从上述规定可以看出,由于殖业银行主要是为工农业发展服务,所以为了发挥其促进国家工农业发展的作用,殖业银行虽规定为股份有限公司,但其资金来源并不局限于发行股票。同时为防止外国列强通过控制殖业银行阻碍近代中国工农业的发展,该则例明确规定殖业银行的股票不得卖给外国人和外国公司。这也体现了

---

〔1〕“清度支部奏准银行注册章程”,中国第二历史档案馆编:《中华民国史档案资料汇编》[第三辑:金融(一)],凤凰出版社 1991 年版,第 23—24 页。以下关于《银行注册章程》的引文,如无特别注明,均引自此处。

〔2〕“清度支部奏准殖业银行则例(1908 年)”,中国第二历史档案馆编:《中华民国史档案资料汇编》[第三辑:金融(一)],凤凰出版社 1991 年版,第 25—29 页。以下有关《殖业银行则例》内容之引文,均引自此处。

近代银行监管思想的时代性,政府对于银行的监管是希望通过银行业的发展,来帮助和促进本国实体经济的发展。但是,度支部对殖业银行分行及代理店的设立,规定十分严格。度支部认为亟须设立的地方,各殖业银行方可根据度支部的命令照章设立。对于此点,其目的主要是将资金集中用于工农业发展急需的地区,防止银行资本的浪费。

1908 年户部银行改为大清银行后,度支部颁布了《大清银行则例》,对大清银行实行专门管理,其目的在于将大清银行办成中国的中央银行。此时的大清银行虽被清政府确定为中央银行,但其仍然经营商业银行业务,并且不具备对其他银行进行监管的职责。大清银行在晚清时期的银行监管思想及制度中仍为银行监管的对象,而非银行监管的主体机关,所以大清银行的注册、设立及分支机构的建立等,也是依照《银行通行则例》的规定,报度支部核准。但鉴于大清银行作为中央银行之特殊地位,与一般商业银行又有不同,故度支部制定了《大清银行则例》对大清银行的资本额及分支机构的设立另行规定。该则例规定,大清银行由户部银行改设,为股份有限公司形式,总资本为一千万两,分为十万股。股票采用记名式,由国家认购五万股,其余股份也仅限国人认购,不准外国人或外国公司认购,也不得出售或抵押给外国人或外国公司。〔1〕这一要求与《殖业银行则例》的要求一致,目的均在于促进本国银行和经济的发展,防止外国列强阻碍和破坏近代中国银行的发展。大清银行作为中央银行,使得这一意义更为重要。对于大清银行分支机构的设立,该则例规定:"大清银行设总行于京师,其沿江沿海贸易繁盛之处以及各省府厅州县应设立分行分号,得随时斟酌地方情形,禀准度支部照章分设,或与殷实银行号按照银行章程订立合同,作为代办,或与他行号联结为汇兑之契约,均须呈明度支部核准。度支部视为应行分设之时,可命银行照章设立。"〔2〕可见,尽管大清银行作为中央银行,但其分支行的设立并非出于对其他商业银行的管理,而是从促进某一地区经济发展需要考虑的。对于这一点,虽然与现代银行监管制度不一致,但符合近代中国银行业的实际,特别是大清银行实际仍以商业银行业务为主的运营状况。

晚清时期的银行准入制度思想,体现了核准主义的银行市场准入立法原

〔1〕 中国人民银行总行参事室编:《中国近代货币史资料》第一辑下册,中华书局 1964 年版,第 1045 页。

〔2〕 中国人民银行总行参事室编:《中国近代货币史资料》第一辑下册,中华书局 1964 年版,第 1045 页。

则。例如,《银行通行则例》第四条规定,“凡开设银行,须遵照本则例自定详细章程,呈报度支部核准,如有变更,亦应一律呈核”,其第二条也要求必须将开设信息转报度支部核准注册后,方可开办。其第十二条规定,票庄、银号、钱庄等有银行性质的传统金融机构,也应遵守则例之有关规定。同时该规定还表示,对于遵照规定注册的有银行性质的传统金融机构,度支部“优加保护”;其未注册的,也必须在三年内完成注册;对于超过三年期限仍未注册的,则不得再行经理汇兑、存放一切官款。《银行注册章程》第四条也规定:“凡设立银行,必赴本部注册,核予执照后,方准开办。官办或官商合办各行号,除由各该省具奏外,必须预咨本部注册,核予执照后,方准开办。”而《殖业银行则例》和《储蓄银行则例》也均明确规定,殖业银行和储蓄银行及其分支机构的设立必须报度支部核准后,方可正式成立。即使是作为中央银行创办的大清银行,其分支行的设立也须经过度支部的核准。以上内容表明,晚清时期的银行准入制度思想体现的是核准主义的银行市场准入原则,即必须经过度支部核准后才能设立并经营。[1] 核准主义原则也是现代各国银行准入制度中所通行的原则,晚清时期核准主义的银行准入制度思想在一定程度上体现了该时期银行监管思想的先进性。

(二)业务准入制度思想

现代银行监管理论中的业务准入,是指按照审慎性标准,批准金融机构的业务范围和开办新的业务品种。[2] 这里的审慎性标准,即指对银行经营业务的监管是以安全和稳健为目标的。如前所述,晚清时期的银行监管制度思想对于银行经营的风险认识不足,其监管是以国家整理财政为主要监管目标。因此,晚清时期银行监管的业务准入制度思想,是以整理财政、划一币制和促进银行及工农的发展为目标的。

第一,对于一般商业银行的经营范围,《银行通行则例》进行了规定。度支部在银行设立时即已对银行的业务范围作了规定,但并未明确要求银行应当严格按照批准的业务范围从事营业活动。《银行通行则例》所规定的具体业务包括各种期票、汇票之贴现,短期拆息,经理存款,放出款项,买卖生金、生银,兑换

---

〔1〕 刘平在其著作《近代中国银行监管制度研究(1897—1949)》的第12页,引用了《银行周报》1920年第4卷第26号中沧水的《银行通行则例释义(一)》中的观点,将《银行通行则例》所体现的原则认定为准则主义。笔者认为,沧水将《银行通行则例》的原则定性为准则主义,是考虑了近代中国金融市场的现状,认为它虽然依据的是核准主义原则,但实际执行过程中体现的却是准则主义原则。

〔2〕 参见祁敬宇主编:《金融监管学》,西安交通大学出版社2007年版,第228页。

银钱,代为收取公司、银行、商家所发票据,发行各种期票、汇票,发行市面通用银钱票。出于划一币制目的之需要,《银行通行则例》还对各银行发行通用银钱票业务作进一步规定:"纸币法律未经颁布以前,官设商立各行号,均得暂时发行市面通用银钱票,但官设行号每月须将发行数目及准备数目按期咨报度支部核查,度支部并应随时派员前往稽查。"《银行通行则例》的规定仅是指经营上述业务的即为银行,并未严格限制银行的业务范围。因此,晚清时期的银行除了可以经营上述一般银行业务外,实际上还可以经营证券、保险等非银行类金融业务。对于这类非银行类金融业务,并不属于《银行通行则例》适用范围,无法依据该法规进行监管,使得这类金融业务的风险很有可能会危及银行的安全运营。从严格意义上说,《银行通行则例》不能确实发挥对银行业务准入的监管作用。

第二,制定并颁布《大清银行则例》,对大清银行的一般银行业务及中央银行业务进行规定和限制。大清银行作为晚清时期的中央银行,《大清银行则例》规定大清银行的一般商业银行业务主要有短期拆息,各种期票之贴现与卖出,买卖生金、生银,汇兑划拨公私款项及货物押汇,代为收取公司、银行、商家所发票据,收存各种款项及保管紧要贵重物件,放出款项及发行各种票据。大清银行的中央银行业务则主要包括代理国家发行纸币和代理国库两项。《大清银行则例》第五条和第七条对大清银行的纸币发行业务进行了明确规定。其中,第五条规定,"大清银行有代国家发行纸币之权,但须遵守兑换纸币则例,另订详细章程,呈准度支部施行。兑换纸币则例未颁布之前,准其暂时发行市面通用银票"[1];第七条规定,"大清银行有代国家发行新币之责,应随时体察市面情形,向度支部请领新币,由部核准知造币厂分别发放以资流通"。《大清银行则例》第六条则对其代理国库的业务进行了规定:"大清银行得由度支部酌定令其经理国库事务及公家一切款项,并代公家经理公债票及各种证券。"除对大清银行的业务内容进行规定外,该则例还对大清银行的业务范围作了限制性规定。《大清银行则例》第八条规定,"大清银行除可以经营上述的一般银行业务和中央银行业务外,不得再经营其他业务";第九条规定,"大清银行不得将本行股票作为抵当之物,亦不得自行买回";第十条规定,"大清银行除营业应用地基房屋外,不得将不动产买入或承受,惟或因清理欠款由债主交付,或因抵当借款由官

〔1〕 中国人民银行总行参事室编:《中国近代货币史资料》第一辑下册,中华书局 1964 年版,第 1045—1048 页。以下有关《大清银行则例》之内容,均引自此处。

断给,须由银行属原经手人并委本行确实人一同估勘实抵价值若干,经职员会决议,亦可暂时承受,仍限于十二个月以内迅速出售。倘限期内迫于出售价值致被勒抑,经理人申明实在情形,由银行呈准度支部量展期限,至多再以六个月为止。若其中因不经意致有损失,前后经手人均应负其责任”;第十一条规定,“大清银行不得以行中款项营运他项工商事业,但有时收入确实可靠,公司股票随时买卖者,不在此列”;第十二条规定,“大清银行凡遇各地方市面银根紧急之际,得由职员会定议呈准度支部借给款项维持市面,仍由银行按期照章结算存息,听候部示”。上述限制性条款表明,一方面,晚清政府欲将大清银行办成中央银行,故明确规定了大清银行有维护币值稳定之职能;另一方面,有鉴于其中央银行职能的特殊性及其与政府的特殊关系,严格限制大清银行从事风险性较高的金融业务。这也说明,当时的银行监管思想其实已认识到金融市场风险危害银行安全,但还未认识到这类风险会在银行间传递,因而只对与政府密切相关的银行业务进行限制,对一般商业银行的业务未加以限制和管理。

第三,对主要专业银行的业务经营范围,通过制定各相应法规加以限制和管理。晚清时期重要的专业性银行,主要是储蓄银行和殖业银行两类。储蓄银行的资金来源直接为储户的储蓄资金,故其安全性对一国社会经济生活的稳定十分重要,而殖业银行对于工农业的发展又有直接的促进作用,因此晚清政府专门制定了《储蓄银行则例》和《殖业银行则例》。关于储蓄银行的业务,《储蓄银行则例》规定,储蓄银行的存款分为“定期存付”和“活期存付”两种,而定期存款又包括零存整付、整存零付和整存整付三种;以上各种储蓄存款,均须在储蓄银行的营业章程内声明详细办法和计息规则。另外,对于储蓄银行的存款,如存款人声明其储蓄存款是用于修学、婚嫁、养老、营业资本和各项善举的,无论是整款还是零款,储蓄银行都应当“另册存储支付”,但由存款人和储蓄银行自行定章办理。对于储蓄存款的利息如到期支付时,储户未来支取,则将利息从支取日起并入原本金内一同计息,以保证储户的利益。《储蓄银行则例》对储蓄银行的储蓄存款的种类和计息方式等业务内容进行了规定,并对储户的利益保护和特殊用途储蓄资金的保护比较重视,但对储蓄银行资金来源和运用的限制性则未做详细规定。这一规定性不足,不利于对储蓄银行经营活动的管理,使得储蓄银行有可能将资金运用于高风险行业,并且为筹集资金而采取不恰当的方式,从而危及储蓄银行的安全运行。这一问题在以后的储蓄银行经营行为中得以显现,并最终迫使政府出台相关法规而得到修正。

与《储蓄银行则例》仅仅规定了储蓄存款的种类和计息方式等业务内容不同,《殖业银行则例》不仅规定了殖业银行的资金来源及计息方式,更详细规定了殖业银行资金运用的具体范围和方法。《殖业银行则例》第一条就明确规定,殖业银行以放款于工业、农业为宗旨,表明晚清政府对殖业银行的监管是以促进工农业的发展为目的的。对于殖业银行的放款行为,《殖业银行则例》第六条至第十条详细规定了放款的对象及不同对象的贷放方式、偿还方式和占借款总数或银行资本的比例等,具体规定如下:

第六条　殖业银行放款,应以田地、园林、房屋或工业上实在产业,或股票、债票等项作抵,于三十年内用分年摊还法归清本利,但借款总数不得过押产实值十分之七。以房屋作抵,须附有保险契约,否则借款不得过实值十分之五。

若款项无多,有殷实保户五人以上连环担保,亦可不用抵押。惟借期应减短,以五年为率,其借数通计不得过银行资本十分之一。

第七条　银行因农工业家之便,以产业作抵,亦可出放短期借款,但不可过本行出放款项全额五分之一。

第八条　银行所收抵押产业,只准收受第一次作抵之物,并须实在永远有出息可靠者,银行得随时派人至其产业地方切实监查。

第九条　债主作抵之产业,被官收用或欲出卖,必须先行通知银行,银行应于期限前,将所放款项本息全数收回。但债主能另以相当产业作抵者不在此列。

其产业若只出卖一部分之时,可索债主增加抵押,或索还借款之一部分。

其产业价值若较原估低减之时,可索债主增加相当之抵押。

第十条　银行放款,应查其人是否确系农工业家,借款是否确系经营农工实业,如查有欺饰情事,银行不可放款,或已放款后而债主以所借款项经营他业者,得于偿还期限前将全数本利追缴。

从上述殖业银行业务经营之规定可以看出,晚清政府对殖业银行业务经营活动的监管,主要是以扶植近代中国工农业的发展和保证资金安全为主要目的。同时,为保证殖业银行贷放资金的安全,对于抵押品和担保品实际价值的变动所引发资金的风险问题,法规均有相关规定。对于同一行业和公司的贷款比例,也根据行业特点和公司的规模进行了相应规定,防止贷款过于集中所产生的风险导致银行安全问题的发生。所以,晚清政府对银行的监管虽是以整理财政为主要目标,但对银行经营的风险性还是有一定认识的。

关于殖业银行各类贷款的具体还款和计息方式,《殖业银行则例》第十一条至第十四条进行了详细规定。第十一条规定,如果贷款人初年的“营业利益尚薄”,银行可以根据贷款人的实际情形,先令其前几年只还利息,然后再摊还本利,但只还利息的年限不得超过五年。对于分年摊还法,第十二条对其实际计算方法进行了说明,并规定每年的摊还金额不得超过贷款人每年净得出息之总数。该条还规定,贷款人可以根据自己的经营状况一次多还或提前还款,但须提前一个月通知银行。对于需要延期还款的,第十四条规定,贷款人“如到期延缴应还款项,银行得于满期次日起加算利息,若其款系分年摊还,并得索还未到期之全额”。除此之外,该则例第十三条规定,贷款人的还款额达到20%以上后,可以向银行申请退回相等额度的抵押物。该条规定表明,晚清的银行监管思想不仅注重银行的安全性,同时也注重提高资金的流动性,更大地发挥银行资本对工农业发展的促进作用。此外,《殖业银行则例》对殖业银行放款的最高利率及其变更规定,应于每年年初呈报度支部或该管地方官核准,体现晚清银行监管对银行利率的监督思想。

除可以经营上述业务外,殖业银行还可以发行债票、经营代保管业务、购买公债、存放同业、农工业家汇兑,以及涉足一些储蓄和长期定期存款业务等。同时规定,殖业银行经营储蓄业务的,也应遵守《储蓄银行则例》之规定,并应将储蓄银行业务与殖业银行其他业务划分清楚。该规定主要是为了防止殖业银行在经营过程中产生的风险危及储蓄资金的安全,从而达到保护储户利益及储蓄资金安全之目的。这表明晚清银行监管制度思想对各类银行业务的风险程度的不同及相互关系是有一定认识的。对于殖业银行的债票发行业务,《殖业银行则例》规定,殖业银行得照其实收资本的五倍发行债票,每张金额以五元为率,并将债票额息及付息方法、逐次发行总数、偿还年限及方法、加彩数目及方法等详列专章,呈度支部核准。除此之外,殖业银行不得经营《殖业银行则例》未载明的其他业务。但是,如果殖业银行需要经营规定之外的其他业务,可报度支部或该管地方官员核准,方可经营。此项规定表明,晚清银行监管制度思想不仅注重对银行业务经营范围的限制管理,同时保证了对银行业务范围监管的灵活性,当银行有新业务创新时,监管机关能及时获取新业务的信息并对其进行适当之监管。

综上所述,晚清时期的银行监管准入制度思想,主要包括银行机构准入制度思想和银行业务准入制度思想两方面内容,并未产生高级管理人员准入制度思想,这也是晚清银行监管准入制度思想最大的不足之处。高级管理人员的准入是指对金融机构高级管理人员任职资格进行核准和认可,主要是对董事和高级管理人员的能力、品行和资历进行审查。[1] 高级管理人员的选拔不当,有可能造成银行的亏损甚至破产、倒闭,因此银行高级管理人员的选任十分重要。银行高级管理人员的素质直接关系到该银行的经营管理和风险状况,所以银行监管机关在审批银行时必须要考察其高级管理人员的综合素质,包括品质、能力、经验、信誉等。对于这一不足的原因,笔者分析认为,晚清银行监管制度思想之所以未涉及高级管理人员的准入,主要是由于当时我国的银行业才刚刚产生,还未形成一个足够庞大的银行经理人市场,因此不具备银行高级管理人员准入制度思想产生的现实基础。另一方面,晚清时期银行制度建设思想也没有关于银行高级管理人员素质对银行经营重要性的探讨,使得晚清时期银行监管制度的建立不能对银行高级管理人员的准入产生足够的重视,因而高级管理人员准入制度思想产生的理论基础也不存在。基于上述现实和理论两方面原因,晚清时期银行准入制度思想并未将高级管理人员的准入纳入讨论的范围之内,未形成相应的银行高级管理人员准入制度。

二、晚清时期的银行退出制度思想

再严格的监管和完善的监管制度也不能绝对保证银行不出现问题而倒闭,一旦有银行破产倒闭,很可能会给整个银行业甚至金融体系带来威胁,因而如何采取正确措施,将这种威胁和影响降至最低限度,正是建立银行退出制度的目的所在。狭义的银行退出监管是指银行停止经营,吊销银行的营业许可证,取消其作为银行的资格。广义的银行退出监管不仅包括银行停止经营并退出金融市场,还包括银行在经营过程中产生问题时,监管机构对问题银行的纠正、救助和处理。所以,广义的银行退出监管包括纠正性监管、救助性监管和市场退出监管三方面内容。[2] 因此,合理的银行退出监管制度既包括银行退出市场的一系列措施和制度,也包括银行在营运过程中产生问题时,监管机构对问题银行的纠正和救助,使问题银行的风险不至于传递至其他银行,并帮助问题银行回归安全稳定的运营。

晚清时期的银行监管制度思想中有关银行退出制度的思想主要体现在晚

---

〔1〕 参见祁敬宇主编:《金融监管学》,西安交通大学出版社 2007 年版,第 228、230 页。
〔2〕 参见祁敬宇主编:《金融监管学》,西安交通大学出版社 2007 年版,第 237—241 页。

清时期的银行监管法规中。尽管这些法规中有关银行退出的规定还十分粗浅，但其所反映的银行退出制度思想同银行准入制度思想一样，是晚清银行监管制度思想的重要组成部分。同现代银行监管的退出制度一样，晚清银行监管思想中的银行退出制度思想同样包括对问题银行的纠正性监管、救助性监管和市场退出监管三方面内容。

(一)纠正性监管思想

《银行通行则例》中体现纠正性监管思想的条款主要是第十一条和第十三条。第十一条规定："银行如有不遵守第五条所定报告、检查，及第六条所定布告，或虽受检查而有隐匿，或虽经报告、布告而其中有含混等弊，一经查出，由度支部酌量情节轻重，科以至少五两，多至千两之罚款。"该条规定的目的是防止银行通过不真实的信息披露，使得监管机构不能及时发现银行经营过程中的风险，进而导致单个银行风险扩大至整个银行业。但该规定仅是要求银行必须真实披露其财务经营状况，并未对银行真实报告中的风险暴露问题制定相应的识别和处理方法。第十三条规定："各省官办之行号或官商合办之行号……如过期不注册者，科以至少五百两之罚款，每迟六个月，罚款照加。"此条规定是对银行注册问题的纠正，目的在于敦促各银行及时注册，使得银行能及时正式纳入银行监管体系范围内，防止游离于监管体系之外的问题银行引发金融风险。

《储蓄银行则例》中体现纠正性监管思想的规定为第十条和第十一条。第十条规定："行中办事人员有违背本则例时，应视情事之轻重，处以五十两至五百两之罚款，或令其呈报候核。"该条规定主要是对银行从业人员的违规行为的纠正，避免因职员的违规操作导致银行面临风险，从而引发倒闭危机。第十一条规定："各银行、商号未经呈报批准，任意兼营储蓄事业者，酌处以五十两至五百两之罚款。其营业在本则例奏准施行以前者，须遵守本则例注册，逾限半年以外者，处罚同。"此项规定同《银行通行则例》第十三条之规定，主要是对经营储蓄业务银行注册问题的纠正，防止不合格的机构经营储蓄业务，从而危及储户利益和储蓄资金的安全，进而使储户对储蓄银行失去信任，引发挤兑等问题，危及其他储蓄银行安全。

《殖业银行则例》中体现纠正性监管思想的规定为第三十条和第三十一条。第三十条规定："殖业银行有背则例或害公益之事，度支部或该管地方官得随时禁止。"第三十一条规定："自本则例奏定颁行后，殖业银行有违背本则例事项者，处罚款五两以上，五百两以下。"这两条规定均是对违反《殖业银行则例》规定的银行制定的相应的纠正和惩罚措施。但是规定太过于笼统,仅仅是对违反规定的银行要求度支部或地方官禁止其违规行为,并处以相应之罚款,而对于殖业银行正常经营过程中面临的问题,并未有相应的规定加以识别和纠正。

从上述各法规中相关规定所反映的纠正性监管思想来看,这些思想主要停留在对银行合规问题的修正上,属于较为初级的银行纠正性监管,目的也主要是保证对银行的统一管理,使各银行的实际经营活动符合监管制度的基本规定性要求。对于已有监管法规以外可能会产生风险的银行经营行为的纠正,晚清时期的银行监管思想基本还未能涉及。

(二)救助性监管思想

当银行出现较严重的问题时,监管机构就需要及时采取救助性监管措施,帮助问题银行度过危机恢复正常经营。现代银行可能产生的问题一般包括三类,分别是资本充足率过低、不良贷款比例过高和流动性不足。现代银行监管常用的救助性监管措施包括调整决策层和管理层、实施资产和债务重组、进行外部注资、变现资产、股东增资、冻结大额开支和股息及红利分配、停止部分业务以及兼并或合并等,监管机构需根据问题银行的实际情况,采取相应的救助性监管措施。[1]

晚清银行监管制度思想中有关救助性监管的思想十分稀少,仅在《银行通行则例》中有一条涉及问题银行救助的规定。《银行通行则例》第九条规定:“凡经核准注册各银行,如有危险情形,准其详具理由呈所在地方官,报明度支部转饬地方官详查营业之实况与将来之希望。若果系一时不能周转,并非实在亏空,准饬就近大清银行商借款项,或实力担保,免致有意外之虞。”[2]从该规定的具体内容可以看出,晚清银行监管机构仅对银行产生流动性问题时,才会采取救助性措施。其主要的救助性措施为中央银行对问题银行的贷款,并且需要经过度支部和问题银行所在地方官审核批准后,问题银行才能获得大清银行的救助。这表明,晚清时期银行监管思想对银行在经营过程中可能会发生的临时流动性危机已有比较深刻的认识,对通过中央银行为问题银行提供流动性支持、帮助问题银行解决流动性危机的办法也比较了解。《大清银行则例》第十一条也规定:“大清银行凡遇各地方市面银根紧急之际,得由职员会定议呈准度支

---

〔1〕 参见祁敬宇主编:《金融监管学》,西安交通大学出版社2007年版,第240页。

〔2〕 “清度支部奏准银行通行则例(1908年)”,中国第二历史档案馆编:《中华民国史档案资料汇编》[第三辑:金融(一)],凤凰出版社1991年版,第21页。

部借给款项维持市面,仍由银行按期照章结算存息,听候部示。"[1]该条与《银行通行则例》中的救助性条款相同,表明晚清银行监管思想对流动性危机对银行的威胁性有深刻的认识,明确中央银行对处理银行流动性危机的重要作用。但是,一般银行面临流动性危机时都是比较紧急的情况,如经过地方官申报,再经度支部审核,然后再由中央银行提供资金支持,往往周期过长,会使问题银行错过解决问题的最佳时机,使得该措施的实际效果大打折扣。此外,大清银行虽名义上为晚清时期的中央银行,但其实际的中央银行地位并未正式确立并得到市场的认同,因而其中央银行的职能也不能得到完全发挥。因此,通过大清银行提供流动性支持来帮助问题银行解决流动性危机,在晚清时期的中国并不具备可操作性。尽管如此,上述规定所反映的救助性银行监管思想仍是十分值得肯定的。

(三)市场退出监管思想

当银行发生严重危机,且无法通过救助性措施度过危机时,就需要及时退出金融市场。如果问题银行不能及时退出市场,就可能遭受更大损失,并波及其他金融机构引发金融危机。因此,当银行问题严重到必须退出市场时,就需要及时采取市场退出措施,避免引发更大的危机。现代银行监管理论一般将银行退出市场的方式划分为自愿退出和强制退出两种。[2]

晚清银行监管制度思想中有关银行退出市场的监管思想,首先体现在《银行通行则例》中有关银行退出的规定。《银行通行则例》第十五条规定:"凡银行或因折阅[3],或有别项事故,情愿歇业者,应举定办理结账人,禀报地方官将存欠账目计算清楚,照商律办理。地方官具录事由,速报度支部查核,不得延迟,

---

〔1〕 中国人民银行总行参事室编:《中国近代货币史资料》第一辑下册,中华书局 1964 年版,第 1046 页。

〔2〕 自愿退出是指金融机构根据其章程或股东大会决议,经银监会批准,自行终止其金融业务、注销其法人资格的行为。强制退出是指金融监管当局发布行政命令关闭金融机构的行为(撤销),或者法院根据《中华人民共和国企业破产法》的规定作出裁定,宣告金融机构破产的行为(破产)。参见祁敬宇主编:《金融监管学》,西安交通大学出版社 2007 年版,第 240—241 页。

〔3〕 折阅:(1)谓商品减价销售。《荀子·修身》:"良农不为水旱不耕,良贾不为折阅不市。"杨倞注:"折,损也,阅,卖也。谓损所阅卖之物价也。"《宋大诏令集·政事·置市易物诏》:"天下商旅货物至京,多为兼并之家所困,往往折阅失业。"梁启超《托辣斯·托辣斯之利》:"或遇物价骤落,小资本者,不能不忍折阅而急求售,以为通转之资。"(2)谓买主杀价。(清)蒲松龄《聊斋志异·阿绣》:"潜至其肆,托言买扇。女子便呼父。父出,刘意沮,故折阅之而退。"http://www.zdic.net/cd/ci/7/ZdicE6Zdic8AZdic98319655.htm。

并一边由该行自行禀报度支部核查。”[1]从规定内容看,晚清时期银行监管思想对银行退出市场的监管,主要以银行自愿退出的监管为主。对于自愿退出的银行,晚清银行监管思想仅要求其报度支部核准,并按商律将所存欠账目核算清楚后,银行即可停止营业。对银行停止营业的原因,直接表明的只有折阅一种,此外只笼统规定了别项事故,并未指明银行退出市场的主要原因可能有哪些。特别需要指出的是,规定明确要求对于银行提出的歇业申请,地方官要速报度支部核查,不得延迟,并规定银行也可自行禀报度支部核查。及时将问题银行退出金融市场,可以避免问题银行引发更大的危机,进而危及其他金融机构及金融市场的安全。不过,晚清时期的银行市场退出监管思想及规定过于简单,并未制定一套合理有效的市场退出机制及措施。

除了《银行通行则例》关于银行退出市场的一般规定外,《储蓄银行则例》还对储蓄银行退出市场时有特殊规定。《储蓄银行则例》第八条规定:“行中存款之人,于上条所载各种票据、现款有先得之权,如银行有歇业倒闭之事,应先将上条存案之款摊还存款之人,不敷时再将行中所有存款与其余债主一律摊还。”[2]该规定中的“上条存案之款”指的是储蓄银行存于大清银行或其他殷实银行的现银或国债、地方公债及可靠的公司股票,目的为储蓄存款之担保。此项规定的目的在于,当储蓄银行发生危机停业或倒闭时,仍能保证储户兑取其储蓄资金,保护储户的利益。同时,这也表明晚清银行监管思想对储蓄资金安全和储户利益的保证对于社会经济生活安全稳定的重要性,有着十分明确的认识。此外,“上条存案之款”也可算是近代中国存款保险制度的雏形,是近代中国存款保险制度思想的最早体现。

综合来看,晚清银行监管思想中关于银行退出制度的思想,在深度和广度两个方面均不及银行准入制度思想。晚清银行准入制度思想对银行机构的设立以及业务经营范围的管理和限制,均作了详细的规定和探讨,但对于银行高级管理人员的准入则未做规定和讨论。正是由于对高级管理人员监管的不足,使得晚清银行在设立后,常常由于高级管理人员的经营和管理不善,导致开业时间不久即宣告停业。但是,晚清时期银行准入和退出制度思想为近代中国银

〔1〕“清度支部奏准银行通行则例(1908年)”,中国第二历史档案馆编:《中华民国史档案资料汇编》[第三辑:金融(一)],凤凰出版社1991年版,第22页。

〔2〕“清度支部奏准储蓄银行则例(1908年)”,中国第二历史档案馆编:《中华民国史档案资料汇编》[第三辑:金融(一)],凤凰出版社1991年版,第25页。

行监管制度思想的发展开辟了路径,以后银行监管制度思想的发展基本是对晚清时期银行监管制度思想的不断修正和完善。

第五节　晚清时期银行监管思想的特点

一、晚清银行监管制度思想的特点

(一)在西方银行理论的传播和近代中国银行制度思想基础上产生

自近代中国开始西学以来,西方的银行理论与银行制度不断被引进中国,促进了中国银行业的产生。伴随着中国银行业的产生和发展,银行在近代中国金融市场中的地位日益重要,进而从理论和现实两方面促使政府产生对银行进行监管的要求。可以说,近代中国银行监管制度思想是在西方银行理论在近代中国不断深入传播的基础上产生的,是近代中国银行制度思想的重要组成部分。晚清时期的银行监管制度是参照外国(特别是日本)的银行监管理论建立起来的,其中的监管思想也基本是学习西方的银行监管思想。例如,载泽制定的一系列银行法规,均是参照了日本相应的银行法规制定而成的。晚清时期学者对于这些法规的讨论,也是将这些法规与相应的日本法规进行对比来论述其中的不足。[1] 再如,载泽将户部确定为银行监管的主体机关,其实也是吸取了日本银行管理由大藏省负责银行监管事宜的做法。

除了受到西方银行监管制度理论的影响外,晚清时期的银行制度思想也是晚清银行监管制度思想产生的基础。晚清时期的银行制度思想讨论的重点在于中国应该建立一个什么样的银行体系,这些关于中国银行体系建立的探讨,对晚清银行监管制度思想对于银行监管对象的确定、监管法规的制定等均产生了深远影响。例如,晚清时期银行制度思想对银行种类的讨论,主要包括中央银行、储蓄银行、殖业银行等,而晚清银行监管的法规除所有银行均须遵守的《银行通行则例》外,其他法规主要为《大清银行则例》、《储蓄银行则例》和《殖业银行则例》,制定的法规和银行的种类基本相同。再如,晚清银行监管制度思想对银行监管对象的确定,主要是以金融机构是否经营相应的银行业务为确定的标准,而非银行的组织形式是商办、官办还是官商合办。一方面这符合晚清中

---

〔1〕 参见“部定银行则例之研究”,《东方杂志》,1908 年第 8 期。

国银行的发展实际和银行理论,另一方面还在于晚清银行制度思想并未对近代中国应该建立什么样的银行体系达成共识,因此晚清银行监管制度思想并未从银行的组织体系来确定其是否为监管的对象。

(二)银行监管的目标为政府整理财政之需要

晚清银行监管制度思想对于监管目标的确定,主要是为政府整理财政之需要。载泽提出对银行监管的要求时,认为"中国在整理财政之时,银行尤关紧要。……若无管理条例,各个银行,自行其是,则财政无可整理"。他认为银行对于政府的财政有着重要作用,因而政府要对银行进行监督和管理。究其原因,主要是晚清时期的银行负责经理政府大量的战争赔款,因此银行与政府的财政有着密切的关系。在中国自己的银行成立之前,这些赔款主要是由外国在华银行经理,使得中国政府受制于外国银行。因此,晚清中国银行建设思想,多从银行对于政府财政重要性的角度来讨论建立中国自己银行的必要性,要求建立起中国自己的银行来经理政府的战争赔款。所以,载泽在提出对银行监管时,明确认识到银行监管对国家财政的重要性,并将整理财政作为银行监管的重要目标。他说东、西各国有中央银行,还有一般商业银行。对这些银行,户部皆有统辖考察之权,并立专利进行监督。若无管理条例,各个银行自行其是,则财政无可整理。

(三)银行监管的主体机关为"财政部"

晚清银行监管制度思想确定的银行监管主体机关为"财政部"〔1〕。载泽在奏章中明确指出当时银行监管的主体为户部,即晚清政府的"财政部"。户部对银行"皆有统辖查考之权,且各设专例以监督之"。这是一种具有垄断地位的"专责"管理,强调了户部对银行监管的主体地位。后户部改为度支部,银行监管主体机关自然成为度支部。例如,晚清各银行法规中,均将度支部作为银行监管的主体机关,银行的注册、审查和管理等均由度支部负责。将财政部作为银行监管的主体机关来负责银行的监督和管理,一方面是因为晚清银行的监管目的主要是为政府整理财政之需要,故必然将政府的财政管理机关作为银行的监管机构,使对银行的监管能达到其最终目标。这一点也可从晚清银行监管制度思想所确立的银行监管目标上得到印证。另一方面在于近代中国并未建立起中央银行和中央银行制度,因此无法将中央银行作为银行业监管的主体机

〔1〕 此处对财政部加引号,是因为晚清的户部或度支部虽不叫财政部,但其功能和作用基本与财政部一致,可以称之为晚清政府的"财政部"。

关,发挥对银行监管的作用。关于这一原因,可以从《大清银行则例》有关大清银行业务内容的规定中看出。《大清银行则例》规定大清银行除经营一般银行业务外,还可代理国库和代国家发行纸币,而这两项都是现代中央银行的主要职能。但对于大清银行作为中央银行应当具备的银行监管职能,则例中并没有相关明确规定。同时,晚清政府虽欲将大清银行办成中国的中央银行,但从1908年开始确定其目的到1911年清政府灭亡时,大清银行的中央银行地位仍未能最终确立,更谈不上从实际上发挥其中央银行的职能。基于上述原因,晚清银行监管思想将国家的财政主管机关作为银行监管的主体机关,代替中央银行实际发挥银行监管的职能。

(四)银行监管制度思想的准入制度思想最为丰富

银行监管制度的主要内容包括银行准入制度、日常业务监管和银行退出制度三个方面。但从晚清时期银行监管制度思想的内容来看,其主要是以银行的准入制度思想最为丰富,而关于银行的日常业务监管思想和银行退出制度思想则十分稀少。晚清银行准入制度思想相对于现代银行监管理论,主要涉及银行准入制度的机构准入和业务准入两方面内容。例如,晚清时期的银行法规中,有关各类银行机构的准入规定和业务内容的规定构成了各类银行法规内容体系的主要方面。但对于各银行日常经营活动的监管和银行退出制度的规定,各银行法规的相关内容不是没有,就是只有一些简单的规定性条款,不及准入制度条款对银行准入的各主要方面均有详细规定。晚清银行监管制度思想以银行准入制度思想为主要内容,与晚清时期中国银行业还处于萌芽阶段是相适应的。银行作为新兴事物进入中国主要是在1840年鸦片战争以后,近代中国被迫打开国门,西方资本主义列强纷纷进入中国开展掠夺活动。银行作为西方列强掠夺中国的重要工具,开始进入中国金融市场,并迅速掌握了中国金融市场的控制权。中国政府和社会各界人士也开始认识到银行对经济的重要作用,纷纷提出建立中国自己的银行的思想,并最终促使中国银行业的产生。但银行对于近代中国仍是新生事物,中国银行的建立并未有一个统一标准,使得许多银行在建立之初由于不符合银行设立的基本要求,还未开始营业就已经产生问题而最终关闭。基于上述背景,晚清银行监管制度思想的内容主要集中在银行准入制度思想,对于银行监管制度思想的其他方面则未能获得足够重视,也未做深入讨论和研究。

二、晚清银行监管制度思想的不足

(一)对银行监管目标的认识不恰当

银行监管应以保证银行的稳健运行和金融市场的稳定为主要目标,但晚清银行监管制度思想的提出,则是为了保证清政府的财政需求。由于清政府建立银行的主要目的是为了维护其财政稳定,因此其有关银行的监管多以维护其财政收入和支出为主要目的,并未真正认识到银行监管是为了保证银行的独立稳健运行,而不是成为政府的"财政部"。同时,中国传统经济思想中并未有银行这一内容,传统的票号和钱庄等金融机构也与现代银行存在本质区别。在引进西方银行理论时,又多从财政的角度去学习和理解,造成对现代银行理论的曲解,进而导致对银行监管目标的错误认识。这一错误认识对以后中国金融理论的发展产生了深远影响,直到 21 世纪初,中国还有许多财经类院校将财政和金融作为同一个学科体系设立财政金融系或财政金融学院。不过,晚清银行监管制度思想将整理财政作为银行监管目标的错误认识,最终在北京政府时期的银行监管思想中得到了修正。

(二)银行监管的主体应为中央银行和专门的银行监管机构,而非"财政部"

现代银行监管制度中的银行监管主体机构,一般是中央银行或专门的银行监管机构,财政部仅负责经理国家财政和制定财政政策,不对银行等金融机构行使监管职能。晚清时期的金融思想未能正确认识和区分金融与国家财政之间的相互关系,仅仅看到金融机构特别是银行对于国家经济和财政的重要作用,未能认识到金融体系与财政体系之间的相互独立,以及对于经济、金融和国家财政安全运行的重要性。因此,晚清时期的银行监管制度思想基于银行对于国家财政的重要性,将国家的财政管理机关作为银行监管的主体机关,是有其现实依据的。其理论依据则表现在,作为银行监管制度思想的主要理论基础的晚清银行制度思想,也将银行作为国家财政体系的重要方面加以论述。例如,作为晚清时期介绍银行理论重要著作之一的钱恂的《财政四纲》中,"四纲"即租税、货币、银行、国债四项内容,将银行作为国家财政的重要方面加以详细论述,表明钱恂也认识到了银行对于国家财政的重要性,故将银行作为财政理论的重要方面列入财政四纲之一。更重要的是,晚清时期的银行监管制度思想将财政部作为银行监管的主体机关,这一点贯穿近代中国银行监管制度思想的始终,财政部也一直是近代中国银行监管的主体机关。

（三）不完善的银行监管制度思想

晚清银行监管法规各条款的制定虽较细致严密，但仍然存在许多不足之处。《银行通行则例》、《储蓄银行则例》和《殖业银行则例》对银行监管的主体、监管对象、银行的注册准入、银行的业务范围、银行的退出与惩罚及相关的信息披露等均做了细致的规定，内容覆盖银行监管的主要方面，从整体考察，符合现代意义上的银行监管理论的要求。但从各法规细则考察，与现代银行监管理论和晚清银行监管的现实要求仍然存在巨大差距。第一，《银行通行则例》对于银行的组织形式并未作统一规定，对监管对象即银行的定义仍出于对当时现实情况的考虑，将钱庄、票号等一并纳入银行管理体系。尽管这一规定符合其历史特殊性，但从监管制度及思想发展的整体考察，不利于对银行业的统一监管。第二，《银行通行则例》并未规定银行注册时的最低资本限额以及银行的资本结构要求。资本充足率管理是现代银行监管的重要手段之一，《银行通行则例》只是规定了银行应详报其资本总额，并未对银行的资本数量和资本构成做详细要求，容易造成小银行滥设，从而引发金融风险，不利于金融业的稳定经营。第三，《银行通行则例》中没有关于在华外国银行监管的规定。尽管这是由于当时社会政治环境所限制的原因，但是作为银行监管理论的重要内容，实属遗憾。第四，《银行通行则例》中的条款虽然覆盖了银行监管的大部分内容，但对所有权结构、高级管理人员的准入等重要方面均未涉及。并且，《银行通行则例》中的具体条款多为定性条款，内容不够具体，其实际的可操作性不强。加之清政府的软弱，使《银行通行则例》要得到完全切实的实行更是难上加难。

（四）晚清银行监管制度思想仅体现于政府官员的奏章和法规中

纵观晚清时期的银行监管制度思想，基本体现于官员的奏章和政府的相关法规中，而社会各界人士对于银行监管制度的讨论则基本没有。究其原因，笔者认为主要有两方面：一方面是因为银行监管的重要性未得到社会各界的普遍认识，大家将主要的关注力全部放在了如何建立中国的银行业之上，对银行监管制度的讨论基本不重视；另一方面是因为银行监管制度思想于 1908 年刚刚产生，至 1911 年清政府灭亡，其发展时间较短，不足以引起社会各界对该问题的关注和讨论。

第三章　近代中国银行监管制度思想的发展（1912—1927）

第一节　北京政府时期银行监管制度思想发展的历史基础

一、北京政府时期中国银行业的快速发展和畸形发展

（一）中国银行和交通银行快速发展，成为政府的两大财政支柱

北京政府时期，政府为维护政权的军政费用开支不断增加，再加上大量的战争赔款，使得北京政府的财政严重入不敷出。中国银行和交通银行通过直接借款给政府和替政府经理公债，逐渐发展成为政府的两大财政支柱。随后，经历了两次停兑风潮后，两家银行逐步认识到银行同军阀政府结缘的严重危害，将股权逐步转向以商股为主，并调整经营方针，加强同资本主义工商业的业务联系，逐步脱离了北京政府的控制，成为北京政府时期最重要的两大华资商业银行。

1912 年民国建立，大清银行部分商股股东建议政府将大清银行改组为中国银行，承担中央银行职能。1912 年 1 月 24 日，经南京临时政府孙中山大总统批准，中国银行在原大清银行基础上正式成立。1913 年国会通过《中国银行则例》，正式声明中国银行作为中央银行，负有整理财政、代理国库和发行钞票等中央银行职能，组织形式为股份有限公司，额定资本为6 000万元。1914 年，交通银行修改章程，并经北京政府批准，开始承担发行钞票、掌管特别会计之国库

金、分理国家金库、代政府专理国外款项等业务。1914 年 8 月,袁世凯政府将原属财政部的公债局改为直属的内国公债局,以梁士诒为总理,并推举中国银行和交通银行的政府总裁为法定负责人。内国公债局一经成立,就开始了三年的公债募集,中国银行和交通银行则是这些公债的主要经销人,并直接持有巨额公债,成为北京政府的两大财政支柱。中国银行和交通银行由于经理国库,所以政府在库款周转不灵或入不敷出时,就要求中、交两行垫款或借款。1916 年中国银行对政府放款额高达3 761万元,占其放款总额的 36.9%;1917 年更是增至9 170万元,占放款总额的 65.7%。[1] 1916 年 6 月,交通银行对政府的放款总额也高达4 600万元。[2] 北京政府肆意把中、交两行作为其财政工具使用,依靠中、交两行的借垫款和滥发京钞来维持其财政,由此引发了 1916 年和 1921 年两次停兑、挤兑风潮。中、交两行经过这两次风潮后,逐步清楚地认识到其经营必须脱离政府的财政。

1916 年停兑风潮以后,中国银行的商股股东决心独立于政府并向资本主义工商业靠拢,通过股权变化和则例修改两个方面,逐步完成其独立进程。中行从 1915 年 9 月开始招募商股,其商股比重逐年增加,1915 年为 17.01%,1921 年为 72.64%,1923 年更增至 97.47%。[3] 商股比重的不断增加,使得中国银行从股权上摆脱了政府的控制。中国银行在商股比重不断增加的同时,于 1917 年修改了则例,并得到了时任财政总长梁启超的支持。1917 年新则例是中国银行商股股东取得的辉煌胜利,为中国银行独立于北京政府奠定了法律基础。通过增加商股比重和修改则例,中国银行同政府的关系逐渐疏远以至基本独立,并成功向商业化方向转化,其经营中心也由北京转移到上海。但中国银行的资本中仍有小部分官股,仍享有经营公债等政府业务活动的一系列特权。

交通银行在经过两次停兑风潮后,元气大伤,其高层组织近于瘫痪。1922 年 2 月 5 日,交通银行在北京召开临时股东总会,对交行的经营方针作出了具有历史意义的重大改革。同年 6 月 18 日,交通银行在北京银行公会召开股东大会,在对 2 月临时股东总会确定的经营方针予以肯定的同时,进行了董事会的选举,为交行新营业方针的贯彻奠定了组织基础。经人事和经营方针的变动

[1] 邓先宏:《中国银行与北洋政府的关系》,《中国社科院经济研究所集刊》第 11 辑,第 304 页。转引自杜恂诚著:《中国金融通史・第三卷・北洋政府时期》,中国金融出版社 2002 年版,第 118 页。

[2] 翁先定:《交通银行官场活动研究》,《中国社科院经济研究所集刊》第 11 辑,第 411 页。转引自杜恂诚著:《中国金融通史・第三卷・北洋政府时期》,中国金融出版社 2002 年版,第 118 页。

[3] 杜恂诚著:《中国金融通史・第三卷・北洋政府时期》,中国金融出版社 2002 年版,第 127 页。

后,交行加强了同民族工商业的联系。虽不能完全割断与北京政府的联系,但交行已基本能保证其对北京政府的独立态度。

(二)华资商业银行获得长足发展

华资银行[1]的长足发展是北京政府时期中国金融界最显著的特点之一,具体表现在三个方面:一是银行从数量和规模上的扩大;二是出现了"南三行"和"北四行"等一批较强实力的私人银行;三是在中国金融市场上同外国银行和钱庄形成鼎足之势。

华资商业银行在北京政府时期,通过经营公债等政府借款和向中、交两行拆借款项等业务,获得了较大发展。由于北京政府发行的公债数目十分庞大,中、交两行不能承销的部分银行公债常常由华资银行承担。此外,中、交两行在经营政府借款和公债业务时,限于资力,也经常向各华资商业银行拆借款项、调剂头寸。因此,华资银行在北京政府时期的发展也是依托于政府财政。据统计,从 1912 年至 1927 年,中国新设商办银行共 249 家,大多数是中小型银行,平均创办资本为 44.4 万元。[2] 这一时期的华资商业银行处于初始发展阶段,具有小型、分散的特点,淘汰率也很高,实存的银行大约仅为新设银行总数的一半左右。但高淘汰率也是银行业在兴起阶段的主要特点之一。除数量上有大幅增加外,这一时期华资商业银行的规模也有数倍增长。以实收资本、公积和存款三项合计,1926 年主要华资银行的总实力是 1918 年主要华资银行总实力的 3.5 倍。[3]

北京政府时期的华资银行获得较大发展,还体现在其实力已能同外资银行和钱庄相抗衡。以 1925 年华资银行的数据计算,其实收资本和公积金占所有银行业(包括外国银行和钱庄)的 37.5%,资力占 40.8%,与外国银行和钱庄形成鼎足之势,具体见表 3.1[4]。

---

[1] 此处的华资银行,主要指私人创办经营的、不具备国家银行性质和权力的银行,既区别于中国银行和交通银行,也不同于地方官办银行。

[2] 杜恂诚著:《中国金融通史·第三卷·北洋政府时期》,中国金融出版社 2002 年版,第 138 页。

[3] 杜恂诚著:《中国金融通史·第三卷·北洋政府时期》,中国金融出版社 2002 年版,第 142 页。

[4] 杜恂诚著:《中国金融通史·第三卷·北洋政府时期》,中国金融出版社 2002 年版,第 143 页,表 4—5。

表 3.1　　1925 年中外银行与钱庄资力的比较

	实收资本与公积金		资力估计	
	金额（百万元）	%	金额（百万元）	%
外国在华银行				
其中:外商银行	193.8	35.4	1 141.2	32.1
中外合办银行	48.2	8.8	162.7	4.6
小计	242.0	44.2	1 303.9	36.7
本国银行				
其中:中国、交通银行	40.0	7.3	540.8	15.2
其他 156 家银行	165.5	30.2	912.9	25.6
小计	205.5	37.5	1 453.7	40.8
钱庄	100.0	18.3	800.0	22.5
合计	547.5	100.0	3 557.6	100.0

资料来源:唐传泗、黄汉民:《试论 1927 年以前的中国银行业》。

注:①资力包括实收资本、公积金、盈利滚存、存款与发行兑换券之和。

②资力估计,大多数主要银行根据各该行当年资产负债表计算,一部分中型银行因缺乏资产负债表,系根据实收资本数参照其他银行资力对实收资本的比例数推算。外商银行以外币计的,按当年实际汇率计算;在中国部分的比重,以日本人调查的 1936 年实际比重为标准。

③本国银行的其他 156 家中包括省地方银行在内,因资料不足,未剔除。

北京政府时期大量设立的新式银行中,属"南三行"和"北四行"最善于经营管理,并获得较快发展。所谓"南三行",是上海商业储蓄银行、浙江兴业银行、浙江实业银行的通称。这三家银行之间并无联营的组织形式,只是以上海为基地,在经营业务上相互支持、互兼董监,而收实际联营互助之效。"南三行"在经营管理上较一般银行更出色,办事讲求效率,注意服务质量,较早使用机器记账,推行新式簿记和使用其他现代化设备,致力于银行营业设备近代化。"南三行"也是最早一批经营外汇业务的华商银行,与外国资本的企业和银行联系较多,能在开展业务和外国对华贸易中获取利益。此外,"南三行"在经营上各具特点。上海商业储蓄银行善于业务创新,率先提出"服务社会"的方针,并推行银两和银元并用。浙江兴业银行的业务经营较全面,柜台服务良好,规章制度较齐全,在 1927 年前的存款总额常居私营银行首位。浙江实业银行则主张机构少、员工少,以能赚钱为主要经营策略。其往来的企业都集中在少数大户上,既节省开销,又可获取厚利。[1]

"北四行"是金城银行、盐业银行、中南银行、大陆银行四家北方著名的私营银行的通称。1921年,"北四行"中的盐业、金城、中南成立联合营业事务所,次年大陆银行加入,遂组成"四行联营事务所",经营联合放款。1922年建立四行准备库,联合发行银行券。1923年又联合开办四行储蓄会,广泛吸收存款。"北四行"的联营范围虽不以侵害各行各业的营业为限,但相互辅助,壮大实力,是华资商业银行联合营业的先声。"北四行"的快速发展具有如下四个特点:(1)资本额大,创立后资本续有增加。1927年实收资本已增为盐业银行750万元、金城银行700万元、中南银行750万元、大陆银行400万元,合计2 600万元,远远超过其他私营银行。[2] (2)高级管理人员的水平较高。"北四行"的总经理们均为有能力的银行家,他们多留学日本攻读财政金融,具备较多先进的管理新式银行的知识。(3)广设分支机构,大力吸收存款。"北四行"的分支机构遍布全国各重要商埠,尤以金城银行和大陆银行为多。这些分支机构成为吸收存款的一个重要渠道。(4)工业放款和投资较多。"北四行"的资金运用中,盐业银行偏重于购买公债和外币债券,大陆银行偏重于购置房地产,金城银行和中南银行则偏重于工业放款和投资。[3]

(三)地方银行的畸形发展

地方银行是各地方当局创办的银行,或官办或官商合办,这类银行多是在清代官银钱号的基础上发展起来的,是北京政府时期金融和银行业的又一特点。北京政府时期是中央政府很弱的时期,各地方军阀混战。各地军阀为巩固和发展自己的区域统治,首先要控制地方经济,继而就是要手里有银行为其解决巨大的军政费用问题。北京政府时期的地方银行正是在这一背景下发展起来的,它们效命于地方财政,滥发纸币,供地方政府任意挪借款项。这一时期新设的地方银行具体如表3.2所示。

---

〔1〕 洪葭管主编:《中国金融史》,西南财经大学出版社1993年版,第212—215页。

〔2〕 当时"南三行"的上海商业储蓄银行和浙江兴业银行的实收资本各250万元,浙江实业银行为180万元,合计680万元。其他24家私营银行实收资本总计为2 560万元,均不及"北四行"资本之和。参见洪葭管主编:《中国金融史》,西南财经大学出版社1993年版,第218页。

〔3〕 洪葭管主编:《中国金融史》,西南财经大学出版社1993年版,第215—219页。

表 3.2 北京政府时期新设地方银行(1912—1927 年)〔1〕

名　称	成立日期	总行地址	停业时间
四川银行	1912 年 1 月	成都	1912 年夏
中和银行	1922 年 6 月 1 日	重庆	1936 年
四川银行	1923 年 3 月	重庆	1923 年 10 月 16 日
重庆官银号	1923 年 10 月 16 日	重庆	1924 年 12 月 14 日
四川官银号	1923 年	成都	1924 年 2 月
浙江地方实业银行	1915 年	杭州	1923 年 3 月 23 日
浙江地方银行	1923 年 3 月 23 日	杭州	1947 年 3 月 1 日
广西省银行	1926 年 5 月 1 日	梧州	1929 年
江苏银行	1912 年 1 月	苏州、上海	1949 年 5 月
湖南银行	1912 年 4 月	长沙	1918 年 3 月
裕湘银行	1918 年 8 月 24 日	长沙	1920 年 6 月 11 日
永川银行	1918 年 8 月	郴州、永新	1922 年 8 月
安徽中华银行	1912 年	安庆	1914 年
安徽省银行	1920 年 6 月	蚌埠	1926 年
贵州银行	1912 年	贵阳	1923 年 1 月
山西官钱局	1912 年 4 月	太原	1918 年
晋胜银行	1913 年	太原	—
山西省银行	1919 年 1 月 1 日	太原	1949 年 4 月 24 日
大宛农业银行	1916 年 12 月 4 日	北京	1927 年 1 月 1 日
中国农工银行	1927 年 1 月 1 日	北京	1949 年
广东省地方实业银行	1917 年 5 月 8 日	广州	1920 年
广东省银行	1924 年 8 月 15 日	广州	1949 年 10 月 14 日
东三省银行	1920 年 10 月 29 日	哈尔滨	1924 年 7 月 15 日
甘肃官银号	1913 年	兰州	—
甘肃省银行	1922 年	兰州	1929 年
甘肃平市官钱局	1923 年 1 月	兰州	1939 年 6 月 1 日
河南省银行	1923 年 7 月 17 日	开封	1926 年 8 月
山东省银行	1925 年 9 月 5 日	济南	1928 年 4 月
绥远平市银行	1920 年 6 月 27 日	归化(呼和浩特)	1937 年

〔1〕 姜宏业主编:《中国地方银行史》,湖南出版社 1991 年版,第 157—158 页。

北京政府时期的地方银行都是以地方政权为背景的,大致可以分为五种情况:(1)防区银行,以军队防区为基础设立。这类情况虽各地多有,但以四川较为典型。这些防区银行的业务局限于军队财政,营业面极为窄小,又绝无规范化可言;发行纸币大多无准备金,不能兑现,无信用可言;银行随部队的存亡而存亡,无稳定性可言。(2)由轮番上台的军阀所控制的地方银行。(3)由一派军阀长期掌握的地方银行。这类地方银行比较稳定地由一派军阀掌握,统一管理。代表性的有东三省官银号(长期由张作霖掌握)、山西省银行(长期由阎锡山掌握)、广西银行(长期由陆荣廷掌握)。(4)较为特殊的广东地方银行。广东在相当长的一段时期是孙中山的北伐根据地。由于广东的政治变动性很大,所以广东的地方银行也不是很稳定。(5)经营中心在上海的地方银行。这类银行把经营中心放在上海,在发钞等方面较为节制。这类地方银行有江苏银行和浙江地方实业银行。地方银行依附于地方政府,其主要负责人都是由地方政府兼任,如财政厅长等。地方银行的经营管理与商业银行完全不一样,主要表现为以下五个特点:(1)只对地方财政负责,不对各地方人民负责;(2)作为地方政府金融垄断的工具,排斥商业银行和钱庄、典当行;(3)以地方军事和政治利益服务为目的,滥发纸币,打击民族工商业经济;(4)由于地方军阀的控制、业务畸形等原因,地方银行管理落后;(5)地方银行有一个周期性盛衰的变化,这也是中国金融史上一个显著特点。[1]

综上所述,北京政府时期的华资银行,在第一次世界大战期间和战后一段时间内,得到了迅速发展。这主要是由于大战期间西方国家输入中国的商品有所减少,民族工商业获得大好的发展机会。而民族工商业的发展及其对资金的需要,自然会给银行业的发展创造好的机遇。另一方面,一向控制中国金融市场的外国银行势力,由于失去各国经济力量的支援,放松了对中国金融市场的压力,有些外国在华银行由于资金周转拮据,不时向中国银钱业拆借。这一时期中国银行业是在半殖民地半封建社会条件下发展起来的,相对于资本主义国家的一般发展规律,其发展仍存在许多问题,主要表现在:首先,银行的存款主要不是来自工商业的经营性存款,而是依托军阀、官僚、地主、豪绅等的剥削所得。其次,由于内地资金不断流向沿海城市,银行所吸收的资金主要购买政府发行的公债和租界中的房地产。再次,在外国对华贸易中,为中国的代理商提

---

〔1〕 杜恂诚著:《中国金融通史·第三卷·北洋政府时期》,中国金融出版社2002年版,第202—231页。

供资金放款。最后,部分华资银行以投机公债和对政府放款为主要业务,由于政府滥发引发公债价格大跌,进而导致专事投机公债的华资银行倒闭。这些发展问题也意味着华资银行基础的不扎实。[1]

二、北京政府时期中国银行制度建设思想的发展

(一)北京政府时期银行制度建设思想发展的推动因素

辛亥革命的胜利,结束了清王朝的统治,中国历史的车轮进入了新纪元。南京临时政府和北京政府建立后,为巩固和加强其统治,推行了一系列振兴实业和发展银行的政策。这一时期,由于第一次世界大战,西方各国忙于战争而放松了对中国的经济侵略,也为中国资本主义经济的发展创造了机遇。因此,在战争期间和战后一段时间内,中国的民族资本主义工商业获得了迅猛发展,提高了对资本的需求和对兴办银行的要求,并推动银行制度建设思想获得新的发展。

1.“振兴实业”思想对银行制度建设思想发展的推动

辛亥革命后“振兴实业”思想的兴起,是北京政府时期推动银行制度建设思想发展的重要因素之一。辛亥革命后,以孙中山为首的资产阶级革命派率先发出“振兴实业”的号召。孙中山指出:“实业主义为中国所必需,文明进步必赖于此,非人力所能阻碍。”[2]他亲自制订《实业计划》,将“振兴实业”的思想推向顶峰。与此同时,一些资产阶级改良主义者和民族实业家受到“振兴实业”思想的影响,也积极主张“实业救国”之思想。而发展实业就必须有大量资本的支持,因此便有许多人提出建立银行和完善银行制度,将建立银行制度与发展实业紧密联系起来,把银行建设看作决定实业发展的关键。例如,孙中山就曾说过,“实业为富国之本,而银行尤为实业之母”。这些人将银行对于实业的发展看得如此重要,自然对银行制度建设问题的讨论格外重视,推动了银行制度建设思想的发展。作为银行制度建设思想重要方面的银行监管制度建设思想,也因此获得了巨大发展。[3]

2. 政府对银行制度建设的重视,推动银行制度建设思想的发展

---

〔1〕 洪葭管主编:《中国金融史》,西南财经大学出版社 1993 年版,第 223—224 页。

〔2〕《中国之铁路计划与民生主义》(1912 年 10 月 10 日),《孙中山全集》(第二卷),中华书局 1982 年版,第 492 页。

〔3〕 程霖:《中国近代银行制度建设思想研究(1859—1949)》,上海财经大学出版社 1999 年版,第 61—62 页。

北京政府为巩固政权,重视银行制度建设,推动了银行制度建设思想的发展。北京政府成立时,全国金融形势紧迫,大批银行倒闭,加之大清银行搁浅清理,使得政府失去了其财政依托。北京政府财政部为整理财政、整顿币制、维持金融之目的,积极主张建立中央银行,鼓励商业银行和各类专业银行之发展,并制定了一系列发展银行业、健全银行制度的政策及法规。1912 年,财政部制定《中国银行则例》,将大清银行改为中国银行,并将其设立为近代中国的中央银行。1914 年至 1915 年,财政部先后制定并颁布了《兴华汇业银行则例》、《劝业银行则例》、《农工银行则例》和《实业银行则例》,以促进和推动各专业银行的发展。1921 年,财政部正式制定《银行通行法》,加强对商业银行的统一管理,进一步推动商业银行的建设和发展。这些银行制度法规的颁布和施行,一方面推动了中国银行制度建设的发展,另一方面也引发社会各界对中国银行制度建设问题的研究热情,并促进了银行制度建设思想和银行监管制度思想的发展。[1]

3. 西方银行制度理论的进一步传播,推动银行制度建设思想的发展

北京政府时期,西方银行理论和银行制度在中国有了进一步传播,这首先表现在,介绍和研究西方银行理论与银行制度的书籍日趋增多。北京政府时期,共出版了 19 部有关银行学和银行史的著作。其中,关于银行学的著作有 15 部,包括译著 3 部、国人自撰的 12 部。[2] 关于银行史的著作有 4 部,包括法兰西、意大利和英格兰银行史 3 部外国银行史著作和 1 部研究中国银行史的著作。[3] 另一表现是,对西方银行理论与银行制度的介绍更加全面,把握也更加

---

〔1〕 程霖:《中国近代银行制度建设思想研究(1859—1949)》,上海财经大学出版社 1999 年版,第 62—63 页。

〔2〕 3 部译著分别为:《银行学原理》,(美)顿巴(C.F.Dunbar)著,王建祖编译,1911 年 4 月初版;《银行论》,(日)崛江归一著,陈震异译,1923 年 4 月初版;《美国联合准备银行制度述要》,吴宗焘编译,1924 年 11 月初版。国人自撰的著作分别为:王俊辰的《最新银行学指南》(1912 年初版);蒋筠的《银行学表解》(1911 年初版);上海实业编译社编的《银行讲义》(1915 年初版);谢菊曾的《银行服务论》(1923 年初版);张廷建的《银行论》(1916 年初版);吴士瑜的《银行学》(1926 年初版);杨端六的《银行要义》(1923 年初版);陈家瓒的《银行原论》(1923 年初版);孙德全的《银行揽要》(上、下册)(1919 年初版);汪廷襄的《银行新论》(1919 年初版);陈其鹿的《银行学》(1924 年初版);谢善诒的《银行论》(1918 年初版)。参见北京图书馆编:《民国时期总书目(1911—1949)·经济》,北京图书馆出版社 1993 年版,第 1196、1197、1201、1202 页。程霖:《中国近代银行制度建设思想研究(1859—1949)》,上海财经大学出版社 1999 年版,第 63 页,注①。

〔3〕 4 部银行史著作分别为杨德森编译的《法兰西银行史》(1926)、《意大利银行史》(1925)、《英格兰银行史》(1926)和周葆銮的《中华银行史》(1919)。参见北京图书馆编:《民国时期总书目(1911—1949)·经济》,北京图书馆出版社 1993 年版,第 1300、1302、1303 页。程霖:《中国近代银行制度建设思想研究(1859—1949)》,上海财经大学出版社 1999 年版,第 63 页,注①。

准确。第一,在对银行作用的理解上更加全面而准确。北京政府时期出版的银行学著作,不再如晚清时期强调银行维护和辅助财政的作用,而是认为银行具有增益资本之效用、奖励人民之储蓄、节省货币之转输、促进实业之发展四大作用。第二,北京政府时期对银行种类的介绍更多、更全面。北京政府时期出版的银行书籍,除对晚清银行书籍所涉及的银行种类进行介绍外,还详细介绍了拓殖、汇兑、国际贸易等各类专业银行,以及投资银行、信托公司等重要的非银行金融机构。对于票据交换所、信用调查部等银行辅助机关的介绍也更加详细具体。第三,北京政府时期对中央银行制度的介绍更加详细深入。具体表现在两个方面:一是对中央银行制度的介绍,不再像晚清时期重点介绍英国和日本的中央银行制度,而是对法国、德国、美国、加拿大、荷兰、比利时、苏格兰等国家的中央银行制度都作了详细介绍;二是对中央银行控制金融的作用及手段进行了介绍。北京政府时期出版的一些银行书籍,已开始论述中央银行运用存款准备金制度、再贴现政策和公开市场活动三大工具,调剂货币供给、控制金融的内容与方法,尽管其介绍十分粗浅。第四,北京政府时期出版的银行学著作对日本的银行制度进行了重点介绍,内容涉及日本中央银行、普通商业银行及各种专业银行的设立、组织形式、主要业务及相关条例,对这一时期中国银行制度建设思想产生了重要影响。西方银行理论在北京政府时期更全面、更系统、更深入地传播,为这一时期中国银行制度建设思想和银行监管思想提供了更充分的理论依据和足资参考的资料。[1]

(二)北京政府时期银行制度建设思想的发展

1. 对中国建立何种银行体制的初步探讨

北京政府时期,关于中国应建立何种银行体制的探讨,形成了三种代表性观点。第一种观点是由民国初年第二任财政总长周学熙提出来的,主张建立以中央银行为核心、商业银行为基础、各种专业银行为辅助的银行体制。周学熙在其 1912 年发表的《财政方针说明书》中提出:“居今日为中国谋银行之发达,须有三方面合筹之:一则立中央银行之基础;二则筹商业银行之发达;三则图国际银行之推行。”[2]第二种观点是由康有为提出来的,主张建立融合欧、美、加、

---

〔1〕 程霖:《中国近代银行制度建设思想研究(1859—1949)》,上海财经大学出版社 1999 年版,第 63—65 页。

〔2〕 沈云龙主编:《近代中国史料丛刊 · 第一辑 · 周止庵(学熙)先生别传(周叔媜著)》,(中国台湾)文海出版社 1966 年版,第 74 页。

日银行体系为一体的综合型银行体制。康有为在其1913年发表的《理财救国论》中,遍考日本和欧美各资本主义国家的银行体制,认为各国的银行体制各不相同,采用不同的银行体制与各国之国情有关。因此,他认为简单地学习或引进任何一种银行体系都与中国国情相悖,要建立中国的银行体系必须“熔欧、美、加、日之法为一炉而冶之,以适于中国广土之宜”。[1] 具体而言,就是要“上用欧土中央国家银行之制,以总纸币之枢于内,副以比利时、日本正金银行之法,以平通汇兑借外债于外。下用美国国民银行之制,以集资本而行公债。中用加拿大组合银行之制,以通信用于国与民。用英苏格兰、德联邦、朝鲜特权银行之制,许发纸币特权,以发动边远之富源,行德、法、瑞典劝业兴业银行,许募公债以助人民之资本。用各国股票交易所之制,而增商运之流通”。[2] 第三种观点是由梁启超提出的,主张建立欧洲中央银行制与美国国民银行制并存的混合型银行体制。梁启超在其1914年发表的《银行制度之建设》[3]中系统阐述了这一思想。他认为中国应实行以单一制为最终目的、兼采多种制为过渡的银行体制。具体分两步实施,第一步先实行中央银行制与国民银行制并行,待到国民银行逐渐发达、基础稍固,再走第二步,将钞票发行权渐渐收回中央,实行单一制。这三种观点,从后来北京政府发展银行的政策及银行业发展的实际情况来看,周学熙的模仿日本银行体制建立以中央银行为核心、商业银行为基础、各类专业银行为辅助的银行体系思想,最终得到了政府的采纳和社会各界的认同。

2. 中央银行制度建设思想的兴起

1913年,北京政府将大清银行改组为中国银行,并颁布《中国银行则例》,明定其中央银行地位。同期,交通银行修改其章程,也承担部分中央银行职能,使得中国银行很难行使中央银行职能。围绕着中国银行的组建及制度改良,社会各界对中央银行的建设及制度选择与发展道路问题进行了探讨,主要包括以下几方面:建立中央银行的必要性、中央银行的产权结构与组织形式,以及中央银行的独立性。关于建立中央银行的必要性问题,此时期的社会各界均认为中央银行的建立是整理财政、统一币制、维持金融稳定的重要举措。例如,周学熙在

---

〔1〕 康有为撰,姜义华、张荣华编校:《康有为全集·第九集》,中国人民大学出版社2007年版,第388页。

〔2〕 康有为撰,姜义华、张荣华编校:《康有为全集·第九集》,中国人民大学出版社2007年版,第388页。

〔3〕 梁启超:《饮冰室合集》(第四册),中华书局1988年版,第8页。

其《财政方针说明书》中认为，要改善我国混乱的金融体系，推动中国银行的发展，就必须建立中央银行。1913年，曾留学美国的梁启勋发表《中央银行制度概说》，通过比较中央银行制度与国民银行制度的优劣，指出中国建立中央银行的必要性。北京政府时期，对于中国自办中央银行组织结构的讨论主要集中在产权结构上，绝大多数人主张实行资本民有，采取股份制形式创立中央银行。例如，周学熙认为，若设立资本出自政府，则财政得以操纵银行，所以主张中央银行采取民有制。梁启勋也认为，国有制的中央银行难以摆脱政府财务行政的干预，保持独立性；但同时主张政府对中央银行应实行干预，采取放任与干涉并用的政策。北京政府时期对于中央银行独立性问题的探讨，主要是围绕着中国银行(即当时名义上的中央银行)的组建及其制度的选择与完善而展开的。这一时期有关中国银行独立性的讨论，主要是起于1918年安福派提议恢复中行旧则例，要求应由政府完全控制中国银行，进而遭到社会各界的严厉批驳。这场争论整整持续6年之久，最终以安福派失败告终，反映出当时人们对于中央银行独立性认识的深化。这场争论首先反映出当时人们对于中央银行缺乏独立性所产生的危害有着更深刻、更具体的认识，其次反映出人们对于中央银行独立性的因素，既认识到产权结构的重要性，也认识到权力结构和外部组织形式对中央银行独立性的重要影响。[1]

3. 改良商业银行制度的思想建议

北京政府时期，由于第一次世界大战使得西方列强放松了对中国的经济侵略，中国的民族资本主义企业和银行业获得了快速发展的良机，商业银行更是发展迅速，如雨后春笋般纷纷设立。但由于当时商品经济发展的水平和各种条件的限制，商业银行的制度安排在这一时期仍存在许多缺陷，主要表现在三个方面：一是商业银行总分行制度尚不完善，总行缺乏对分行的有效管理；二是商业银行大多资本规模小、信用基础薄弱，不能有效发挥促进工商业发展的作用，更难以经受金融风险的打击；三是没有统一的票据交换机构，信用制度不健全。

针对上述商业银行制度存在的问题，北京政府时期的社会各界进行了认真探讨，并针对每一问题提出一些改良建议。第一，针对商业银行总分行制度存在的问题，社会各界分别从总分行制度在组织上的缺陷和总行对分行缺乏有效管理两个方面，要求改良总分行制度，加强总行对分行的管理。例如，关于总分

〔1〕 程霖：《中国近代银行制度建设思想研究(1859—1949)》，上海财经大学出版社1999年版，第75—90页。

行制度在组织上的缺陷,1921年程本固发表《商业银行总分行制度组织上之研究》[1]认为,当时中国商业银行所采取的事权集中制和统账制两种形式的总分行制度,均存在不完善之点。他认为宜就事权集中制加以改善为事权折中制,并提出四点改良建议:(1)改革总行经理之任命;(2)放宽对各分行放款的限制;(3)扩大检查部的检查范围;(4)改变分行调查部与营业部分立情况,实行合并。关于如何加强总行对分行管理的问题,论述者很多,主要代表人物有资耀华和裕孙。资耀华认为,加强总行对分行的管理,可以采取三种方法:报告(要求分行对总行应呈各种报告)、检查(总行可随时派员至分行检查)和监督(总行应严厉监督分行的贴现及放款)。[2] 裕孙则认为,欲加强总行对分行的管理,必须首先明确分行经济之职权,要求商业银行总行对于分行经济的各种职权均予以明确规定。[3] 第二,针对商业银行资金薄弱、信用不稳、易于倒闭的问题,许多人主张商业银行应实行合并与联合。例如,1919年于树德发表《银行之合并与联合》[4]认为,我国银行缺点很多,如资本微小、信用薄弱、经营方法笨拙等,欲改变这些弱点,急宜实行合并与联合。此后,郑维军、徐沧水等一批学者纷纷撰文,主张银行实行合并与联合,并促使一批国内著名银行家产生组建商业银行集团的想法。例如,1919年,金城银行沪行经理田少瀛,针对第一次停兑风潮后各商业银行的问题,首次提出组建商业银行集团的思想。这一思想最终促成中国近代最早的商业银行集团的产生。[5] 第三,针对没有票据交换所及信用制度不完善问题,提出筹设票据交换所、完善信用制度的建议。中国银行业始于清末,至北京政府时期,仍未设立票据交换所,不仅商业银行办理票据清算极为不便,对于银行业务的发展也大为不利。因此,从1920年起不断有人呼吁设立票据交换所。例如,1920年姚仲拔在《银行周报》上发表《筹设上海票据交换所

---

〔1〕《商业银行总分行制度组织上之研究(上)》,《银行周报》,1921年第5卷第39号;《商业银行总分行制度组织上之研究(下)》,《银行周报》,1921年第5卷第40号。

〔2〕《银行月报》7卷7号。转引自程霖:《中国近代银行制度建设思想研究(1859－1949)》,上海财经大学出版社1999年版,第93页,注②。

〔3〕裕孙:《论银行分行之职权》,《银行月报》7卷6号。转引自程霖:《中国近代银行制度建设思想研究(1859－1949)》,上海财经大学出版社1999年版,第94页,注①。

〔4〕《银行月报》3卷45号。转引自程霖:《中国近代银行制度建设思想研究(1859－1949)》,上海财经大学出版社1999年版,第94页,注③。

〔5〕1922年11月,"北四行"仿效英国银行联合准备库成立四行准备库,联合发行银行兑换券。1923年6月,"北四行"又各自出资25万元,成立四行储蓄会。

之提议》[1],首次提出在上海设立票据交换所的主张。姚仲拔首先指出票据交换所具有重要功能,认为中国欲求银行业务发达,必须设立票据交换所。他还对票据交换所的组织办法、组织形式、资金来源、交换银行的资格与义务作了具体规定,并对交换事务的簿记种类及用法进行了说明。此外,这一时期,一批学者纷纷撰文介绍欧美票据交换制度及业务情况[2],对提高人们对票据交换所作用的认识、促进近代中国票据交换所的成立起到了积极作用。1933 年 1 月 10 日,近代中国第一家票据交换所在上海开办,对于完善中国银行制度、推动银行业的发展发挥着重要作用。[3]

4. 专业银行与合资银行建设思想的发展

如前章所言,晚清时期已有专业银行思想,但其内容仅限于储蓄银行、移民银行和农业银行三种。至北京政府时期,专业银行思想十分繁盛,所要求建立的专业银行种类也大大增多,主要有以下几种:(1)劝业银行。最早由北京政府的农商部于民国二年提出。[4] 民国三年,农商部会同财政部制定《劝业银行条例》,规定劝业银行为股份有限公司,以放款于农林、牧垦、水利、矿产、工厂等事业为目的。[5] (2)中国实业银行。建立中国实业银行的思想,是周学熙于 1915 年 8 月在给北京政府的提议中提出来的。周学熙认为,“国家财政所赖以开浚利源者,厥为实业,而实业之能否发达,则以银行之能否设法辅助为断。我国商业银行日渐增设,而实业银行尚付阙如,非由政府厚集资本,专案办理,实不足以资提倡”。[6] (3)农工银行。建立农工银行的思想最早也是由周学熙提出的。1915 年 10 月,周学熙拟定《农工银行条例》呈请政府实行,并指出“吾国地

---

〔1〕 姚仲拔:《筹设上海票据交换所之提议》,《银行周报》,1920 年第 4 卷第 32、33、34、35 号。

〔2〕 如徐沧水的《票据交换所制度之研究》(《银行周报》,1920 年第 4 卷第 18、19、30、31 号)、《东京交换所调查录》(《银行周报》,1919 年第 3 卷第 2、3 号)、《东京交换所之实况》(《银行周报》,1919 年第 3 卷第 12 号);徐永祚的《说票据交换所》(《银行周报》,1918 年第 2 卷第 23、24 号);朱羲农的《票据交换所制度之发达》;徐裕孙的《述票据交换所》。参见程霖:《中国近代银行制度建设思想研究(1859—1949)》,上海财经大学出版社 1999 年版,第 101 页,注①。

〔3〕 程霖:《中国近代银行制度建设思想研究(1859—1949)》,上海财经大学出版社 1999 年版,第 90—102 页。

〔4〕 沈云龙主编:《近代中国史料丛刊·第八十八辑·中华银行史(周葆銮著)·第三编》,(中国台湾)文海出版社 1966 年版,第 1 页。

〔5〕 “财政部农商部呈准劝业银行条例(1914 年 4 月 17 日)”,中国第二历史档案馆编:《中华民国史档案资料汇编》[第三辑:金融(一)],凤凰出版社 1991 年版,第 51 页。

〔6〕 沈云龙主编:《近代中国史料丛刊·第八十八辑·中华银行史(周葆銮著)·第三编》,(中国台湾)文海出版社 1966 年版,第 10 页。

质之厚,物产之富,甲于天下,只以农工事业拘守旧法,未尽地利,殊为可惜。为今之计,亟应普设农工银行,既得融通资本之机关,自有开拓利源之方法”。[1] (4)兴华汇业银行。1912年,陈锦涛等认为,自通商以来,国际贸易日益繁盛,各国富商挟巨资至我国者,络绎不绝,而各国汇业银行作为金融枢纽,成为众商之先导。我国地大物博,但输入贸易反过输出,历年来为额甚巨,民穷财尽。究其原因,主要是海外汇兑机关之缺乏。因此,为求金融之流通,促进我国贸易之发展,亟应设立汇兑银行。[2] (5)盐业银行。盐业银行是由袁世凯提出设立的。民国三年十月,袁世凯以盐款为财政大宗,急宜专设银行,妥慎经理,藉以维持盐业,活泼金融。即派张镇芳筹办盐业银行,并制定《盐业银行章程》。[3] 此外,这一时期还有人提出设立殖边银行、丝业银行、海外银行等专业银行。这一时期专业银行的设立思想主要有如下三个显著特点:一是建立专业银行的主要目的为振兴实业,而非解决财政问题;二是所有专业银行均要求采取股份有限公司形式,但集股方式各有不同;三是专业银行设立思想深受日本银行制度的影响。[4]

北京政府时期,为推动中国银行业发展,特别是为便于引进外资,社会各界均提出创办合资银行的主张。这一时期创办合资银行的思想主张,以孙中山和壮叔英的思想最深刻,也最具代表性。孙中山于1912年6月(民国元年六月)在香港发表演说时提出创办中西合股银行的主张,指出该行专为引进外资而在欧美发行中国债券。特别地,孙中山还对于创办中外合股银行后如何确保中方权利不致沦为外国经济扩张工具,提出了比较进步的方案。1927年,壮叔英发表《中外合办银行之研究》[5],对创办合资银行的意义与方法进行了探讨。对于创办合资银行的必要性,壮叔英认为,中国如欲振兴工商业,“非利用外资不

[1] “财政部为抄送筹建农工银行原呈及农工银行条例至全国农工银行筹备处函(1915年10月22日)”,中国第二历史档案馆编:《中华民国史档案资料汇编》[第三辑:金融(一)],凤凰出版社1991年版,第61页。

[2] 沈云龙主编,《近代中国史料丛刊·第八十八辑·中华银行史(周葆銮著)·第二编》,(中国台湾)文海出版社1966年版,第29页。

[3] 沈云龙主编:《近代中国史料丛刊·第八十八辑·中华银行史(周葆銮著)·第二编》,(中国台湾)文海出版社1966年版,第37页。

[4] 程霖:《中国近代银行制度建设思想研究(1895—1949)》,上海财经大学出版社1999年版,第103—109页。

[5] 《银行月报》7卷8号。转引自程霖:《中国近代银行制度建设思想研究(1895—1949)》,上海财经大学出版社1999年版,第111页,注①。

为功”,而要利用外资,最方便的办法就是招外人入股,设立合办银行。关于创办合资银行的方法,他主张中国资本至少在半数以上,并依我国法律,由我国政府监管,主权由我国拥有。在社会各界的倡导下,北京政府时期先后创办了一批中外合办银行,但未见有发展迅速且办得出色、成功的。因此,进入国民政府时期,就很少有人主张创办合资银行了。[1]

第二节　北京政府时期银行监管必要性的探讨及监管目标

一、北京政府时期银行监管思想对银行监管必要性的探讨

(一)银行经营存在风险,故应对银行的业务经营进行监管

晚清时期的银行监管制度思想认为,银行监管的必要性是出于银行对国家财政的重要作用。例如,载泽在提出对银行实行管理时,主要是出于整理政府财政之需要,尚未认识到银行经营存在的风险才是对银行实行管理的必要所在。北京政府时期,理论界已经比较深刻地认识到,由于银行经营存在风险,以及银行一旦出现风险将会对社会经济生活产生严重危害,所以必须对银行的经营活动进行监督。例如,著名会计学家徐永祚在 1920 年发表的《银行稽核与政府监督》一文中指出,“银行为一保管运用公众资金之机关,其营业上之安危,关系于社会之公安,故其营业有严密监督之必要”。[2] 1923 年,子明在其发表的《银行监督之管见》中也表明,“银行乃以信用为基础俾周转各种之资金,而调和需供之关系者也。是故银行之营业,关于社会者至巨。上自政府之募集公债、筹偿外款,下至个人之周转资金、调度需给,莫不以之为凭依。使银行之营业而为确实也,则一国之资金赖以活动,一国之实业赖以发展。如是则非惟人民均受其利,及国家亦蒙其福。使银行之营业而不确实也,则根本未固,误放资金,贪图厚利,滥发纸币,一旦图穷匕首现,不独营业受其顿挫,而社会亦难免于恐慌。此今各国,对于银行之营业,莫不有严重之监督者,职此故也”。[3] 可见,子明也认为,银行是以信用为基础、经营货币资金、调剂社会资金余缺的机构。

---

[1] 程霖:《中国近代银行制度建设思想研究(1859—1949)》,上海财经大学出版社 1999 年版,第 109—112 页。

[2] 徐永祚:《银行稽核与政府监督》,《银行周报》,1920 年第 4 卷第 7 号。

[3] 子明:《银行监督之管见》,《银行周报》,1923 年第 7 卷第 6 号。

银行的正常经营可以通过调剂社会资金的活动来促进实业的发展;反之,如果银行的经营行为发生失误,则会产生风险,危及银行的安全,社会也会陷入恐慌。所以,政府必须对银行的经营活动进行监督,防止银行因经营失败而发生危险。从上述内容可以看出,徐永祚和子明等人均从银行的经营对于一国经济的重要性,以及银行经营存在的风险方面,提出政府应对银行实行监管。这种认识在北京政府时期是具有普遍性的,当时发表的大量关于银行监管的文章,均是从银行经营的风险来论述政府对银行监管的必要性。[1]

(二)银行风险会在银行间传递并阻碍经济发展,故须对银行进行监督

北京政府时期,理论界不仅对银行经营的风险性有着比较深刻的认识,同时对银行的风险会在不同银行间传递,甚至会阻碍社会经济的发展,也有一定的认识。例如,1921 年发表在《银行周报》上的文章《说银行之检查制度》[2]中指出,"凡银行员有舞弊行为,或过失懈怠情形,匪唯其执业之银行蒙其损害,其影响或且及于存款者及其他债权者。其尤甚者,或至同业背其牵累,至惹起经济界之恐慌,遂为一国产业发展之障碍者有之"。[3] 1925 年,铭礼在发表的《银行检查存废之商榷》一文中指出,"盖银行经营,或因重利所诱,而为冒险之投机;或已资本迟缓之故,而为无限制之放款;或以希冀意外之利,而为过度信用之扩张。凡此均足以产生金融上之纷扰,或即由此酿成巨变,殃及全体,使银行之信用因而破坏"。[4] 可以看出,当时理论界不仅对银行经营的风险性有相当之认识,更认识到,当某一银行产生风险问题后,会传递至其他银行,进而引发金融危机或经济危机。因此,必须对银行的经营活动进行监督和管理,以防止银行发生风险,并传递至其他银行,从而引发金融危机,阻碍一国的经济发展。

综上所述,北京政府时期的银行监管思想中关于银行监管必要性的讨论,已不再是基于银行对政府财政的重要性。这一时期的银行监管思想对于银行经营的风险性以及风险在银行及金融机构间的传递性,均具有必要且深刻的认识。在此时期,社会各界对银行经营的风险性和风险的传递性的认识,主要是

---

[1] 参见仲廉:《银行检查制度之概要》,《银行周报》,1923 年第 7 卷第 27 号;余裴山:《银行之检查与稽核》,《银行周报》,1923 年第 7 卷第 36 号;沧水:《银行之监督》,《银行周报》,1920 年第 4 卷第 27 号;王显谟:《论银行之监督与公告》,《银行周报》,1921 年第 5 卷第 16 号。

[2] 该文原系载于 1918 年 10 月 31 日的《中国银行通信录》第 39 期的文章《银行之检查制度》,是译自日本人白涛生的文章。此外,与《银行周报》不同的是,该杂志只限于中国银行内部人士传阅。

[3] 《说银行之检查制度》,《银行周报》,1921 年第 5 卷第 19 号。

[4] 铭礼:《银行检查存废之商榷》,《银行杂志》,1925 年第 2 卷第 20 号。

基于以下两方面因素:一是这一时期发生了两次大的银行停兑风潮,使得社会各界对于银行经营的特点以及政府的财政行为对银行经营的危害性有了切身的体会和认识。因此,这一时期对银行监管必要性的认识,不再以银行代理政府财政为其讨论的基础,同时对银行的经营以信用为基础的特点也有较深刻的认识。二是这一时期的银行监管制度思想主要以日本的监管制度为其学习的标准,有关银行监管必要性的讨论,均是日本学者对银行监管理论学习的结果。例如,1921 年发表于《银行周报》上的文章《说银行之检查制度》,实际为 1918 年刊登在中国银行总管理处编译的内部刊物《中国银行通信录》上的文章《银行之检查制度》,而该文章实际是翻译自日本大阪银行集会所刊布的日本学者白涛生的文章。〔1〕 再如,1920 年发表在《银行周报》上的文章《论财政部对于银行之检查》的编辑者志中写到,“本篇乃日本大藏省事务官冈田信君在金泽银行集会所演说,检查银行时,发见应行主义事项,此其笔记之概要也。爰特译述,藉以知日本地方银行,其内容亦多未能完备,以供一般检查银行者之参考”。〔2〕 日本的银行体系和监管制度,不仅对北京政府时期的银行监管思想产生重要影响,国民政府时期的银行监管制度思想也常以日本为学习和参考的对象。

二、北京政府时期银行监管目标的修正

(一)基于对银行经营的风险性的认识,以防范银行风险为银行监管的目标

随着中国银行业在北京政府时期的空前发展,社会各界对于银行经营的风险性有了深刻的认识。此时期的中国银行业,在获得大规模长足发展的同时,也暴露出许多问题。例如,由于对银行业务经营的方式和特点的认识不足,许多新设立银行的寿命非常短,刚开始经营就因操作失误面临风险而倒闭。基于对银行经营风险的深刻认识,这一时期有关银行监管的文章都将防范银行风险作为银行监管的目标。

1920 年,徐永祚在其发表的文章《银行稽核与政府监督》中指出,“银行稽核之目的有三,一为谬误虚伪之防范,二为放出款项之安危,三为营业方法之是否确实”。〔3〕 徐永祚所列的银行监管的三个目的,实际上均是为防止银行的经营

---

〔1〕 “译者按此篇论文系当选答案乃日人白涛生所作而大阪银行集会所刊布者也。我国银行之规模较大分行较多者,不无可采之处用。特译述以资参考。”参见《银行之检查制度》,《中国银行通信录》,1918 年 10 月 31 日,第 39 期。

〔2〕 《论财政部对于银行之检查(上)》,《银行周报》,1920 年第 4 卷第 28 号。

〔3〕 徐永祚:《银行稽核与政府监督》,《银行周报》,1920 年第 4 卷第 7 号。

活动发生风险,是以保证银行的安全运营为其监管目标。此外,子明在其文章中表明,银行监管的目标是为了维持信用稳定。他说:“夫银行信用之维持,与银行业之监督,二者为有机的作用,不可须臾分离。二者并施,始可发展其业务。若分离之,则信用之维持,固不能十分彻底。而银行业之监督,亦势必成为无用之形式矣。故任维持信用之机关者,而缺乏监督银行业权能之时,固不能维持其信用。”[1]除此之外,子明还在文中列举美国的银行监管制度,来说明银行监督对于维持信用的重要性。他说:“美国银行监督制度,由联邦准备管理局掌握之,其于信用与银行之监督,恰如鸟之双翼、车之两轮,而成为有机的关系。”虽然子明没有说明银行监管的目标为维持信用,但从其将维持信用与银行监管认为是有机的一体的观点来看,他实际上是将维持信用作为银行监管的目标。将维持信用作为银行业监管的目标,实际上就是将维护银行业安全稳健运行、防止银行发生风险作为银行监管的目的所在。因为银行经营的基础就是银行信用体系的稳固,银行面临的风险也多是信用风险,所以维持信用即防范银行经营面临风险。较子明有关银行监管目的在于维护信用稳定的观点的论述,铭礼的论述则更加准确。铭礼在充分论述了银行监管的必要性是基于银行经营的风险性后指出,“故为保全信用制度稳定金融状况计,于此种酿生不良结果之行为,必须加以制止。银行检查即所以防止此患之产生,而使银行经营之人士,知有所顾忌,不至有越轨而殃及全体之举,可永奠金融于安全也”。[2] 由此可见,这一时期银行监管制度思想对于银行监管目标的实际表述虽有所不同,但其实际上均是将防范银行风险作为银行监管的主要目标。

(二)不再将为政府整理财政作为银行监管的目标

如前所述,晚清时期银行监管思想的产生是基于银行对政府财政的重要性,因此将整理财政作为银行监管的主要目标。晚清时期银行监管思想将整理财政作为银行监管目标,一方面是基于当时社会之现实状况,另一方面是源于对银行经营风险性认识的不足。北京政府时期,银行监管制度思想已不再将整理财政作为银行监管的目标,这从上述有关对银行监管必要性的讨论和将防范银行风险作为银行监管目标的思想中可以看出。北京政府时期,由于银行业的快速发展,同时银行业经历了两次停兑风潮,使得社会各界不但对银行经营的风险性有了一定的认识,也更深刻地认识到银行经营独立于政府财政政策的重

[1] 子明:《银行监督之管见》,《银行周报》,1923 年第 7 卷第 6 号。

[2] 铭礼:《银行检查存废之商榷》,《银行杂志》,1925 年第 2 卷第 20 号。

要性,故不再将整理政府财政作为银行监管的目标。例如,卞寿孙在陈请修订《银行通行则例》时,已不再强调银行对于整理政府财政的重要性,而是认为“银行为金融运转之枢纽,经济发展之关键,故其经营组织必须以法律为依归,方能历久而不敝”。[1] 卞寿孙是以银行对于一国经济和金融的重要性为基础,以及银行法规的制定对于银行发展的重要性,提出对银行法规进行修改的要求。这与载泽从为政府整理财政的角度提出制定银行法规以对银行施行监管的目的已完全不同。

(三)对银行监管独立性的认识

此时期的银行监管制度思想,对银行监管应独立于政府财政也有一定认识。1920 年,发表于《银行周报》的文章《论财政部对于银行之检查》就明确指出,政府对银行检查的目的“原非为干涉银行起见,而其意实欲保护之、指导之”[2],即政府对银行的监管应为保护和促进银行的发展,不应干涉银行的正常经营。1923 年,仲廉发表《银行检查制度之概要》,在论述银行检查者的道德问题时指出:“检查者一方面言之,检查员对于被检查银行,如认为业务上有改善之必要时,即作成改善方法,报告被检查银行。美国交换所检查员检查之结果,倘使发现错误之时,检查员即令被检查之行员加以改正,遇有重大缺点,则报告交换所之银行检查委员会,委员会对之严守秘密。密诏该行之经理及会计主任,研求补救之方法,是以银行对于检查者不啻良师畏友,并得随时请其指导也。故银行之检查,非具有此种之精神与道德不可。”从上述论述中可以看出,仲廉虽未明确表明银行监管的独立性,但强调监管当局应以纠正银行的错误为其监管的目的,保证银行的安全稳健经营,认为这是监管机关应具备的道德精神;反之,如监管机构不以保证银行的安全为目的,而以其自己的政策目标为监管目的,则是不道德的监管机关。此外,1923 年,北京政府裁撤币制局,由泉币司专职负责货币和银行监管事务,姚传驹对此评论道:“如政府果有改良币制,取缔银行之决心,则此局仍应设立,但必须完全独立,不受何方之干涉。盖因币制金融事关专门,非有专门人才主持其事不可,若归财部管辖,则长官时时易人,政策即不能贯彻。观民国以来,财政当局更易不下数十人,其中有币制金融之完全智识者,则不过一二人,益感币制局有独立之必要,而泉币事物附属于财

[1] “卞寿孙陈请修订银行通行则例确定银行制度呈(1921 年 7 月 4 日)”,中国第二历史档案馆编:《中华民国史档案资料汇编》[第三辑:金融(一)],凤凰出版社 1991 年版,第 223 页。

[2] 《论财政部对于银行之检查(上)》,《银行周报》,1920 年第 4 卷第 28 号。

政部之未为当也。"[1]可见,姚传驹对于银行监管目标应独立于政府财政有着深刻的认识,政府对银行的监管不应干涉银行的正常经营。

第三节　北京政府时期银行监管主体机构思想及监管对象的划分

一、北京政府时期银行监管主体机构思想

(一)财政部银行监管主体地位的正式确立及泉币司的设立

如前章所述,晚清时期银行监管制度思想将户部(后改为度支部)作为银行监管的主体机关。虽然晚清政府的户部具有财政部的职能,但其并非完全意义上的财政部。因此,财政部从真正意义上确立为银行监管的主体机关,是在民国建立后正式设立财政部并主管国家财政及金融后,才正式作为银行监管的主体机关发挥其银行监管职能,并从法律上明确其银行监管的主体地位。

南京临时政府成立后,明确财政部为银行监管的主体机关,财政部管理的事项包括"管理会计、库币、赋税、公债、钱币、银行、官产事务,监督所辖各官署及府县与公共之会之财产"。[2] 1912年3月11日,财政部拟定《商业银行暂行则例》并咨请参议院决议,要求从法律上明确财政部银行监管的主体地位,使财政部对银行的监督和管理做到有法可依。[3] 当时,财政部对新式银行监督的主体地位十分明确,但对于钱庄等传统银行类金融机构的监管,实业部曾与财政部有过争论。1912年3月23日,实业部致函财政部认为,"中国银行之制未见盛行,而盛行者独钱庄类",而当时之"商业不振"的原因在于"金融机关之不能敏活",尤其是"钱庄实尸其咎"。有鉴于此,实业部拟就《约束钱庄暂行章程》9条,拟咨请财政部核定后报请大总统颁布施行,以强调实业部对钱庄的管辖权。而财政部则认为,该部拟定《商业银行暂行则例》对于银行业的规定,已将钱庄等传统银行类金融机构包括在内,不必另行规定,表明财政部为银行业监

[1] "姚传驹撰金融制度私议(1924年)",中国第二历史档案馆编:《中华民国史档案资料汇编》[第三辑:金融(一)],凤凰出版社1991年版,第232页。

[2] "中华民国临时政府中央行政各部及其权限(1912年1月3日)",中国第二历史档案馆编:《中华民国史档案资料汇编》(第二辑),江苏人民出版社1981年版,第8—9页。

[3] "财政部拟定商业银行暂行则例请咨交参议院议决呈稿(1912年3月11日)",中国第二历史档案馆编:《中华民国史档案资料汇编》(第二辑),江苏人民出版社1981年版,第416页。

督的主体机关。[1]

北京政府建立后,政府仿效日本大藏省体系对银行实行监督和管理,规定财政部为银行监管的主体机关,负责银行业的监督和管理。1916 年 12 月,财政部为稽查银行起见订定《银行稽查章程》18 条,由部令公布。该章程规定,财政部"为综核全国银行起见,特设银行稽查,办理各处官立、私立各银行稽查事宜",并明确表明此处所指银行,包括官钱局及商办银钱庄号。[2] 1918 年 8 月,时任财政总长曹汝霖"呈称币制重要,亟宜整理,并请特设币制局以专责成",其目的在于厉行 1914 年的《国币条例》,统一银货,发行金券,并组织推行金币之贸易机关。[3] 同年 8 月 10 日,北京政府设置币制局,并公布"币制局官制令",规定币制局直隶国务总理,整理全国币制,"凡财政部所属造币总分厂、印刷局、造纸厂及各银行监理官,应受币制局之监督及指挥"。[4] 1919 年,北京政府进一步重申由财政部负责银行的监督管理,对财政部监管银行的具体事宜作了明确规定,具体包括 12 项内容:(1)关于中国银行官股事项;(2)关于中、交两行则例内规定应属财政部核准事项;(3)关于中国实业银行筹备事项;(4)关于普通商业银行验资、注册事项;(5)关于农工银行筹备事项;(6)关于储蓄、殖业等特种银行核定事项;(7)关于核定各种私立银行章程规则事项;(8)关于外国银行新设立案事项;(9)关于银行公会设立监督事项;(10)关于稽查取缔各种私立银行事项;(11)关于处理国家银行与各省财政机关垫款归欠事项;(12)关于处理各省官银行号与各省财政机关垫款归欠事项。从上述规定可以看出,与币制局侧重于货币方面的管理相比,财政部侧重于银行的行政管理,其对银行的监督管理职能主要包括三个方面:一是各种银行制度的制定;二是对各类银行设立和经营的管理;三是处理银行与各级财政之间的关系。北京政府对于财政部的银行监管职能的规定是比较全面的,体现了其加强对银行实行监管以健全和完善银行制度的监管目的。1923 年 12 月裁撤币制局后,财政部将银行的监管和货币方面的管理交由泉币司专理,但财政部银行监管的主体地位并未发生变

---

[1] "实业部拟定约束钱庄暂行章程与财政部往来咨(1912 年 3 月)",中国第二历史档案馆编:《中华民国史档案资料汇编》(第二辑),江苏人民出版社 1981 年版,第 455—457 页。

[2] 沈云龙主编:《近代中国史料丛刊 · 第八十八辑 · 中华银行史(周葆銮著) · 第八编》,(中国台湾)文海出版社 1966 年版,第 24—28 页。

[3] 张辑颜著:《中国金融论》,上海黎明书局 1936 年版,第 204—205 页。

[4] "大总统公布币制局官制令(1918 年 8 月 10 日)",中国第二历史档案馆编:《中华民国史档案资料汇编》[第三辑:金融(一)],凤凰出版社 1991 年版,第 1—2 页。

化,其对银行监管的各项职能全部交由其下的泉币司执掌。[1]

(二)设置银行监理官制度思想

北京政府时期,除确立了财政部的银行监管主体地位之外,政府为加强对银行的监督设置了银行监理官制度。1913 年 4 月 28 日,银行监管的主管机关财政部公布了《中国银行监理官服务章程》,共计十条。该章程规定,中国银行监理官承财政总长之命,监视中国银行一切事务。银行监理官的具体职责包括:须随时检查中国银行各种簿记及金库,每星期内至少一次;须随时检查中国银行兑换券发行数目及准备状况;得随时检阅中国银行各种票据及一切文件;得随时质问银行事务一切情形,必要时得请银行编制各种表册及营业概略,并须由中国银行总裁署名盖章;须每月初五前向财政总长呈报详细编制的上月检查报告书;对于中国银行业务,有违背则例及章程,或不利于政府之处,须从速报告财政总长;得陈述改良银行一切事务意见于财政总长;得出席股东总会、银行总会、行务会、监事会及各种委员会,陈述意见,但不得加入表决。[2] 同年,财政部为进一步加强对银行业的监管,决定将银行监理官的设置范围扩大至各省官银钱行号。1913 年 10 月 22 日,财政部为报批各省官银钱行号监理官章程,向袁世凯呈文认为,"窃惟各省官银钱行号,比年以来,发行钞票毫无限制,以致价值日落,国计民生交受其困,若部亟为严格监督,则不特与改革币值多有妨碍,且恐财政基础永无巩固之日。查各国制度,凡属有发行权之银行,政府长特派专员严行监视。中国银行则例中有监理官之设,其用意亦在乎此"。基于上述原因,财政部建议"仿照此例,特派监理官前往各省,分驻官银钱行号,监视一切,以为改革币制、清理财政之预备",并随呈文附录《各省官银钱行号监理官章程》[3],共计十三条。[4] 该章程系仿照《中国银行监理官服务章程》制定,因

---

[1] 泉币司共分四科:第一科主要负责监督指挥国家银行,以及各官股银行、钱庄行号的设立及监督指挥等事项;第二科主要负责各类商业银行、外国银行的核准设立事项等;第三科主要负责全国造币厂事项及整理、调查和统计全国硬币事项等;第四科主要负责钞票发行的各种事项。参见"财政部总务厅印送改订泉币司分科职掌令致泉币司付(1923 年 12 月 28 日)",中国第二历史档案馆编:《中华民国史档案资料汇编》[第三辑:金融(一)],凤凰出版社 1991 年版,第 7—8 页。

[2] "财政部公布中国银行监理官服务章程(1913 年 4 月 28 日)",中国第二历史档案馆编:《中华民国史档案资料汇编》[第三辑:金融(一)],凤凰出版社 1991 年版,第 41—42 页。

[3] 该章程于 1913 年 11 月 7 日经大总统批准施行,同年 12 月 19 日财政部令第三百号公布。参见中国第二历史档案馆编:《中华民国史档案资料汇编》[第三辑:金融(一)],凤凰出版社 1991 年版,第 43 页,注①。

[4] "财政部为报批各省官银钱行号监理官章程致大总统呈稿(1913 年 10 月 22 日)",中国第二历史档案馆编:《中华民国史档案资料汇编》[第三辑:金融(一)],凤凰出版社 1991 年版,第 42—43 页。

此除了设置对象为官银钱行号外,对监理官职责的规定与《中国银行监理官服务章程》无明显差别,主要包括以下几方面:对各省官银钱行号各种簿记及金库的检查;对纸币发行数目及准备状况的检查;对各种票据及一切文件的检阅;随时质问一切事务等。[1]

综上可见,银行监理官是财政部驻银行的稽核人员,直接受命于财政部长,对银行及各省官银钱号进行现场监督和检查。财政部通过设置银行监理官制度,加强了对银行及各省官银钱号的监管,特别是对各类银行纸币发行的监管,有利于维护货币制度的稳定,保护银行业和金融体系的安全运行。财政部银行监管主体地位的确立和银行监理官制度的形成,标志着北京政府时期银行监管制度的初步形成。

关于银行监理官制度的思想渊源,除前述晚清时期是源于财政监理官制度外,还有如下两方面渊源:第一,仿效公司制度中的监事会制度。近代中国的银行,不论是官办、官商合办还是私人银行,均效仿西方银行采取公司制的形式。近代中国的银行虽有董事会,但大多数银行仅有监察人员,并未成立监事会。同时,鉴于银行特殊的经营方式及其在经济中的重要地位,即使成立监事会,其职责也主要是为股东服务,不会考虑银行面临风险后对金融市场和整个社会经济的影响。故与普通股份有限公司内部设立的服务于股东的监事会不同,银行行使监察职能的机构,须独立于银行之外。第二,借鉴西方银行监管制度中对有发行权的银行特派专职监察人员的制度内容。如前文所述,1913 年,财政部为报批各省官银钱行号监理官章程,向袁世凯呈文认为,"……查各国制度,凡属有发行权之银行,政府长特派专员严行监视。中国银行则例中有监理官之设,其用意亦在乎此"。

需要特别说明的是,北京政府时期财政部将设置银行监理官的制度扩展至几乎所有银行,其目的主要是监察各银行的纸币发行。但从南京国民政府时期财政部钱币司的评价来看[2],北京政府时期银行监理官制度的执行效果也十

---

〔1〕 中国第二历史档案馆编:《中华民国史档案资料汇编》[第三辑:金融(一)],凤凰出版社 1991 年版,第 43—45 页。参见程霖:《中国近代银行制度建设思想研究(1859—1949)》,上海财经大学出版社 1999 年版,第 115 页。

〔2〕 1927 年,南京国民政府成立,其对北洋政府时期实行的银行监理官制度起初并不看好,财政部钱币司认为,"已往之监理官于行使职务及检察方面,并无显著之效率",因此其在对各发行货币银行的审批中,除农商银行和四明银行两家银行外,均未委派银行监理官。参见刘平:《近代中国银行业监理官制度述论》,《上海金融》,2007 年第 6 期,第 69—72 页。

分有限。事实上也确实如此。1914 年 7 月,监理官陈培龙奉令查封兴业银行纸币时,就遇到很大阻力,最后只得调派吉林监理官方尚义来代替陈培龙。1923 年,财政部币制局派篑延芳任中国通商银行监理官,却遇通商银行董事长傅筱庵以“币制局委派监理官与洋经理职权两相抵触”为理由加以拒绝,并最终迫使币制局将篑延芳调回北京。1924 年,河南省银行在事前未经中央核准办理的情况下,违规向财政部印刷局订印银元票1 000万元,而时任监理官未能觉察呈报,结果被免职。究其原因,主要有以下几个方面:一是实际职责与理论职责的严重偏离。按照相关法规有关银行监理官职责的规定,银行监理官应以监督一切银行经营状况为主要职责,而不应将核查纸币的发行作为其主要职责。二是银行监理官能力的不足。这一点具体体现在两个方面:一方面,银行监理官在监察银行经营问题时的能力不足,例如未能发现银行违规发行纸币的问题;另一方面,代替监管机关行使监管职责,在纠正银行违规行为时的能力不足,例如陈培龙奉命查封兴业银行纸币的问题。三是缺乏有效的银行监理官的监督及激励机制。虽然近代中国银行监理官制度的相关规章中有关于防止银行监理官营私舞弊的规定,并给予银行监理官较高的薪酬,但这些规定缺乏实际操作性,同时相较银行监理官的薪酬水平并不足以支撑其实际费用。这些问题一直持续至南京国民政府时期,并最终引致银行监理官制度的终结。

(三)票据交换所的银行监管主体地位的论述

北京政府时期的银行监管制度思想,除了政府对财政部监管主体地位的确立外,一些学者在提议建立票据交换所的同时,对票据交换所对银行的监管也进行了论述。这一时期的学者通过对美国票据交换所制度的研究,认为票据交换所除了具有票据交换的一般职能外,还具备三大特殊职能[1],其中之一即银行检查的职能。对于票据交换所之银行检查职能,此时期的学者普遍依据美国票据交换所之银行检查职能认为,各级政府的银行监管机关对于银行的监督,仅是当银行违反法律规定时,对银行的违法或违规行为加以纠正,而对于预防银行经营活动面临风险问题,政府银行监管机关的监管则显得较为无力。而票据交换所由于负责各银行之间的票据交换,因此对各银行的日常经营状况十分了解,能及时准确地获得各银行的经营信息,从而能够及时识别出银行经营过程中存在的问题,防止银行发生风险。

---

〔1〕 三大特殊职能包括票据交换所之放款证券、银行检查、信用调查。参见徐沧水:《票据交换所制度之研究(五)》,《银行周报》,1920 年第 4 卷第 30 号。

1920年,徐沧水在其《票据交换所制度之研究》中指出,“美国银行界有一新气象渐次普及于各都市,即票据交换所之组合银行检查制度是也。票据交换所之银行检查制度,即由组合银行照其规约任命检查人,使调查各组合银行之营业状态及财产现况,指摘其不确实之处,而督促其改良。至必要时,以行组合银行共同救济之方策,以图健全之发达也”。[1] 对于票据交换所监管主体地位之优势,徐沧水表明:“盖票据交换所,既知组合银行之营业状态及财产现况,又通晓本地经济事情,处于最适当之地位。”[2]此外,徐沧水也明确指出,尽管票据交换所之银行检查制度有诸多优势,但其在实行过程中也存在诸多困难。例如,检查人员的选择、经费来源等问题,会直接影响票据交换所之银行监督职能的发挥。[3] 1922年底至1923年初,仲廉先后在《银行周报》上发表文章《票据交换所之特殊机能》(上、下)[4],详细论述了票据交换所之银行检查职能,其内容基本与徐沧水的论述无异。

尽管这一时期的学者对于票据交换所的银行监管职能有着比较深刻的理解和认识,但由于此时期中国未能实际建立起票据交换所,因此票据交换所对于银行的监管主体地位也只停留于学者的论述中,并未在实际的银行监管制度中得到确立。

最后,需要特别指出的是,北京政府时期关于中央银行的思想非常丰富,对于建立中央银行的必要性、中央银行的产权结构和组织形式、中央银行的独立性等问题,社会各界均作了深入的探讨和研究。但可惜的是,虽然关于中央银行建设的思想非常丰富,却未能有人对中央银行的监管主体地位及其银行监管的职能进行论述。因此,这一时期银行监管思想对于银行监管主体的讨论,并未涉及中央银行的银行监管主体地位。

二、北京政府时期银行监管对象的确定及划分

(一)北京政府时期银行制度建设思想对银行种类的划分

如本章第一节所述,北京政府时期的银行制度建设思想,在对中国应该建

---

〔1〕 徐沧水:《票据交换所制度之研究(五)》,《银行周报》,1920年第4卷第30号。

〔2〕 徐沧水:《票据交换所制度之研究(五)》,《银行周报》,1920年第4卷第30号。

〔3〕 “组合银行检查制度,其效果可显见。但实行上颇生困难,即经费之支出与检查人之选择是也。”参见徐沧水:《票据交换所制度之研究(五)》,《银行周报》,1920年第4卷第30号。

〔4〕 仲廉:《票据交换所之特殊机能(上)》,《银行周报》,1922年第6卷第50号;《票据交换所之特殊机能(下)》,《银行周报》,1922年第7卷第1号。

立一个什么样的银行体制进行探讨的基础上,对清末已经提出的构成银行体制的各类银行制度建设问题作了进一步探讨。此时期所探讨的银行种类主要包括国家银行(包括中央银行)、一般商业银行、各种专业银行、省地方银行、中外合资银行等。其中,国家银行主要指由大清银行改组后成立的具有中央银行性质的中国银行,以及此后与中国银行共同发挥中央银行职能的交通银行;一般商业银行则以“南三行”和“北四行”为代表;专业银行则主要包括储蓄银行、劝业银行、中国实业银行、农工银行、兴华汇业银行、盐业银行等。北京政府时期有关各类银行的建设思想,无论是从广度上还是深度上,均较晚清时期的银行建设思想有一定发展,但限于历史条件之限制,这些银行建设思想多未能产生实际效果。因此,根据这一时期银行制度建设思想关于建设银行种类的讨论,结合中国银行业的实际发展状况,一般将此时期的中国银行业划分为中央银行、一般商业银行、专业银行、省地方银行、中外合资银行等。例如,周葆銮在其著作《中华银行史》中,就将银行划分为如下几类:中央银行、特种银行、实业银行、储蓄银行、地方银行、一般商业银行、外国银行及中外合股银行。其中,中央银行即指中国银行;特种银行包括交通银行、兴华汇业银行、盐业银行、殖边银行;实业银行包括劝业银行、中国实业银行、农工银行;储蓄银行即指新华储蓄银行;地方银行包括直隶省银行、奉天省银行、吉林省银行、黑龙江省银行、河南省银行、山东省银行、山西省银行、江苏省银行、江西省银行、福建省银行、浙江省银行、湖北省银行、湖南省银行、广东省银行、广西省银行、陕西省银行、甘肃省银行、贵州省银行、云南省银行、四川省银行、安徽省银行、新疆省银行、热河地方银行;一般商业银行包括浙江兴业银行、四明银行、聚兴诚银行、中孚银行、蔚丰商业银行、金星银行、通惠银行、中国通商银行;外国银行及中外合股银行包括麦加利银行、汇丰银行、东方汇理银行、俄亚银行、华比银行、花旗银行、横滨正金银行、中法实业银行、保商银行、中华汇业银行、德华银行。[1]

从上述银行业的分类方法可以看出,其分类的标准比较混乱,既根据银行营业性质进行分类,也根据银行产权所有者的性质进行分类。这种分类的方式看似存在很大的问题,并给现在的研究带来不少困难和困惑,但若放在当时的历史环境下,是具有其合理性的。因此,作为历史研究者,应将其研究对象置于其所处的历史环境之下,方能正确理解和洞悉所研究对象的真实发展过程,还

---

〔1〕 沈云龙主编:《近代中国史料丛刊·第八十八辑·中华银行史(周葆銮著)·第一编》,(中国台湾)文海出版社1966年版,中华银行史总目。

原其发展之原貌。基于以上原因,作者对这一时期银行监管对象的划分,仍主要依据此时期学者对银行业的划分方式,将其划分为中央银行、一般商业银行、专业银行、省地方银行、官银钱行号、外国银行及中外合资银行。

(二)银行法规的修订及对银行监管对象的划分

北京政府时期,虽未有学者专门对银行监管对象的确定及划分进行探讨,但此时期的银行制度建设思想关于各类银行建设的讨论,直接影响着中国银行业的发展。而这一时期各类银行的发展,使得银行法规对于银行业监管的适用性日显不足,进而促使政府开始对银行法规进行修正。因此,有关银行监管对象的确定及划分主要体现于这些修订的法规中。

北京政府初期,银行监管的法规仍沿用晚清政府颁布的《银行通行则例》等各项法规。1912年9月18日,财政部发布《财政部关于设立银行号暂照前清度支部各种银行则例及注册章程办理令稿》称:"现在市面逐渐恢复,设立银行号者络绎不绝,殊甚欣喜。惟前清银行各种则例及注册章程一时尚未能修改完竣,故一切呈报无所根据,往复批商手续又繁,如无一定之办理,则有碍企业之进行。兹定在则例未修正之前,仍暂照前清度支部奏定各种银行则例及注册章程办理。凡有设立银行号者,仰即转饬知遵照办理可也。"[1]在这样的历史条件下,《银行通行则例》等相关法规的不足日益凸显,对其进行修改以适应当时银行监管需求的要求也逐渐增多。1920年3月,财政部、币制局会同设立银行法规修订会,以财政部次长、币制局副总裁为会长,会员由部局委任或聘任,掌修改编订银行法规事宜。[2] 该会成立后,先后由财政部泉币司起草并拟具了《修正银行法草案》(共计22条)、《银行法实施细则草案》(共计14条)及《储蓄银行法草案》等。特别是《修正银行法草案》和《银行法实施细则草案》,与《银行通行则例》相比做了许多改进,这些改进的地方也成为日后《银行通行法》的主要内容。1921年7月4日,全国银行公会第二次联合会议主席卞寿孙正式向财政部提出修改《银行通行则例》的要求。卞寿孙在呈请中指出:"查我国银行通行则例,系自前清光绪三十四年间奏定,时银行业之建设尚在萌芽,其条文非沿袭外国之章程,即囿于国内之旧习……不适于今日之银行者尚多,且施行细则

〔1〕"财政部关于设立银行号暂照前清度支部各种银行则例及注册章程办理令稿(1912年9月18日)",中国第二历史档案馆编:《中华民国史档案资料汇编》[第三辑:金融(一)],凤凰出版社1991年版,第19页。

〔2〕谢振民:《中华民国立法史》下册,中国政法大学出版社2000年版,第852页。转引自刘平著:《近代中国银行监管制度研究(1897—1949)》,复旦大学出版社2008年版,第15页。

未经详订。在政府既不获稽考维护之责,在人民亦苦无遵守依据之资。现在银行业已趋于发展时期,前项则例既不适用,则修订之举自不容缓。"[1]同时,卞寿孙还在呈请中对当时银行的发展状况做了概述,将银行分为农、工、商三类,明确了银行在金融中的地位,以此来强调银行监管的重要性及修订银行法规的必要性。1924 年,财政部在吸收了 1921 年拟定的《修正银行法草案》及理论界关于修订《银行通行则例》的各种建议后,又起草了《银行通行法》(共计 25 条)和《银行通行法施行细则》(共计 19 条)。然而,该法未经正式公布实施,其中的监管措施也未能在事实上得到贯彻执行。但是,这部法律在近代中国银行法律体系建设和近代中国银行监管思想的发展中,仍然具有重要的、不可抹杀的作用及影响。除此之外,1915 年,财政部还提出了修改《储蓄银行则例》的设想,并拟定《储蓄银行法草案》(共计 20 条),对《储蓄银行则例》的大多数条款进行了修改。然而鉴于当时政局之不稳定,该《储蓄银行法草案》没有经过审议公布,但其主要内容及所反映的监管思想对南京国民政府时期的《储蓄银行法草案》产生了重要的影响。[2]

对于银行监管对象的确定,主要体现在《银行通行法》及其施行细则对于银行的定义上。《银行通行法》第一条规定:"凡开设店铺,经营存款放款汇兑贴现等业务者,无论用何名称均认为银行。"[3]同时,《银行通行法施行细则》第三条规定,"银行通行法第一条所称店铺,凡公司或其组织之银钱号庄店会所等均属之"[4];第四条规定,"遵照银行通行法设立之商业银行,其营业范围,除银行通行法有规定者之外,得经营左列附属业务:(一)买卖生金银及有价证券;(二)代募公债及公司债;(三)保管贵重物品;(四)代理收付款项"。[5] 可以看出,此时期银行监管制度思想对银行的定义及经营范围的界定更加合理,特别是发行银钱票业务已不再属于银行业务。这一方面是由于此时期中国银行业的快速发展,使得银行监管思想必须对银行的定义加以修正;另一方面,这一时期银行建设思想的发展,使银行监管思想对于银行定义的理解更加深刻,为银行监管思想对监管对象的确认提供理论基础。虽然此时期的银行监管思想对银行定义

---

〔1〕"卞寿孙陈请修订银行通行则例确定银行制度呈(1921 年 7 月 4 日)",中国第二历史档案馆编:《中华民国史档案资料汇编》[第三辑:金融(一)],凤凰出版社 1991 年版,第 223 页。

〔2〕《储蓄银行法草案》,《银行周报》,1921 年第 5 卷第 30 号。

〔3〕《签注意见中之银行通行法及施行细则》,《银行周报》,1924 年第 8 卷第 16 号。

〔4〕《签注意见中之银行通行法及施行细则》,《银行周报》,1924 年第 8 卷第 16 号。

〔5〕《签注意见中之银行通行法及施行细则》,《银行周报》,1924 年第 8 卷第 16 号。

进行了修正,但其对银行的确定方法仍同晚清时期银行监管思想一致,以金融机构所经营的业务范围及内容来确定其是否为银行。这也与现代银行理论对银行定义的方式相同。例如,徐沧水在《银行通行法释义》中明确指出:"关于银行之意义,本法第一条系采综括主义,又查前清银行通行则例,系采列举主义。银行通行则例第一条,规定所经营之事业,稍显含混,其于银行意义,尤显解释不正确。尚有别者,即银行通行法第一条,规定经营业务为存款放款汇兑贴现等四项。又银行通行法施行细则第四条,则规定其营业范围,除银行通行法有规定者外,得经营左列附属业务。……盖将银行主要业务,列于银行通行法第一条,而将银行附属业务,列于银行通行法施行细则第四条。至于前清银行通行则例,则将银行业务列为九项,包括于第一条经营之事业内。本法则将主要业务与附属业务,析分列举。又查前清银行通行则例第一条,将发行市面通用钱票一项,列为经营事业之一。今银行通行法已不复列为经营业务项内,藉为统一发行权表示。凡此种种,要为本法适合现状之进步也。"〔1〕

尽管上述法规明确了银行的定义,确定了银行监管的对象,但并未对银行监管的对象进行分类,也未给出划分的依据和方法。虽然没有明确对银行业进行划分,但此时期的银行法规体系实际上是依据银行的不同种类制定的。综观此时的所有银行法规,除上述所有银行必须遵守的通则外,不同种类银行还必须遵守各自相应的法规,这些法规主要包括《储蓄银行则例》、《中国银行则例》、《交通银行则例》、《劝业银行条例》、《兴华汇业银行则例》、《殖边银行条例》、《农工银行条例》等。同时,为加强对省地方银行的监管,财政部还制定了《省官银钱行号监理官章程》。此外,《银行通行法》中还对外国银行及中外合资银行制定了相应的规定。〔2〕从上述各种法规及相关规定来看,尽管未明确对银行监管对象进行分类,但实际上仍是有分类的。并且,这一分类基本是根据该时期银行业的实际发展状况以及银行建设思想关于不同种类银行的讨论来进行划分的。这也反映出该时期的银行业及银行建设思想仍处在发展阶段,对于银行业的划分有一定的现实困难性。这一问题在南京国民政府时期的银行监管制度思想中最终得到了解决。

〔1〕徐沧水:《银行通行法释义(二)》,《银行周报》,1924年第8卷第18号。

〔2〕《银行通行法》的第21条,《银行通行法施行细则》的第11、12条,均是关于外国银行和中外合资银行设立的规定。参见:《签注意见中之银行通行法及施行细则》,《银行周报》,1924年第8卷第16号。

第四节　北京政府时期银行准入与退出制度思想的发展

一、北京政府时期的银行准入制度思想

(一)机构准入制度思想

北京政府初期,由于其对银行业的监管仍执行晚清时期的银行监管法规,所以对于银行的准入标准仍然执行的是晚清时期的标准。随着这一时期银行业的不断发展,晚清时期的银行准入标准已不能满足该时期银行监管的需要。因此,北京政府开始着手对晚清时期的银行法规进行修正,而制定相应的银行准入制度,是这一时期银行监管制度思想修正的主要内容之一。

第一,对于一般银行的准入,北京政府时期的准入制度对于银行的设立、注册、资本额等方面,均较晚清的准入制度思想有了较大进步。关于银行的设立,《银行通行法》第三条明确规定:"凡创设银行者,应先拟具章程,将左列各款订入,呈由地方长官转请财政部核准立案:(一)商号。(二)组织。(三)资本总额。(四)总行所在地。(五)营业范围。(六)存立年限。(七)创办人姓名籍贯住址。如系招股设立之银行,除遵照前项办理外,并应订立招股章程,呈由地方长官转请财政部核准立案后,方得招募资本。"[1]这一规定明确表明,此时期的银行准入制度采用的是核准主义原则,非经核准立案创办银行或招募资本均是违法行为。更进一步地,《银行通行法》第四条规定了银行的注册事项:"凡经财政部核准立案之银行,应俟资本全数认足并收足总额二分之一以上时,分别备具左列各件,呈由地方长官验资具证,转请财政部核准注册,发给营业证书后,方得开始营业:(一)股东或出资人姓名籍贯住址清册。(二)各股东或各出资人已交未交资本数目清册。(三)各职员姓名籍贯住址清册。(四)所在地银行公会或商会之保结。(五)证书费。如系独资合伙或其他无限责任组织之银行,除遵照第一项办理外,并应添具左列各件:(一)出资人详细履历。(二)出资人财产证明书。如系招股设立之银行……并应添具左列各件:(一)创立会决议录。(二)监察人或检查员报告书。"[2]

关于银行的资本,晚清银行准入制度思想只对储蓄银行有最低资本额之规

---

〔1〕《签注意见中之银行通行法及施行细则》,《银行周报》,1924年第8卷第16号。

〔2〕《签注意见中之银行通行法及施行细则》,《银行周报》,1924年第8卷第16号。

定,而北京政府时期将最低资本额的规定推广至所有银行。为强化银行的准入资本管理,北京政府时期的银行准入制度思想对所有银行的设立均规定了最低资本额。《银行通行法》第二条规定:"凡经营银行业务者,无论公司或其他组织,其资本总额须达五十万元。但商业简单地方,得呈由地方长官转请财政部,核减其资本总额。"〔1〕与清末时期的《银行通行则例》未对银行设立最低资本额要求相比,《银行通行法》明确只要是经营银行业务者,都必须保证五十万元的最低资本额。同时,《银行通行法》规定银行在设立之时,必须收足其资本总额的二分之一以上,方能开始正式营业。对最低资本额的规定,有助于限制小银行的滥设,健全银行的组织,降低金融风险。〔2〕同时,对于商业不发达的地区,规定可以核减资本总额,不仅鼓励了落后地区银行业的发展,又增强了法规在不同发展程度地区的普适性。

第二,对于各类专业银行,除须遵照一般银行设立之规定外,还要根据各专业银行的特点,制定与之相适应的准入规定。1915 年,财政部提出了修改《储蓄银行则例》的设想,并拟定《储蓄银行法草案》共二十条,对《储蓄银行则例》的大多数条款进行了修改。〔3〕该草案制定了更加严格的储蓄银行准入规定,提高了储蓄银行的准入门槛。对于储蓄银行的组织形式与资本最低额度,该草案规定,凡设立储蓄银行者,须有资本 20 万元以上之股份有限公司,前项资本总额非全数认募足额四分之一以上,呈由地方长官转请财政部核准后,不得开业。〔4〕储蓄银行由于客户主要是一般人民群众的储蓄存款,所以提高准入门槛有利于保证存款人的资金安全。对储蓄银行分支行及代理店的设立,该草案规定,储蓄银行不得设立分行,但因营业上之必要,得设置代理店。此项规定对分支行和代理店的设立要求较为严格,不利于储蓄银行通过广设分支机构来扩展其客户群体,提高其资金来源的规模。同时,储蓄银行分支机构的数量不足及覆盖程度不够,也会使得储户在存储资金时不够便利,从一定意义上制约了储蓄银行为公众提供便利的储蓄服务功能。

第三,首次对外国银行在华分行或中外合资银行的设立进行了规定,反映了政府对外国银行进行监管的思想。《银行通行法》第二十一条规定:"外国银

---

〔1〕《签注意见中之银行通行法及施行细则》,《银行周报》,1924 年第 8 卷第 16 号。

〔2〕程霖:《中国近代银行制度建设思想研究(1859—1949)》,上海财经大学出版社 1999 年版,第 117 页。

〔3〕《储蓄银行法草案》,《银行周报》,1921 年第 5 卷第 30 号。

〔4〕《储蓄银行法草案》,《银行周报》,1921 年第 5 卷第 30 号。

行呈请设立分行或代理店于中华民国时,除法令或条约别有规定外,应遵守本法办理。”[1]《银行通行法施行细则》进一步规定:“外国银行呈请设立分行或代理店时,应遵照银行通行法第二十一条各规定。声明分行或代理店设置地点,并备具左列书类,由该行总行及分行或代理店代表人,署名盖章,呈请该国驻京公使证明,转送外交部咨行财政部核办:(一)总行设立批准之证明书。(二)代表人姓名履历籍贯住址清册。(三)代表人委任书及代理店契约之抄件。(四)总行现行章程。(五)银行最近三年间之资产负债表。(六)银行股东出资人及职员名册。(七)银行已收未收资本数目清册。”[2]该条是对外国在华设立银行注册的规定。对中外合资银行,该细则规定:“凡在中华民国设立之银行,如股东或出资人,系中外人民,除法令或条约别有规定外,均应遵守银行通行法及本细则之规定。其外国发起人或法定代表人,并应呈由该国驻京公使,按照左列事项出具证明书,转送外交部咨行财政部核办:(一)曾任职务及现在职业。(二)所属国籍及在中华民国或该本国之住址。(三)个人商业信用或自营事业之经过情形。”[3]从上述规定可以看出,对外国在华设立银行或中外合资银行的注册要求,并不比本国银行之注册要求低,甚至要更加严格一些。这一方面说明,此时期的银行监管思想已认识到对外国银行监管的重要性;另一方面,由于外国银行及中外合资银行所有人的特殊身份,使得银行所在地之监管机关对其监管存在一定困难。对跨国银行的监管,在现代银行监管理论及现实中仍然是亟待解决的重要难题之一。

(二)业务准入制度思想

第一,关于一般银行业务内容及经营范围的规定。《银行通行法》第一条规定明确指出,银行的一般业务主要包括存款、放款、汇兑、贴现等。对于银行的附属业务,《银行通行法施行细则》第四条规定,银行可以经营的附属业务主要包括买卖生金银及有价证券、代募公债及公司债、保管贵重物品、代理收付款项。从上述规定可以看出,此时期的银行监管思想已不再将发行银钱票列为一般商业银行的业务范围。这一方面是因为银行思想的发展,特别是中央银行思想的发展,使得人们对纸币发行业务属于中央银行的业务范围而非一般商业银

---

〔1〕《签注意见中之银行通行法及施行细则》,《银行周报》,1924 年第 8 卷第 16 号。

〔2〕《签注意见中之银行通行法及施行细则》,《银行周报》,1924 年第 8 卷第 16 号。《银行通行法施行细则》第十一条。

〔3〕《签注意见中之银行通行法及施行细则》,《银行周报》,1924 年第 8 卷第 16 号。《银行通行法施行细则》第十二条。

行的业务,有了较为深刻的认识;另一方面,基于此时期货币思想对于纸币发行的强制性特点的认识,政府实行币制改革并逐步将纸币发行统一于中央银行。此时期的银行业务,除了《银行通行法》的一般规定外,各类专业银行还通过制定各自的规章条例对其业务经营范围进行规定和限制。

第二,关于国家银行业务范围之规定。[1] 关于中国银行的一般银行业务经营范围,《中国银行则例》[2]第九条规定:“中国银行营业之种类如左:一、国库证券、商业确实期票及汇票之贴现或买入。二、办理汇兑及发行期票。三、买卖生金、生银及各国货币。四、经收各种存款,并代人保存证券、票据及其他一切贵重物件。五、代素有交易之银行、公司、商号及个人收取各种票据之款项。六、以金银货及生金银作抵押为借款。七、以上公债证书,或政府发行证券,或政府保证之各种证券,作抵押为定期或活期借款,但其金额及利率须经总裁、副总裁、董事、监事随时议决,并财政总长之核准。”[3]此外,该则例第十条还规定,中国银行经财政总长核准,可买卖公债证书。对于中国银行的业务限制,该则例规定:“中国银行除前两条(第九、十条)揭载各种营业外,不得经营左列诸项及其他各种事业:一、收受不动产及各种银行或公司之股票作借款之抵押品。二、收买本银行股票,并以本银行股票作借款之抵押品。三、除关于营业上必需用之不动产外,买入或承受不动产。四、直接间接经营各种工商事业。”对于中国银行的中央银行业务内容,该则例也进行了详细规定,具体内容为:“中国银行发行兑换券,但须遵守兑换券则例。兑换券则例以法律定之。前项法律未施行以前,得依照财政部规定暂行章程办理(第十二条);中国银行受政府之委托,经理国库及募集或偿还公债事务(第十三条);中国银行有代国家发行国币之责(第十四条)。”从上述规定内容可以看出,中国银行的中央银行职能主要是“发行的银行”和“国家的银行”两项职能,而对于中央银行的“银行的银行”这一职能则未有具体规定。结合中国银行的实际经营情况,其中央银行的地位也主要

---

〔1〕 此处的国家银行主要指的是中国银行和交通银行。

〔2〕 该则例于1913年4月14日公布。1918年初中国银行发布《中国银行章程》,其关于中国银行具体的业务内容与《中国银行则例》基本一致,故本书仍引用则例关于中国银行业务范围之规定。有关《中国银行章程》之具体内容,参见“中国银行等关于中行章程呈暨大总统指令(1917年12月—1918年1月)”,中国第二历史档案馆编:《中华民国史档案资料汇编》[第三辑:金融(一)],凤凰出版社1991年版,第335—345页。

〔3〕 “参议院录送常会议决之中国银行则例致大总统咨(1913年4月9日)”,中国第二历史档案馆编:《中华民国史档案资料汇编》[第三辑:金融(一)],凤凰出版社1991年版,第34—38页。以下有关《中国银行则例》之具体内容,均引自此处。

体现在“发行的银行”和“国家的银行”两项职能的发挥上,因此在其相应的法规上也就只规定了这两项职能。同时,由于中国银行不具备“银行的银行”这一职能,也就不具备对各类银行施行监管职能的基础,因此北京政府时期的银行监管主体机关中,作为中央银行的中国银行并不具有银行监管的主体地位。此时期发挥中央银行职能的除中国银行外,交通银行也具有中央银行业务及地位,北京政府时期的中央银行业务也主要由这两家银行负责。[1] 关于交通银行的中央银行业务,1914 年《交通银行则例》具体规定为:“交通银行掌管特别会计之国库金(第七条);交通银行得受政府之委托,分理金库(第八条);交通银行受政府之委托,专理国外款项及承办其他事件(第九条)。”[2]1925 年《交通银行章程》规定,“本行依银行则例第十三条之规定,发行兑换券,由发行总分库处理之”[3],将发行业务列入交通银行的中央银行业务范围内。至此,交通银行与中国银行一样,主要的中央银行职能为“发行的银行”及“国家的银行”,并负责该两项职责内的中央银行业务的经营。[4]

第三,关于储蓄银行经营范围的规定。对于储蓄银行的业务范围及资金运用范围,《储蓄银行法草案》规定[5]:储蓄银行非经财政部特准,不得经营本法所未规定之业务。对于第一条所列之存款不得用于支票付款。储蓄银行除了经营其定义中所规定的业务外,得兼营下列业务:普通定期存款、贵重物品及有价证券之保管、债权之清理委托、经理本行所在地公共团体之金钱出纳事项、经理本行所在地公共团体之往来存款。储蓄银行的资金运用范围主要包括:认购国家债票及其他确实有价证券;以国家债票及其他确实有价证券为质之放款,但放款期限不得

---

〔1〕“大总统申令:近年国家因度支困难,力求整顿,一切支出已可勉敷,此后关于重大事端,如划一币制、整理公债等,亟须次第进行。中国、交通两银行具有国家银行性质,信用夙著,历年经理国债,流通钞票,成效昭彰。著责成该两行照此前办法切实推行,以为币值、公债进行之辅助。该两行应共负责任,协力图功,以副国家调护金融,更新财政之至意,即由财政、交通两部转饬遵照。”参见“大总统关于中交两行同具国家银行性质申令(1915 年 10 月 31 日)”,中国第二历史档案馆编:《中华民国史档案资料汇编》[第三辑:金融(一)],凤凰出版社 1991 年版,第 68 页。

〔2〕“大总统公布交通银行则例令(1914 年 4 月 7 日)”,中国第二历史档案馆编:《中华民国史档案资料汇编》[第三辑:金融(一)],凤凰出版社 1991 年版,第 48—50 页。以下有关《交通银行则例》之具体内容,均引自此处。

〔3〕“交通银行总管理处送呈交通银行章程(1925 年)”,中国第二历史档案馆编:《中华民国史档案资料汇编》[第三辑:金融(一)],凤凰出版社 1991 年版,第 372—379 页。以下有关《交通银行章程》之具体内容,均引自此处。

〔4〕关于交通银行的一般银行业务内容及其限制,基本与中国银行一样,此处不再赘述,具体可参见《交通银行则例》及《交通银行章程》。

〔5〕《储蓄银行法草案》,《银行周报》,1921 年第 5 卷第 30 号。

逾六个月;两家以上署名之票据贴现;以各该储户所存金额为限之放款,但须以储户存折为质;存放其他之殷实银行。除上述范围外,储蓄银行不得运用其资本金。可以看出,北京政府时期银行监管思想对储蓄银行业务范围和资金运用范围的规定更加严格,这有利于维护储蓄银行经营的稳健性和储户资金的安全,也体现了政府根据当时银行业发展的现实状况,欲加强对储蓄银行监管的思想。

第四,关于兴华汇业银行的业务经营范围,财政部 1912 年公布的《兴华汇业银行则例》进行了详细规定。〔1〕该则例规定,兴华汇业银行的营业内容主要包括:国内外汇兑及货物押汇;各种存款及保管贵重物件;放款;各种期票之买入或卖出;代素有交易之公司、银行、商号收取各种票据之款项;兑换外国货币及买卖生金、生银;其他国际银行应有之业务。除上述业务外,兴华汇业银行还可以根据营业情形买卖公债证券,以及遵政府命令经理在国外之公债及公家款项。除上述业务外,兴华汇业银行不得经营其他业务。另外,该则例还特别规定:(1)兴华汇业银行不得买入或承受不动产、股票、货物等物件,但银行营业应用基地房屋、清还欠款、由债主交出变卖或由审判断定管业等事项除外。(2)兴华汇业银行不得买入或押受本行股票,但债主欠款久不清偿,或无力归还时,以此作抵,或以此清欠,不在此限。从上述关于兴华汇业银行业务内容之规定可以看出,兴华汇业银行主要以国际汇划业务为主,并严格规定不得经营规定以外的业务内容。

第五,关于各类实业银行〔2〕业务内容之规定。1914 年 4 月 17 日,财政部和农商部呈准《劝业银行条例》进行了详细规定。〔3〕劝业银行主要以放款于农林、牧垦、水利、矿产、工厂等事业为限,并对放款的方法、抵押品及各类放款的比例进行了详细规定。除上述特定的放款业务外,劝业银行还可经营代保管生金、生银或有价证券,购买农业银行、工业银行之债票,购买国债票或地方债票业务。除此之外,劝业银行不得经营《劝业银行条例》所未规定之业务。《劝业银行条例》还列专章对其债票发行进行了规定:劝业银行于资本金缴足四分之

---

〔1〕“财政部关于兴华汇业银行则例(1912 年 11 月 27 日)”,中国第二历史档案馆编:《中华民国史档案资料汇编》[第三辑:金融(一)],凤凰出版社 1991 年版,第 31—34 页。以下有关《兴华汇业银行则例》之具体内容,均引自此处。

〔2〕此处的实业银行指银行经营的目的主要为辅助中国各实业之发展,包括中国实业银行、兴华劝业银行、殖业银行等。

〔3〕“财政部农商部呈准劝业银行条例(1914 年 4 月 17 日)”,中国第二历史档案馆编:《中华民国史档案资料汇编》[第三辑:金融(一)],凤凰出版社 1991 年版,第 51—56 页。以下有关《劝业银行条例》之内容,均引自此处。

一以上时,得发行劝业债票,但不得超过资本金缴足额之四倍,并不得超过分年偿还放款之总额,但发行的低利劝业债票不受此限。其原因在于,低利债票主要是用于调剂短期资金头寸的不足,即所谓的“为借换起见”。同时,劝业银行发行债票不受《公司条例》第190条[1]规定的限制。除此之外,对于债票的面额、本金、计息方式、是否记名、偿还方式等,条例均有详细规定。1915年11月21日,大总统颁布了由财政总长周学熙呈准的《农工银行条例》。[2] 随后,财政部认为《农工银行条例》的内容与《殖业银行则例》之内容基本无异,且其规则较《殖业银行则例》更加完备,故于1921年废止了《殖业银行则例》。[3]《农工银行条例》规定,农工银行的业务主要以振兴农工业为宗旨,其放款主要用于垦荒耕作、水利林业、购办籽种肥料及各项农工业原料、农工生产之运输囤积、购办或修理农工业用器械、修造农工业用房屋、购办牲畜、修造牧场、购办渔业蚕业种苗及各种器具、其他农工各种兴作改良等事项。农工银行的放款偿还期限分一年以内、三年以内和五年以内,并根据不同的期限,分别以不动产、农产、渔业权、政府公债票、公司债票或股票等为抵押。除此之外,农工银行还可经营的业务有:定期存款业务;受中央银库委托,办理租税、钱粮及其他各种款项收发之事;受国家银行委托,代任纸币兑换之事;代任保管金银及其他重要物品;财政部核准的其他业务等。此外,对于农工银行的债票发行,该条例也有详细之规定。[4] 从《劝业银行条例》及《农工银行条例》的业务内容看,劝业银行和农工银行在业务内容上有重复之地方,其放款均以农业和工业为主要对象。但仔细比较后可以发现,劝业银行的放款一般期限较长,以五年以上的放款为主;而农工银行的放款期限较短,主要以五年以内的放款为主。由于放款的期限不同,其经营的风险程度不同,因此对于其放款的规定及经营范围的限制程度也就不同。这反映了北京政府时期的银行监管思想对于短期贷款和长期贷款所适用

---

[1] 《公司条例》第190条规定,公司非照本条例第199条第2项决议后,不得募集公司债。该条例第199条第2项规定,公司变更章程之决议应由股东总数过半且股份总数过半之股东到场而以其决议权之过半数行之。参见《公司条例(续)》,《商旅友报》,1924年第12期。

[2] “财政部为抄送筹建农工银行原呈及农工银行条例至全国农工银行筹备处函(1915年10月22日)”,中国第二历史档案馆编:《中华民国史档案资料汇编》[第三辑:金融(一)],凤凰出版社1991年版,第60—68页。以下有关《农工银行条例》之具体规定内容,均引自此处。

[3] “财政部泉币司关于废止殖业银行则例致统计科付(1921年9月17日)”,中国第二历史档案馆编:《中华民国史档案资料汇编》[第三辑:金融(一)],凤凰出版社1991年版,第29—30页。

[4] 有关农工银行债票发行的具体规定,参见中国第二历史档案馆编:《中华民国史档案资料汇编》[第三辑:金融(一)],凤凰出版社1991年版,第65—66页,《农工银行条例》第三章“债票”。

的对象及其风险程度的差异有着比较深刻的认识。因此,财政部通过制定不同的条例,以对经营短期贷款的银行和长期贷款的银行实行分专业管理,防止两种不同风险类型的银行相互影响,从而影响整个银行业的安全运营。

1919年,财政部公布《中国实业银行章程》[1],规定中国实业银行的业务经营以辅助实业之发达或改良为宗旨。关于中国实业银行具体的业务经营内容,该章程规定:"本银行得于左列范围内从事营业:(一)左列各项关于种植、垦牧、水利、矿产、工厂、铁路、盐业等事之放款。(甲)以不动产为抵押,十年以内分期拨还者。(乙)以不动产为抵押,五年以内定期偿还者。(丙)以出产物为抵押,一年以内定期偿还者。(二)以工厂、机械为抵押之放款。(三)保证办货放款。(四)经理汇兑贴现。(五)代理或介绍买卖商品。(六)代理发行国家级公共团体之债票。(七)代理发行公立、私立各种实业公司之股票及债票。(八)附设公共查账会,延请会计专家,代公立、私立各种实业公司检查账目、清理财产,另订会章呈请财政部核准。(九)建设货栈,为客商存储货物,兼做押款,栈章另定之。(十)买卖生金、生银及外国货币。(十一)代理保管有价证券及贵重物品。(十二)经收各种票据。(十三)购买地方实业银行债票。(十四)收受各种存款。"[2]同时,对于上述各类放款及抵押业务,章程还根据不同业务内容制定了详细的限制性规定,具体规定包括:"作抵押不动产时,以有永续确实受益者为限,入曾经保险者,并须附加保险合同(第十四条);以不动产作抵押之放数,其总额至多以本行估定价值总额三分之二为限(第十五条);如以房屋、机械作抵押时,并须于估价内减去至满期限日之消耗数目若干,方可作准(第十六条);债务者偿还放款至五分之一以上时,得按照偿还之数,要求本银行解除抵押品之一部,对于其残额亦同(第十七条);债务者不能履行分年偿还义务时,本行得随时要求全部之偿还(第十八条);本行于抵押价格贱时,得要求增加抵押,债务者不应要求时,本银行得随时要求全部之偿还(第十九条)。债务者不应第十八条、第十九条之要求时,本银行有自由处分其抵押品之权利,将所欠本息如数扣清。其处分之结果仍有不足,应要求债务者补缴。如有余款,应即偿还。"综观

---

[1] "民国实业银行章程原系1915年8月15日呈准公布,同年12月25日,袁世凯筹备帝制,以民国字样不适国体为由,将民国实业银行改称中国实业银行并成立筹备处筹办,1919年4月26日开业。"参见"财政部关于修正中国实业银行章程令(1919年10月15日)",《中华民国金融法规汇编》,第253页,注①。

[2] "财政部关于修正中国实业银行章程令(1919年10月15日)",《中华民国金融法规汇编》,第255—256页。以下有关中国实业银行具体业务经营之规定,均引自此处。

《中国实业银行章程》之业务经营规定,与《劝业银行条例》及《农工银行条例》相比,内容更加全面,基本包括实业银行经营范围之各个方面,且规定内容更加详细。针对《中国实业银行章程》与《劝业银行条例》及《农工银行条例》重复规定之现象,当时即有人指出:"夫政府之于劝业银行,自三年四月呈定劝业银行以来,迄未筹备。民国四年,又有民国实业银行之议,按之劝业银行与实业银行,其宗旨、性质均属相同。实业银行规定尤为完密。今使两行而均设立,政府当无此财力,似亦不免骈枝,偶以为不如合而为一,以期早观厥成。记者观于实业银行章程,似其设立,尤较弥补劝业银行之缺憾也。"[1]然北京政府时期未有通行的实业银行法规,因此各类实业银行分别制定各自的营业章程,也符合当时银行监管的现实需要,尽管这不利于监管机关对实业类银行的统一管理。

(三)高级管理人员准入制度思想

北京政府时期的银行准入制度思想,除了有关机构准入和业务准入的制度思想外,还出现了高级管理人员的准入制度思想。银行高级管理人员的素质直接关系到该银行的经营管理和风险状况,高级管理人员选拔不当,有可能造成银行的亏损甚至破产、倒闭。因此,银行高级管理人员的选任十分重要,银行业监督管理当局在审批商业银行时必须要考察其高级管理人员的综合素质。现代银行监管理论关于商业银行市场准入的重要审批内容之一,就是董事和高级管理人员(包括董事会成员)的综合素质,具体包括高级管理人员的品质、能力、经验、信誉等。[2] 北京政府时期的高级管理人员准入制度思想还比较初级,不及现代银行监管理论中高级管理人员准入制度之完善。同时,关于高级管理人员的准入思想,多体现在各银行的规章条例之中,并未在银行通行法规中有所体现。但是,此时期几乎所有银行的规章条例均有高级管理人员准入之规定,表明此时的银行监管思想对于高级管理人员的准入考察对银行监管及银行经营的重要性,已有相当深入的认识。

第一,关于国家银行高级管理人员的准入制度思想。中国银行在建立之初即以中国的中央银行为目标,其 1913 年公布的《中国银行则例》就有对高级管理人员的准入规定,后几经修改形成 1917 年的《中国银行章程》,该章程的第四章和第五章即为高级管理人员准入之规定。《中国银行章程》的第四章为行员组织,对中国银行高级管理人员的设置、选任、任期、职责等进行了详细规定,具

[1] 《论劝业银行》,《银行周报》,1918 年第 2 卷第 5 号。
[2] 参见祁敬宇主编:《金融监管学》,西安交通大学出版社 2007 年版,第 230 页。

体内容为[1]:“中国银行设总裁一人,副总裁一人,董事九人,监事五人(第二十五条)。董事、监事由股东总会选任,总裁、副总裁由董事中简任。股东总会选任董事时,应照额定九人之外,预选候补董事二人。俟董事中被简为总裁、副总裁后,即行递补为董事,以符额数。董事被简为总裁、副总裁后,其由股东总会选任之董事资格仍然存在(第二十六条)。总裁、副总裁、董事以四年为一任,监事以三年为一任,但均得连任。董事、监事除本章程规定各权限外,不得兼任其他行务,惟有特别情形,总裁、副总裁委任董事暂行兼理时,不在此限。总裁、副总裁委任董事兼理行务时,须申明理由,并预定兼理期限,呈报财政部备案(第二十七条)。董事、监事薪俸由财政部定之,总裁、副总裁薪俸及交际费经董事会决议,呈请财政部核准(第二十八条)。董事届期任满应行改选时,由股东总会以抽签法留任四人,余额改选(第二十九条)。董事、监事如因事故缺额,行补缺选举时,当选者之任期以继续前任之任期为限。董事、监事出缺,如董事尚在七人以上,监事尚在三人以上,经董、监事会各认为并无必要时,可以缓行补选。董事被简为总裁、副总裁时,不以出缺论(第三十条)。董事、监事应以股东中有股份一百股以上者为合格(第三十一条)。董事、监事须品行端方,素有声誉,兼具财政、商业之经验智识。凡曾受褫夺公权及宣告破产之处分者,均不得被选(第三十二条)。董事被选后,应将章程所定被选合格之股票数交由监事执存,改选之后,须俟上年度之营业决算报告制齐,方能将股票交换(第三十三条)。选举董事、监事用记名连记法,以得出席会员投票权之过半数者为合格,如不能得过半数时,就得票最多者按应举额数二倍之中决选之。得票同数者,抽签定之(第三十四条)。”该章程的第五章则详细规定了总裁与副总裁的职责:“总裁、副总裁为董事会、行务总会、股东总会之会长、副会长,并执行左列事件:一、各项议决事件。二、注意全行事务,并遵守中国银行则例(章程)及各项之规定。三、代表全行名义主持行务。总裁、副总裁任董事会之决议由不适当时,得开行务总会咨询意见。副总裁协助总裁综理行务,总裁有事故时,副总裁代理之。”综观中国银行的高级管理人员准入规定,其内容基本涉及现代银行监管制度中高级管理人员准入审核的各个方面,特别是对于高级管理人员的品质、能力、经验、信誉等方面的考察,均有相应的规定。但是,其在高级管理人员的选任程序上,仍有一些不足之处,例如董

---

〔1〕“中国银行等关于中行章程呈暨大总统指令(1917年12月—1918年1月)”,中国第二历史档案馆编:《中华民国史档案资料汇编》[第三辑:金融(一)],凤凰出版社1991年版,第335—345页。以下有关《中国银行章程》之具体内容,均引自此处。

事、监事的选举采取的是记名连记法,这不利于选举的公平性和公正性。关于交通银行高级管理人员准入制度,最早体现在 1914 年公布的《交通银行则例》中,但其规定比较简单,后经数次修改,1925 年《交通银行章程》专列第四章之职员,以对交通银行的高级管理人员的设置、选任、职责及任期等方面作具体规定。交通银行对于高级管理人员准入之规定,其基本制度体系与中国银行一致,仅在具体的高级管理人员的人数及选任上与中国银行有差异。[1] 但其所体现的近代银行监管制度思想中关于国家银行的高级管理人员准入制度思想,与上述中国银行高级管理人员准入制度所体现的是一致的。

第二,关于各类专业银行之高级管理人员准入制度思想。北京政府时期,由于仍然执行晚清时期的《银行通行则例》,所以各银行首先应遵照《银行通行则例》之规定,按照公司法有关股份公司制度之规定,进行高级管理人员的选任。此外,各专业银行还根据各自银行经营之特点,在各自的规章条例中专门制定了与之相适应的高级管理人员准入制度之规定,对各银行高级管理人员的设置、选任、职责及任期等方面进行规定。现将这些专业银行规章条例中关于高级管理人员准入制度的规定总结入表 3.3。

表 3.3　　北京政府时期各专业银行高级管理人员准入之具体规定[2]

	设置	选任	职责	任期
兴华汇业银行[3]	设董事五人以上、十一人以下;设行长及副行长各一人;设监理员一人。	董事由股东总会于五十股以上之股东中选出,呈明财政部存案。其期满再被选出时亦同。但按规定由财政总长特别任命者,无股份数目之限制。行长及副行长均由董事互选,呈明财政部存案;财政总长认为必要时,得于前两条额定职员外,命中国银行总裁或副总裁兼兴华汇业银行副行长或董事。监理员由财政总长特委。	行长、副行长及董事之责任权限,另以章程定之;监理员负监察兴华汇业银行一切业务。	董事任期二年。

[1] 具体的交通银行高级管理人员准入制度之规定内容,参见“交通银行总管理处送呈交通银行章程(1925 年)”,中国第二历史档案馆编:《中华民国史档案资料汇编》[第三辑:金融(一)],凤凰出版社 1991 年版,第 372—379 页。

[2] 表中标＊银行表示,该银行章程或条例中设专章对高级管理人员的准入进行规定。

[3] 兴华汇业银行高级管理人员准入之具体规定,参见“财政部关于兴华汇业银行则例(1912 年 11 月 27 日)”,中国第二历史档案馆编:《中华民国史档案资料汇编》[第三辑:金融(一)],凤凰出版社 1991 年版,第 31—34 页。

续表

	设置	选任	职责	任期
殖边银行〔1〕	设总理一员,协理一员,董事七员,监事五员。	总理、协理、董事及监事,均由股东公选,选定后呈请财政部备案。其选举法另定之。其他职员由总理、协理推任。前项总理、协理非有一百股以上,董事、监事非有五十股以上之股东,不得选充;总理、协理与董事、监事任内不得兼其他银行或其他公司职务。	殖边银行职员对于营业上之处理,得开职员会。其组织及会议细则另定之。总理、协理或职员会公认为有重要事件时,或股东有股份总额五十分之一者之请求,均得召集临时总会。	总理、协理任期三年,董事、监事任期二年,期满后得连举连任。
劝业银行*〔2〕	设行长一人,副行长一人,董事三人(或五人),监事三人。	行长、副行长由股东会于三百股以上之股东中选任之,但须呈报财政部核准;董事由股东会于一百股以上之股东中选任之;监事由股东会于五十股以上之股东中选举之。行长、副行长及董事于任期中,不得兼他项职务,并不得经营商业。但财政部之许可时,不在此限。	行长代表劝业银行,总理银行事务;副行长辅助行长,依劝业银行章程所定,掌理银行事务;行长有事故或出缺时,副行长代理其职;董事依劝业银行章程所定,分掌银行事务;监事监察银行业务。	董事、监事期满后亦得连任。
实业银行*〔3〕	本银行设董事局,设董事十三人,公股董事二人,商股董事十一人;总董一人,协董一人;总理一人,协理一人;设监事五人。	公股董事由财政部指派,商股董事于商股股东中公举之,呈请财政部备案。商股董事须有本行股份一百股以上者,方能当选。总董、协董、总理及协理,均由董事局于董事中互推,推定后应呈请财政部备案。监事由财政部指派一人,公举四人。商股监事须有本行股份五十股以上者,方能当选。	凡银行一切特别重要事件,由董事会开会公决。董事局章程另定之,并须呈请财政部核准。总董及协董为董事局代表,董事会议时为议长、副议长。总董有事故时,协董代理之。总理及协理执行行务。董事列席董事会议,议决本行之重要事务。监事查核本行财产及放款抵押品,并监察本行职员有无违背本行定章。其监事会章程另定之。	董事之任期三年,每次改选三分之二,得连举连任;监事之任期二年,得连举连任。

〔1〕 殖边银行高级管理人员准入之具体规定,参见“财政部转送殖边银行条例请批准施行呈及批(1914 年 3 月 6 日)”,中国第二历史档案馆编:《中华民国史档案资料汇编》[第三辑:金融(一)],凤凰出版社 1991 年版,第 45—47 页。

〔2〕 劝业银行高级管理人员准入之具体规定,参见“财政部农商部呈准劝业银行条例(1914 年 4 月 17 日)”,中国第二历史档案馆编:《中华民国史档案资料汇编》[第三辑:金融(一)],凤凰出版社 1991 年版,第 51—56 页。

〔3〕 实业银行高级管理人员准入之具体规定,参见“财政部关于修正中国实业银行章程令(1919 年 10 月 15 日)”,《中华民国金融法规汇编》,第 257 页。

续表

	设置	选任	职责	任期
农工银行	农工银行并未制定详细的高级管理人员准入规定，但其条例的第四十五条规定："本条例未规定者，得适用银行通行则例。其公司条例第四章股份有限公司，第九十七条至第二百二十九条，及第二百四十八条、第二百四十九条之规定，于银行通行则例及本条例不相抵触者，均适用之。"〔1〕			

综观表3.3中各专业银行高级管理人员之准入规定，内容基本包括高级管理人员准入的各个方面。除农工银行外，其他各类专业银行对高级管理人员的设置、选任、职责及任期等内容均有规定，虽然各个银行不尽相同、各有侧重，但其规定的体系基本相同。可以看出，伴随近代银行业的不断发展，政府及银行均认识到银行高级管理人员的选任和管理对于银行运营和发展的重要性。不过，各专业银行的高级管理人员准入制度仅仅是根据各自的组织体系，依照股份公司制度中董事会及监事会的相关制度规定而制定的。所以，这些高级管理人员的准入制度还非常简单，未能结合银行经营之特点进行制定。此外，这些专业银行的高级管理人员准入制度不及国家银行的高级管理人员准入制度全面，没有对高级管理人员综合素质的考察之规定。

综合考察北京政府时期的银行高级管理人员准入制度思想，未能形成统一的高级管理人员准入制度及标准体系，各银行仅仅是依据自身银行之组织体系，对其高级管理人员制定了相应的选拔和任用制度。对于各银行高级管理人员准入制度的全面性，明显国家银行的高级管理人员准入制度较其他专业银行更加全面。尽管这一时期的高级管理人员准入制度思想未在银行通行法规中得以体现，但其对于近代银行监管制度思想的发展仍具有重要意义。

二、北京政府时期的银行退出制度思想

北京政府时期的银行退出制度思想，较晚清时期并未有较大发展。此时期的银行退出制度思想主要是在各银行章程或条例中有一定的进步，在银行通行法规体系中，关于银行退出制度的规定则仍然执行的是晚清时期的规定。因此，对北京政府时期银行退出制度思想的研究，更多的是对各类银行专门的章程及条例中相关银行退出制度规定内容的研究。

---

〔1〕"财政部为抄送筹建农工银行原呈及农工银行条例至全国农工银行筹备处函(1915年10月22日)"，中国第二历史档案馆编：《中华民国史档案资料汇编》[第三辑：金融(一)]，凤凰出版社1991年版，第68页。

(一)纠正性监管思想

晚清时期银行通行法规中,关于纠正性监管的规定主要是对未能及时注册的银行,通过制定相应的规定激励其积极注册,以方便政府监管机关对银行的统一监督和管理。晚清时期的这些纠正性监管规定,在北京政府时期的《银行通行法》中已不存在。究其原因,随着银行的大量设立,北京政府加强了对银行的管理,要求银行设立时必须到财政部进行注册,而对未注册之银行则采取了更为严厉的惩罚手段。因此,北京政府时期的银行通行法规中,已不存在晚清时期相应的纠正性监管内容。正如徐沧水在《读银行通行法草案》一文中所说:"查近年来创立之银行,大致均于开业后始呈报注册立案。今银行通行法,系采事前监督主义,即凡创立银行者,应先拟具章程,遵照法律规定各款,呈由地方财政长官转请财政部核准立案。并规定如系招股设立,需先经财政部核准立案后,方得招募资本。又必须呈由地方长官验资具证,转请财政部核准注册,发给营业证书后,方得开始营业,违者另有惩罚之条规。观此则立法内容,呔亦有鉴于近年银行之滥兴,故采取严格主义欤。"〔1〕

尽管此时期银行通行法规中未有纠正性的规定,但各银行章程及条例中仍有体现纠正性监管思想的规定。现将此时期各银行章程及条例中体现纠正性监管思想的规定总结入表3.4。

表3.4　　北京政府时期各主要银行规章条例中纠正性监管规定

规章条例名称	纠正性监管规定的具体内容
《中国银行则例》〔2〕	第二十六条:财政总长对于中国银行一切业务,如认为有违背本则例及本行章程,或不利于政府之事件时,皆得制止之。
《交通银行则例》〔3〕	第二十一条:交通银行如有违背本则例之处,财政部得制止之。
《兴华汇业银行则例》〔4〕	第二十五条:兴华汇业银行若违背则例,财政总长得制止之,或令改选董事。 第三十条:兴华汇业银行之行长、董事及其他行员,如有违犯则例者,处以十元以上、百元以下之罚金。其因此损及本行营业者,责令赔偿。

〔1〕 徐沧水:《读银行通行法草案》,《银行周报》,1924年第8卷第16号。

〔2〕 "参议院录送常会议决之中国银行则例致大总统咨(1913年4月9日)",中国第二历史档案馆编:《中华民国史档案资料汇编》[第三辑:金融(一)],凤凰出版社1991年版,第37页。

〔3〕 "大总统公布交通银行则例令(1914年4月7日)",中国第二历史档案馆编:《中华民国史档案资料汇编》[第三辑:金融(一)],凤凰出版社1991年版,第50页。

〔4〕 "财政部关于兴华汇业银行则例(1912年11月27日)",中国第二历史档案馆编:《中华民国史档案资料汇编》[第三辑:金融(一)],凤凰出版社1991年版,第33页。

续表

规章条例名称	纠正性监管规定的具体内容
《殖边银行条例》〔1〕	第二十一条:殖边银行一切业务,如经财政部认为违背本则[条]例及其他章程,或为营业上不利事时,皆得制止之。
《劝业银行条例》〔2〕	第四十四条:财政部于劝业银行之营业,认为违背法令、章程,侵害公益时,得制止之。 第四十六条:财政部因必要情形,得限制劝业银行之放款。 第五十二条:劝业银行有左列情事之一时,处行长以百元以上、千元以下之罚金。副行长、董事于职掌范围内应受罚金时亦同。一、违背第一条、第六条之规定而放款。二、违背第二十条之规定使用余款。三、违背第二十一条之规定经营本条例所未规定之业务。四、非低利劝业债票之发行额,逾第三十五条之限制。五、违背第三十七条之规定,怠于偿还劝业债票。
《农工银行条例》〔3〕	第三十七条:财政部或该管官厅如认为必要时,得限制农工银行放款及其他各种营业。 第四十一条:农工银行经理有左列情形之一者,处以一百元以上、一千元以下之罚金。副经理、董事于职掌范围内应受罚金时亦同。一、违背第八条至第十三条之规定而放款。二、违背第二十四条之规定而经理本条例以外未核准之营业。三、违背第二十五条、第三十条、第三十二条之规定而发行债票。四、违背第二十八条、第二十九条之规定而怠于偿还债票本息。五、违背第三十三条之规定而动用公积金。
《中国实业银行章程》〔4〕	第三十八条:本银行营业有违背章程及其他法律时,财政部得制止之。
《中国银行监理官服务章程》〔5〕	第七条:中国银行监理官对于中国银行业务,认为有违背则例及章程,或不利于政府之处,须从速报告财政总长。 第八条:中国银行监理官得陈述改良银行一切事务意见于财政总长。
《各省官银钱行号监理官章程》〔6〕	第十条:监理官对于各省官银钱行号业务,认为有违背章程及其他非法行为,须从速呈报财政总长。

从上述各主要银行规章条例中关于纠正性监管的具体规定可见,北京政

〔1〕“财政部转送殖边银行条例请批准施行呈及批(1914年3月6日)”,中国第二历史档案馆编:《中华民国史档案资料汇编》[第三辑:金融(一)],凤凰出版社1991年版,第47页。

〔2〕“财政部农商部呈准劝业银行条例(1914年4月17日)”,中国第二历史档案馆编:《中华民国史档案资料汇编》[第三辑:金融(一)],凤凰出版社1991年版,第55、56页。

〔3〕“财政部为抄送筹建农工银行原呈及农工银行条例至全国农工银行筹备处函(1915年10月22日)”,中国第二历史档案馆编:《中华民国史档案资料汇编》[第三辑:金融(一)],凤凰出版社1991年版,第67页。

〔4〕“财政部关于修正中国实业银行章程令(1919年10月15日)”,《中华民国金融法规汇编》,第258页。

〔5〕“财政部公布中国银行监理官服务章程(1913年4月28日)”,中国第二历史档案馆编:《中华民国史档案资料汇编》[第三辑:金融(一)],凤凰出版社1991年版,第42页。

〔6〕“财政部为报批各省官银钱行号监理官章程致大总统呈稿(1913年10月22日)”,中国第二历史档案馆编:《中华民国史档案资料汇编》[第三辑:金融(一)],凤凰出版社1991年版,第44页。

府时期银行监管的纠正性监管规定还仅仅是一些原则性规定,即当银行出现违规行为时,银行监管主体有权对银行的违规行为进行纠正。但是,对于银行违规行为的界定、纠正的方式方法以及纠正的限期等具体内容,并未进行详细的规定。这就使得这些纠正性监管手段仅仅做到了“明文性”,未做到“明确性”,当监管机构需要对银行的违规行为进行纠正时,缺乏明确的法律依据和有效的手段。不过,根据当时银行监管制度所处的发展阶段,这些纠正性监管规定还是有其现实意义的,且在银行监管制度思想发展的历史上也具有重要的历史价值和意义,因为这些简单的思想正是日后较为完善和先进思想得以产生的基础。

(二)救助性监管思想

北京政府时期的救助性监管思想,较晚清时期的救助性监管思想并未有所发展,主要体现救助性监管思想的制度措施仍然是《银行通行则例》中有关银行救助性的规定。〔1〕对于此时期提出的《银行通行法草案》,更是未有相关银行救助性的规定。除了此时期的银行通行法规外,各类银行的规章条例中涉及救助性监管思想的规定也是寥寥无几。只有在《劝业银行条例》中有一条救助性的规定,即该条例的第五十一条:“劝业银行盈利不足五厘时,财政部得酌量给予补助金。前项补助自创立日起,以十年为限。补助金额每年至多不得过资本金额缴纳额百分之五。”〔2〕从该规定的具体内容看,制定这一救助性规定的主要目的并非为了帮助银行解决短期头寸不足等问题,而是鉴于劝业银行对实业发展的辅助作用,通过补助金来保证劝业银行对实业发展的资金支持。尽管这间接地达到了救助性的监管目的,但其制度制定的初衷却并非如此。因此,北京政府时期的银行退出制度思想中关于救助性监管的思想并未获得一定的发展,仍停留在晚清时期的水平。

对于北京政府时期救助性监管思想未能获得进步的原因,笔者认为,首先是受北京政府时期银行制度发展水平及发展状况的限制。北京政府时期的银行业虽然获得了快速发展,但这一时期的银行制度仍然十分不完善。社会各界对于银行在社会经济生活中的重要地位虽有更为深刻的认识,但是对于银行倒闭后给社会经济生活所带来的危害认识仍然不够充分。因此,这一时期

---

〔1〕 具体参见本书第二章第四节中有关晚清时期救助性监管思想的论述。

〔2〕 “财政部农商部呈准劝业银行条例(1914年4月17日)”,中国第二历史档案馆编:《中华民国史档案资料汇编》[第三辑:金融(一)],凤凰出版社1991年版,第56页。

的银行监管制度对问题银行的救助也就不受社会各界的重视。其次,这一时期的银行制度思想以如何促进中国银行的发展为主要目的,故对银行在经营过程中可能会产生什么样的问题以及发生问题后该如何处理等,均不能获得有效的认识和理解。因此,这一时期的救助性监管思想的发展也就失去了相应的理论基础。再次,由于北京政府时期仍是以促进经济和银行的发展为主,所以此时期的银行监管制度思想的发展也侧重于对银行准入制度思想的发展,而对银行退出制度思想发展的重视就不足,相应的救助性监管思想也不能得到应有的发展。最后,北京政府时期处于各级军阀混战的阶段,政府本身限于战乱而自顾不暇,不仅不能为银行业提供相应的救助,反而需要银行为其财政收入提供相应的救助资金,因此自然也就无法为救助性监管思想提供其发展的现实基础。

需要特别指出的是,此时期出现了最早的关于美国存款保险制度介绍的文章。刘仲廉1923年发表于《银行周报》第7卷第31期的文章《存款保险制度考略》,是现存可查到最早的国人有关美国存款保险制度介绍的文章。该文较为详细地介绍了美国存款保险制度的起源,以及当时美国各界对该制度的批评意见,最终认为存款保险制度"阻止社会之进步,与银行业务之发展。其为害亦非浅鲜也"。[1] 州立存款保险制度的失败,也是刘仲廉得出该制度"弊大于利"结论的主要原因。但刘仲廉的反对态度仅指向州立存款保险制度,随着联邦存款保险的成功,其态度也发生了转变。刘仲廉在后一阶段关于州立存款保险制度的文章[2],就仅是对州立存款保险制度发展历程的阐述和失败原因的分析,其关于存款保险制度不利于银行发展的观点,以及对构建存款保险制度的反对意见均已不见。

(三)市场退出监管思想

北京政府时期银行退出制度思想中关于市场退出监管的思想,主要体现为《银行通行法》中相关的银行停止营业、退出金融市场的规定。《银行通行法》中,体现市场退出监管思想的具体规定内容包括:"财政部检查银行营业情形及财产状况,认为必要时,得令银行暂停营业或发其他命令(第十五条)。银行如有违背法令章程,或有妨碍公益之行为时,财政部得令其解散或停业或改选职员(第十六条)。银行如因破产或其他事故停业时,除依法令规定办理外,应即

---

[1] 参见刘仲廉:《存款保险制度考略》,《银行周报》,1923年第7卷第31期。
[2] 参见刘仲廉:《美国各州存款保证制度之研究》,《信托季刊》,1937年第2卷第1期。

开具事由,呈由地方长官转请财政部核查。银行遇有停止支付时,除详具事由呈地方长官核办外,并应呈报财政部核查(第十七条)。银行解散时,应将营业证书缴呈地方长官转送财政部注销之(第十八条)。银行停业后,非停业事故消减,并经财政部核准,不得复业(第十九条)。"[1]上述这些银行停业之规定,体现出此时期银行退出市场的方式,既有自愿性退出,也有强制性退出,而强制性退出方式的出现,体现了政府对银行监管程度的不断加强。另外,通过强制问题银行退出市场,可以将问题银行的风险隔离金融市场,防止一家银行的风险问题通过传递至其他健康银行及金融机构,最终引发整个银行及金融市场的危机。但是,此时期的强制性退出规定仍然是一些原则性规定,具体哪些问题银行须停业,法规中并未进行详尽的规定,而是由银行监管的主体机关财政部来决定。这种原则性的规定往往缺乏实际操作性,其效果完全取决于监管主体的监管能力和水平,而此时期中国的银行及金融理论不甚发达,也使得强制性的退出手段对于防止风险传递的效果十分有限。

北京政府时期的市场退出监管思想,除在《银行通行法》中有所体现外,在各类银行的专业性法规及规章条例中,相关的银行退出规定则不多。此时期各专业银行的规章条例中,仅《兴华汇业银行则例》中有一条对汇业银行停业的规定。该规定的具体内容为:"兴华汇业银行于营业上受损失至资本之半额以上,或违背则例时,财政总长得停止其营业,或令其解散。依股东总会议决,经政府许可,得随时解散。但该股东总会须得股东总数二分之一以上,与股本总额二分之一以上之股东出席,且依议决权三分之二以上方可议决。"[2]汇业银行的市场退出规定,较《银行通行法》更为详细,可操作性更强。但从其规定营业损失超过资本一半即须停业可见其主要在于保护股东人之利益,对于银行债权人的利益,则未有详细规定该如何补偿。此外,尽管其他专门的银行规章条例中并未有相应的银行退出规定,但都对银行的存续年限进行了规定。一般地,各银行的规章条例均规定其银行的经营年限为三十年,到期后可向财政部申请展期。例如,《中国银行则例》第六条规定,中国银行的"营业年限,自总行开始营业之日起算满三十年为期,期满时得由股东总会决议展期,但须经财政总长核

---

〔1〕《签注意见中之银行通行法及施行细则》,《银行周报》,1924 年第 8 卷第 16 号。

〔2〕"财政部关于兴华汇业银行则例(1912 年 11 月 27 日)",中国第二历史档案馆编:《中华民国史档案资料汇编》[第三辑:金融(一)],凤凰出版社 1991 年版,第 31 页。

准”[1];《交通银行则例》也规定,“交通银行营业年限,自本则例公布之日起,满三十年为期。但经股东总会议决,交通部认可,得向财政部呈请展期”[2];而汇业银行和殖边银行也有相同之规定。相对于一般银行的存续期限为三十年,此时期的实业银行和劝业银行由于其经营的目的为促进中国实业之发展,所以这两家银行的章程规定其存续期限为六十年,并可呈请财政部展期。具体地,《劝业银行条例》第四条规定,“劝业银行之营业年限,自开业之日起算,以满六十年为限,满期后经股东总会议决,呈由财政部核准,得延长之”[3];《中国实业银行章程》第五条规定,“本银行营业年限,自开业之日起,满六十年为限,期满后经股东会议决,呈请财政部核准得延长之”[4]。尽管规定了各银行的存续期限,但又规定其可以申请展期而对于到期后如不展期,则银行该如何退出金融市场,这一时期的规章条例中均未有详细规定。这就使得对于银行营业期限的规定,并无实际意义和可操作性。

综合考察北京政府时期的银行退出制度思想,与晚清时期相比虽有一定发展,但其进步的程度不大。同时对比此时期银行准入制度思想的发展,也可以看出此时期银行退出制度思想发展程度的缓慢。北京政府时期银行退出制度思想未能获得较快发展的原因,一方面,此时期是近代中国银行的快速发展期,社会各界更多地关注如何促进中国银行业的发展,自然对银行的退出制度的关注程度不足;另一方面,此时期的银行监管理论对银行经营的风险性有所认识,但由于此时期风险在银行及金融机构间的传递不明显,使得社会各界对银行风险的传递性认识不够,因此,对于通过建立良好的退出机制来防止风险在银行间的传递等方面,不能引起政府和社会各界的重视。基于以上原因,此时期的银行退出制度思想未能获得较大发展。

---

〔1〕“参议院录送常会议决之中国银行则例致大总统咨(1913年4月9日)”,中国第二历史档案馆编:《中华民国史档案资料汇编》[第三辑:金融(一)],凤凰出版社1991年版,第35页。

〔2〕“大总统公布交通银行则例令(1914年4月7日)”,中国第二历史档案馆编:《中华民国史档案资料汇编》[第三辑:金融(一)],凤凰出版社1991年版,第48页。

〔3〕“财政部农商部呈准劝业银行条例(1914年4月17日)”,中国第二历史档案馆编:《中华民国史档案资料汇编》[第三辑:金融(一)],凤凰出版社1991年版,第52页。

〔4〕“财政部关于修正中国实业银行章程令(1919年10月15日)”,《中华民国金融法规汇编》,第254页。

第五节　北京政府时期银行监管思想的特点

一、北京政府时期银行监管思想的特点

经历了晚清中国银行业监管的萌芽期后,北京政府时期属于近代中国银行监管的发展期。北京政府时期,理论界和政府的决策部门都加强了对银行监管制度建设问题的探讨,其探讨的内容包括对银行监管目的与必要性的深入认识、对财政部银行监管主体地位的确立、如何划分银行监管的对象,以及银行准入制度的改进与完善等方面。根据北京政府时期银行监管思想的具体内容,此时期的银行监管制度思想主要包括如下几方面特点:

(一)银行监管制度思想的发展以银行制度建设思想的发展为基础

银行监管制度思想作为银行制度思想的内容之一,其发展必然以银行制度建设思想的发展为基础。北京政府时期银行监管制度思想,也是在此时期银行制度建设思想发展的基础上不断获得进步和发展的。如前所述,北京政府时期银行制度建设思想发展的推动因素主要有三个,即“振兴实业”思想、政府对银行制度建设的重视以及西方银行理论的进一步传播。这三方面推动因素,对北京政府时期银行监管思想的发展同样产生着推动作用。第一,“振兴实业”思想推动了大量实业银行的建立,这些银行成为银行监管对象的重要组成部分,而对这些银行经营业务的监管,也是以如何保证实业银行促进实业之发展为目的的。第二,政府对银行制度建设的重视,不仅体现在建立何种银行制度上,同样在银行监管制度的建立上得到体现。例如,北京政府时期的银行监管制度思想仍主要体现于政府的各项银行法规体系中,社会各界关于银行监管制度的讨论,也多是依据政府出台的某项法律法规。第三,西方银行理论的发展对银行监管制度思想发展的推动作用,主要体现在这一时期对西方各国银行监管制度的介绍和学习上。例如,发表于《银行周报》的《说银行之检查制度》一文,就是翻译自日本大阪银行集会所刊布的日本学者白涛生的文章,是对日本银行监管制度的介绍和传播。而同样刊于《银行周报》的文章《论财政部对于银行之检查》,也是日本大藏省事务官冈田信君在金泽银行集会所演说的笔记述要。近代中国在这一时期,不论是银行建设思想还是银行监管思想,主要参考和学习的均是日本的银行制度及理论。

在上述三大主要因素的推动下,近代中国的银行制度建设思想不断发展,这些发展主要体现在对中国建立何种银行制度的探讨、中央银行制度建设思想的兴起、改良商业银行制度的思想,以及专业银行与合资银行建设思想的发展等方面。以上银行制度建设思想的发展,对北京政府时期银行监管思想的发展产生了巨大影响,这些影响体现在此时期银行监管的各个方面。例如,周学熙提出的建立以中央银行为核心、商业银行为基础、各类专业银行为辅助的银行体系思想,对北京政府时期银行监管对象的划分有着深刻的影响。北京政府时期的银行监管对象主要分为中央银行(主要是中、交两行)、一般商业银行和各类专业银行等。同时,此时期对银行业务的准入也是依据各银行所属的种类来确定的。

综上所述,与晚清政府时期银行监管思想是在银行制度建设思想的基础上产生的一样,北京政府时期银行监管思想的发展也是以此时期银行制度建设思想的发展为基础。银行监管思想作为银行制度思想的组成部分,它的快速发展也能促进银行制度的快速发展。健全的监管制度是银行快速稳定发展的重要保障。

(二)修正了银行监管的目标

晚清时期的银行监管错误地以整理财政为主要目标,目的是为了保证清政府的财政需求。至北京政府时期,中国的银行业及银行理论均得到快速发展。此时期的银行监管制度思想深刻地认识到,银行的经营活动是存在风险的,故必须对银行的经营活动进行监督和管理。同时,此时期的理论界还认识到,单个银行的风险可能会传递至其他银行,这将会对社会经济生活产生严重危害,阻碍一国经济发展,所以必须对银行的经营活动进行监督。基于以上对银行监管必要性的正确认识,北京政府时期的银行监管制度思想不再以为政府整理财政为监管目标,而是将防范银行风险、保证银行的安全运营作为此时期银行监管的目标。这一银行监管目标不仅在理论界得到了公认,并直接影响此时期银行监管制度的建立,而且在相应的银行法规中得到了确立。北京政府时期的银行监管思想不仅修正了银行监管的目标,而且在此基础上强调政府在对银行施行监管的同时,还应保证银行经营的独立性。此时期许多学者在其发表的文章中直接或间接地表示,政府对银行的监管应以保护和促进银行的发展为目的,因此不应干涉银行的正常经营。更有学者表示,政府对银行经营行为的干涉是不“道德”的,强调监管当局应以纠正银行的错误为其监管的目的,保证银行的安全稳健经营,认为这是监管机关应当具备的道德精神。

(三)银行监管主体机构思想进一步发展

北京政府时期银行监管制度思想中,关于银行监管主体机构思想的发展主要体现在三个方面。一是财政部作为银行监管的主体机关的地位,正式得到确立。财政部监管主体地位的正式确立,一方面表现为真正意义上的财政部的建立,另一方面表现为国家正式通过法令确定财政部为银行监管的主体机关。同时,北京政府还专门发布相关法令,明确财政部作为银行监管的主体机关,具有对银行监督管理的三方面主要职能,即对各种银行制度的制定、对各类银行设立和经营的管理、处理银行与各级财政之间的关系。二是设置银行监理官制度思想的形成及银行监理官的普遍设立。尽管银行监理官思想在晚清时期即已出现,但正式成为一种制度被确立下来,则是在北京政府时期。1913 年,财政部先后颁布了《中国银行监理官服务章程》和《各省官银钱行号监理官章程》,标志着设置银行监理官成为一种制度被确立。财政部通过设置银行监理官制度加强了对银行及各省官银钱号的监管,特别是对各类银行纸币发行的监管。三是学术界对票据交换所的银行监管作用及地位的论述。北京政府时期的银行监管制度思想,虽然是以财政部为银行监管的主体机关,但是也有学者通过对票据交换所的研究,提出票据交换所也应作为银行监管的主体机关之一。不过,由于此时期中国未能实际建立起票据交换所,因此票据交换所对于银行的监管主体地位也只停留于学者的论述中,未能在实际的银行监管制度中得到确立。

(四)将外国在华银行纳入银行监管的对象范围

如前所述,北京政府时期的银行监管制度思想中,对于银行监管对象的划分比较混乱。这一方面是因为北京政府时期是中国银行业的发展期,不仅新式银行获得快速发展,传统的中国金融机构也通过转型占据了银行市场的一部分。基于此时期是新式银行与传统金融共同发挥职能的时期,因此对于监管对象的划分就不能完全依照西方银行理论,而是要结合中国银行市场的具体现实进行确定和划分。另一方面则是因为这一时期的银行制度建设思想对于中国应该如何建设银行体系还处于激烈的讨论中,未能达成统一共识。银行建设理论的混乱,必然会使银行监管思想对监管对象的确定和划分也混乱。尽管监管对象的划分未能达成一致,但仍然值得肯定的是,此时期的银行监管制度将外国在华设立的银行也纳入银行监管的对象范围。对比晚清银行监管思想未将外国银行列入监管范围,北京政府时期的银行监管制度将外国银行及中外合资银行统一纳入监管范围，无疑可以算作一次巨大的进步。近代中国的外国银行一直是中国金融市场中的重要力量，如要通过对银行业的监管保证中国金融体系的稳定运行，就必须将外国在华银行列入银行监管对象之中。需要指出的是，将外国银行纳入银行监管的对象范围，仅仅是北京政府时期银行监管制度的构想，而未能形成确实的制度，这无疑是一种遗憾。但这一思想在近代中国银行监管制度思想的发展史中，仍然是具有重要意义的一笔。

（五）银行监管的准入制度思想发展迅速

北京政府时期银行监管制度思想中，发展最为迅速、成果最为显著的，要数银行准入制度思想的发展。此时期银行准入制度思想的快速发展，不仅体现在银行机构准入思想及银行业务准入思想较晚清时期有了巨大发展，更重要的是高级管理人员准入制度思想的出现，其关于高级管理人员准入制度的设计水平及完备程度在当时来看都是比较高的。第一，北京政府加强了对银行准入的管理，任何银行必须经财政部批准后，才能正式营业。这表明，北京政府时期的银行准入制度切实执行的是核准制，与晚清时期名为核准制、实为准则制的准入制度完全不同。第二，北京政府时期对于银行业务的准入，是根据此银行的专业类型来确定该银行的业务经营范围，并且大部分银行均规定不允许经营该银行专业类型之外的业务。这实际上体现了北京政府时期的银行监管采取的是分专业经营和分专业监管的方式。但是，此时期的银行业在实际的发展过程中，却表现出银行业务趋同的现象，与分专业经营和监管的制度设计初衷背道而驰。第三，此时期各银行的规章条例中，基本上均有关于高级管理人员准入的规定，其内容包括高级管理人员的设置、选任、职责、任期等各方面。高级管理人员准入制度的产生：一是因为近代中国银行业的不断发展，产生了一批具备银行管理经验的银行家，为高级管理人员的选择提供了市场。二是对西方银行理论的不断学习和发展，使得这批银行家具备银行经营管理的实践能力，同时具备较高的银行经营管理的理论水平。这就使得选任具备较高银行理论水平的高级管理人员成为保证银行稳定经营的必要。三是公司董事制度的发展，为银行建立高级管理人员的准入制度提供了参考依据。北京政府时期的银行基本都是股份公司制，因此董事制度的发展和完善对股份制银行董事制度的建立同样有重要意义。基于以上银行准入制度三方面内容的发展，可以看出，北京政府时期银行准入制度思想的发展程度是相当高的，尽管其在制度的具体规定内容上仍然不够完善。

二、北京政府时期银行监管思想的不足

北京政府时期的银行监管思想在取得快速发展的同时,其在制度设计及规定内容上仍然存在许多不足。这些不足,一部分直接影响了此后银行监管制度思想的发展方向,另一部分则成为后期银行监管思想修正的重要方面。

(一)快速发展的中央银行思想未能确立中央银行的监管主体地位

北京政府时期银行监管制度思想第一个重要的不足之处是,这一时期中央银行理论的较快发展,未能对银行监管制度思想的发展产生深刻影响。特别是此时期不论是关于西方中央银行理论的介绍,还是国人自己对中央银行理论的研究,均较晚清时期有很大的进步。对于中央银行的"发行的银行"、"国家的银行"和"银行的银行"三大主要职能,均有深入的理解和认识。但是,理论上的深入认识,并未对近代中国中央银行制度的建立产生相应的影响。北京政府时期虽然确定了中国银行和交通银行的中央银行地位,以及中、交两行作为中央银行的"发行的银行"和"国家的银行"的职能作用,但并未规定中、交两行的"银行的银行"这一重要中央银行职能。由于中、交两行不具备"银行的银行"职能,因而也就不能发挥对各商业银行的监管作用,继而也就不具备银行监管主体之地位。中央银行监管主体地位不能确立,另一方面还在于此时期作为中央银行的中、交两行逐渐脱离了政府的控制,政府也不能对其进行完全控制,因此也就不会将银行监管的主体地位赋予中、交两行。综合以上分析,北京政府时期的银行监管制度思想未能将中央银行作为银行监管的主体机关,既有中央银行理论实现程度的原因,也有此时期作为中央银行的中、交两行现实发展状况的原因。而将财政部作为银行监管的主体机关,不将中央银行作为银行监管的主体机关,一直是近代银行监管制度的主要特点之一。

(二)银行监管对象划分的混乱制约了银行监管制度思想的发展

北京政府时期银行监管制度思想的另一不足,即银行监管对象划分的混乱,严重制约了此时期银行监管思想的发展。这一不足首先体现在对银行监管对象的确定上,北京政府时期银行监管制度思想对银行监管对象的确定,是以该金融机构所经营的业务内容确定的。而此时期对银行监管对象的划分依据不仅仅是银行的业务,还包括银行的组织结构以及所有权结构等。这就使得以业务内容划分监管对象的银行监管制度,对不同类型的银行进行监督和管理时,不容易通过确定被监督银行类型来采取与之适应的监管措施。监管对象划

分混乱制约银行监管思想发展的第二个表现,是银行监管所依据的法规制定的混乱。如前所述,此时期银行监管的法规仍然执行的是晚清时期的法规体系,尽管此时期提出了许多修改方案,但最终都未能得到确实施行。这一方面是受银行监管法律理论水平的限制,另一方面也是由于对银行监管对象划分的混乱,无法根据合理的类型划分来分别制定与各类型银行相适应的法规。此外,法规体系的混乱还体现在,对各类银行的监管主要依据的是各类银行的章程,但这些章程制定的水平良莠不齐,常常存在规章内容重复的现象。这不利于对同一类银行按照统一的标准进行监管,严重制约着银行监管制度法制化的进程及其发展水平。

(三)银行退出制度思想发展缓慢

北京政府时期银行监管制度思想的第三个不足,是银行监管制度思想中关于银行退出的制度思想未能获得发展。相对于银行准入制度的快速发展,北京政府时期的银行退出制度思想,无论是在理论水平上还是在实际的制度建设上,均未能较晚清时期有所发展。银行退出制度思想发展缓慢的原因:一是此时期的银行制度建设思想更多地将注意力放在构建近代中国的银行制度上,所以很少对银行退出制度进行研究和讨论;二是此时期的银行监管制度思想虽然对于银行的风险及风险的传递性有一定的认识,但其认识的水平有限,因此对于银行倒闭可能会引发危机的认识不足,自然不能认识到合理的退出制度对于银行监管的重要性;三是此时期倒闭的银行多为私人设立的银行,其不论是在规模上还是在银行体系中的重要性均不足,不会引发整个银行系统的危机。因此,尽管此时期有大量的银行因为经营问题而倒闭,但受其规模的限制,不能引发大规模银行倒闭的现象,也就不能引起社会各界对风险传递性的深刻认识。所以,北京政府时期的银行退出制度思想未获发展,是因为此时期未能产生建立银行退出制度的需求,也就不会有相应的银行退出制度思想的供给。

(四)理论界对银行监管制度的探讨不足

北京政府时期银行监管制度思想的最后一点不足,同晚清时期银行监管制度思想的不足之一相同,即此时期的银行监管制度理论仍主要体现在各类银行法规及规章条例中,而学术界关于银行监管制度思想的讨论不足。不过,北京政府时期并非完全没有学术界关于银行监管制度的讨论,这是较晚清时期有所进步的地方。但是,这些论述多为对其他国家监管制度的介绍,而有关近代中国监管制度的讨论,也多根据政府颁布的某项银行法规,对其内容进行介绍和解释,偶有部分评论,水平也十分有限。学术界对于银行监管制度研究的不足,也是北京政府时期银行监管制度思想发展受到一定限制的重要因素之一。

除上述主要不足之处外,这一时期的银行法规虽较晚清时期的法规作了修正和改良,但仍存在许多不足,如对固定资产的管理、利润的分配等方面都没有具体规定。并且,此时期的一些主要法规或草案并未得到实际的贯彻执行,对改进北京政府时期银行监管制度的实际意义不大。

第四章 近代中国银行监管制度思想的深化（1927—1949）

第一节 国民政府时期银行监管制度思想发展的历史背景

一、国民政府时期中国银行业的发展状况

（一）国家垄断银行体系的形成与发展

国民政府时期的垄断银行体系主要指的是“四行二局”银行体系的建立，其中“四行”指的是中央银行、中国银行、交通银行、中国农民银行四家国有银行，“二局”指的是中央信托局和邮政储金汇业局。国家垄断银行体系的形成并非一蹴而就，而是一个逐渐递进的过程，具体可分为如下几个步骤：

第一，中央银行的建立及其垄断地位的加强。南京国民政府的中央银行，经过三次筹备，于 1928 年 11 月 1 日在上海成立。据国民政府 1928 年 10 月 5 日公布的《中央银行条例》，“中央银行为国家银行，由国民政府设置经营”[1]，其资本总额为国币2 000万元，由国库一次拨足。国民政府设立中央银行主要是出于三个目的，即贯彻币制改革、解决关税问题及存放关款、为战事调剂金

[1] “国民政府颁布之中央银行条例(1928 年 10 月 5 日)”，中国第二历史档案馆编：《中华民国史档案资料汇编》[第五辑第一编：财政经济(四)]，凤凰出版社 1994 年版，第 469 页。

融。[1] 国民政府中央银行成立后,其业务的重点主要是发行纸币、代理国库、经理国内外公债及外汇业务。其组织形式采取立法、监察、行政三权分立之方法,组织设立理事会、监事会及总裁和副总裁,分别执行立法、监察、行政之职能。在总裁、副总裁之下,分别设立业务局、发行局、稽核处、秘书处,后又增设经济研究处和国库局。国民政府中央银行经过数年的经营,其业务量有了较大增长。为进一步增加中央银行的垄断地位,1935 年起国民政府采取了一系列措施。1935 年 5 月,国民政府颁布《中央银行法》,并同时废止了《中央银行条例》。该法将中央银行的资本总额由原来的2 000万元,增加至 1 亿元;将董事由 9 人增加为 11 至 15 人;将副总裁增设为 2 人;并取消支行、办事处制,一律改称分行,按各分行的业务繁简程度,依次分为一、二、三等分行。[2] 随着中央银行垄断地位的不断加强,其业务量也迅速增加,具体见表 4.1。

表 4.1　　1935 年中央银行垄断地位增加前后业务量比较[3]

	1934 年	1936 年	增加倍数
存款余额	24 948 万元	71 375 万元	2.86 倍
放款余额	8 516 万元	47 747 万元	5.61 倍
发行额	8 604 万元	34 037 万元	3.96 倍

第二,改官商合营的中国银行、交通银行为官营银行。南京国民政府成立后,中国银行及交通银行仍为官商合营性质,并实际由江浙财团控制。为获得中、交两行的实际控制权,国民政府通过一系列的行政和经济手段,逐步将中、交两行的控制权纳入国民政府,并最终将这两家银行基本变为官营银行。首先,国民政府在成立中央银行的同时,为确立其中央银行地位,先后对中国银行和交通银行进行了改组,并公布了《中国银行条例》和《交通银行条例》。此次改组,一是取消了两者国家银行的性质,将中国银行改组为特许汇兑银行,交通银

〔1〕“陈行关于创办中央银行计划呈(1928 年 7 月 27 日)”,中国第二历史档案馆编:《中华民国史档案资料汇编》[第五辑第一编:财政经济(四)],凤凰出版社 1994 年版,第 467—468 页。

〔2〕“财政部转发中央银行法训令(稿)(1935 年 6 月 12 日)”,中国第二历史档案馆编:《中华民国史档案资料汇编》[第五辑第一编:财政经济(四)],凤凰出版社 1994 年版,第 481—488 页。

〔3〕该表根据洪葭管主编:《中国金融通史・第四卷・国民政府时期(1927—1949 年)》,中国金融出版社 2008 年版,第 64 页相关数据编制。

行改组为特许发展全国实业银行;二是增加了两家银行的官股,两家银行的官股比例均占到了1/5。其次,借法币改革进一步加强对中、交两行的控制。1935年,国民政府公布《修正中国银行条例》和《修正交通银行条例》,通过资本和高级管理人员任用两方面,进一步加强对中国银行和交通银行的控制。在资本方面,通过增加官股进一步扩大官股比例,其中,中国银行的官股比例从20%提高到50%,交通银行的官股比例从20%提高到60%。在高级管理人员任用方面,通过扩大董、监事名额来增加官派董、监事。两行的董事会由15人扩大为21人,监事会由5人扩大为7人,增加的6名董事及2名监事均为政府委派之官员。同时,中、交两行的董事长及总经理也改由政府官员充任。其中,中国银行董事长为宋子文,总经理由宋子文指派宋汉章充任;交通银行董事长及总经理由宋子文指派胡笔江、唐寿民充任。最后,1942年,国民政府再次增加官股,使官股在中、交两行的比例分别达到67%和87%,官股取得绝对优势,中、交两行正式成为政府控制下的银行。

第三,中国农民银行的建立。中国农民银行于1935年4月成立,总行设在汉口,额定资本为1 000万元,实收725万元。中国农民银行的前身是1933年由鄂、豫、皖三省"剿匪"司令部所设的农村金融救济处,通过改组成立的鄂、豫、皖、赣四省农民银行。随着"围剿"与反"围剿"区域的扩大,蒋介石借口把四省农民银行扩大为中国农民银行,1935年6月,国民政府制定并公布《中国农民银行条例》,规定"中国农民银行经国民政府之特许,为供给农民资金,复兴农村经济,促进农业生产之改良进步,依照股份有限公司之组织设立之银行"。但是,实际上中国农民银行的农业贷款有限,1936年底为1 480.5万元,仅占其全部贷款总额的18.9%,而其占绝大部分比例的为军政贷款,为6 340.2万元,占贷款总额的80%以上。蒋介石不断地手令或电令中国农民银行拨垫给有关军政单位、个人和军统特务机关的款项,从其成立到1937年1月共计10 809万元。除此之外,中国农民银行还具有货币发行权。1936年财政部公布《中国农民银行发行办法》,规定中国农民银行发行的钞票,限额度为10 000万元,与法币同样行使。同时规定,各省银行发行部分,除已交由中、中、交三行接收各行外,其余未交各行均由中国农民银行接收。以上事实可以表明,中国农民银行实际上是一家蒋氏嫡系银行。

第四,设立邮政储金汇业局和中央信托局。邮政储金汇业局的前身是1930年3月成立的隶属于交通部的邮政储金汇业总局,1935年改组扩大为邮政储金汇业局。1935 年 3 月 1 日,国民政府公布了《邮政储金汇业局组织法》,规定其任务为:管理全国邮政储金汇兑,对各邮局办理储汇保险事务有指挥监督之权;得于重要交通地点设立分局;可经营的业务主要包括购买中央政府发行的公债库券、以妥实有价证券或栈单为抵押的放款、以有确实收益不动产为抵押的放款、票据贴现、押汇等十项内容。〔1〕该法规的实施标志着邮政储金汇业局正式进入国家行局行列。〔2〕1935 年 10 月 1 日,中央信托局由国民政府令准中央银行特许设立,拨足资本1 000万元整,业务种类主要包括储蓄业务、经理购料业务、信托业务、保险业务和保管业务,理事长为孔祥熙,常务理事为张嘉璈和叶琢堂。〔3〕据中央信托局 1937 年的营业报告,该局的设立主要是"为厉行新生活运动","办理军人、公务人员强迫储蓄,以及其他信托业务,以培养廉洁性,增厚国民经济"。〔4〕但事实上,中央信托局更多的是以购买军火而出名,在为各级政府及所属机关、团体等采办方面,向欧洲的德国、比利时、捷克等国购买军火是一宗庞大的业务,不仅金额巨大,品种也多,为政府的军事机关赚取了大量的手续费。〔5〕

经过上述四步,以中央银行为核心、中国银行和交通银行为支柱的国民政府时期"四行二局"信用体系正式建立起来,该垄断银行集团的形成和建立完全依靠的是政权力量。1937 年全面抗战爆发后,国民政府成立"四行联合办事处",后于 1939 年公布《战时健全中央金融机构办法纲要》〔6〕,将"四行联合办事处"改组为"四联总处",作为战时国家最高金融机构,负责办理战时金融政策

---

〔1〕"邮政储金汇业局组织法(1935 年 3 月 1 日)",中国第二历史档案馆编:《中华民国史档案资料汇编》[第五辑第一编:财政经济(四)],凤凰出版社 1994 年版,第 759—761 页。

〔2〕参见洪葭管主编:《中国金融通史·第四卷·国民政府时期(1927—1949 年)》,中国金融出版社 2008 年版,第 86—87 页。

〔3〕"中央信托局奉准开业公告(1935 年 9 月 29 日)",中国第二历史档案馆编:《中华民国史档案资料汇编》[第五辑第一编:财政经济(四)],凤凰出版社 1994 年版,第 768 页。

〔4〕"中央信托局营业报告(节选)(1937 年 5 月 24 日)",中国第二历史档案馆编:《中华民国史档案资料汇编》[第五辑第一编:财政经济(四)],凤凰出版社 1994 年版,第 776 页。

〔5〕参见洪葭管主编:《中国金融通史·第四卷·国民政府时期(1927—1949 年)》,中国金融出版社 2008 年版,第 85 页。

〔6〕"国民政府抄发巩固金融办法纲要和战时健全中央金融机构办法纲要令(1939 年 9 月 8 日)",中国第二历史档案馆编:《中华民国史档案资料汇编》[第五辑第二编:财政经济(三)],凤凰出版社 1997 年版,第 8—10 页。

及相关特种业务。1942 年,四联总处核定《中中交农四行业务划分及考核办法》[1],对四家银行的业务重新进行了划分,督导中国银行、交通银行、中国农民银行协同中央银行推行政府金融政策,强化中央银行职能,在促进国家银行整体强大的同时,加强对民营银行的统制、监督和管理。抗战胜利后,"四行二局"重返上海,成为国家垄断资本主义的核心,拥有巨额的外汇与黄金,社会资本的 80%—90%集中在它们手中。1946 年 11 月 1 日,中央合作金库正式成立,从此"四行二局一库"的官僚资本银行正式形成。

(二)民族资本银行的发展,但地位相对下降

南京国民政府时期的民族资本银行,在规模、资金实力、机构数量、员工增加等方面均有了长足发展。但由于 1935 年南京国民政府实施金融垄断,中国银行、交通银行被纳入国家银行,中国通商银行、四明商业储蓄银行和中国实业银行被兼并为官商合办银行,只有"南三行"和"北四行"在这一时期保持了其民族资本银行的地位,并获得了较快发展。"南三行"和"北四行"迅速发展的主要标志是存款余额的大幅度增加,具体参见表 4.2。这七家银行之所以发展较快、业务规模较大,除资本金大、成立早、分支机构多外,更重要的是它们均有一位富有银行管理知识和经验的总经理。这些银行的总经理按照近代化银行经营标准,通过不断地创新业务、改善经营管理、重视人才培养及强调服务社会等方法,使得这七家银行成为国民政府时期民族资本银行的佼佼者。

表 4.2　"南三行"和"北四行"1936 年比 1926 年存款余额增加表[2]　单位:万元

银行名称	成立年份	总经理姓名	存款余额		
			1926 年	1936 年	1936 年比 1926 年增幅
"南三行"					
上海商业储蓄银行	1915	陈辉德(光甫)	3 200	15 891	396.6%
浙江兴业银行	1907	徐新六	4 129	7 827	89.6%
浙江实业银行	1910	李铭(馥荪)	2 127	5 313	149.8%

〔1〕"四联总处核定中中交农四行业务划分及考核办法(1942 年 5 月 28 日)",中国第二历史档案馆编:《中华民国史档案资料汇编》[第五辑第二编:财政经济(四)],凤凰出版社 1997 年版,第 150—153 页。

〔2〕该表引自洪葭管主编:《中国金融通史・第四卷・国民政府时期(1927—1949 年)》,中国金融出版社 2008 年版,第 96 页,表 3—1。

续表

银行名称	成立年份	总经理姓名	存款余额		
			1926 年	1936 年	1936 年比1926 年增幅
"北四行"					
盐业银行	1915	吴达铨(鼎昌)	3 956	10 107	155.5%
金城银行	1917	周作民	4 080	18 314	348.9%
中南银行	1921	胡筠(笔江)	3 270	11 856	262.6%
大陆银行	1920	谈丹崖(荔荪)	3 148	12 656	302.0%
合　计			23 910	81 964	242.8%

注:1926 年数字来源于《中国重要银行最近十年营业概况研究》;1936 年数字根据《全国银行年鉴(1937)》有关章节列计。

南京国民政府成立的最初十年,较北京政府时期的一些银行贪图厚利,贷款给政府机关,此时期的银行在存款不断增加的同时,对工业企业的放款和信贷资金的支持也进一步增大。随着民族工业的发展,民族工矿业对资金的需求不断增加,以"南三行"和"北四行"为代表的民族资本银行对民族工业的贷款也不断扩大。以"南三行"和"北四行"1930 年、1933 年、1936 年对工矿企业的放款为例,除个别银行个别年份有所下降外,大部分银行均有较大幅度的增长,尤其是上海商业储蓄银行、金城银行、浙江兴业银行、中南银行对工矿企业的放款余额均在1 500万元以上。上述七家银行对工矿企业放款额增长的具体情况见表 4.3。[1] 除增加对工矿的放款外,20 世纪二三十年代的银行还将资金用于购买公债和投资房地产,获取投资收益和进行投机买卖活动,对银行的资金运营和收益均产生了重大影响。

尽管民族资本银行在 1935 年之前的 20 年间获得了较大发展,但随着 1935 年金融巨变,国家垄断资本银行的不断扩展,民族资本银行日渐削弱,进入战时环境后,更是进一步缩小。至抗战结束时,民族资本银行的存款额和放款额的比重分别降为 10%左右和 20%—30%(贷款比例稍大,乃是商业银行向中央银

〔1〕 参见洪葭管主编:《中国金融通史・第四卷・国民政府时期(1927—1949 年)》,中国金融出版社 2008 年版,第 111—112 页。

行用转抵押、重贴现方式套取头寸的缘故)。[1]

表 4.3　　“南三行”、“北四行”工矿企业放款余额表[2]　　单位:万元

行　名	1930 年	1933 年		1936 年	
	金额	金额	1933 年比 1930 年增长百分比	金额	1936 年比 1933 年增长百分比
上海商业储蓄银行	360.7☆	2 300.0	537.65%	3 873.2	68.4%
浙江兴业银行	1 304.7	2 641.3	102.45%	2 059.1	−22.04%
浙江实业银行	472.8	565.3	19.56%	1 330.7	135.40%
金城银行	965.5	1 340.9	38.88%	2 098.8	56.52%[3]
中南银行	594.8	907.2	52.52%	1 592.9	75.58%
盐业银行	1 025.8	827.2	−19.36%	1 102.3	33.26%
大陆银行	—	382.0	—	421.6	10.37%
合　计	4 724.3	8 963.9		12 478.6	

注:根据公私合营银行档案编制,有☆记号的因资料欠缺,改以 1926 年数字代替。

(三)钱庄的衰落与地方银行的普遍设立

国民政府成立初期,钱庄的业务并未完全被新式银行所取代,仍有一定的地位。对于进出口贸易,代销洋货、代办土货的商人常常利用钱庄发行的庄票以资周转。而钱庄对于国内贸易就更为重要,各地商行与钱庄通过信用放款和运用庄票盘活资金,商行依赖钱庄,钱庄辅助商业,仍然是国内贸易经营的普遍现象。但纵观钱庄的整个历史发展时期,从 1927 年至 1937 年仍是钱庄的衰落阶段,1935 年全国钱庄数比 10 年前减少了一半。钱庄衰落的原因也是多方面的,但最主要的原因还是国民政府对金融业的控制和垄断。[4]

南京国民政府建立后,北京政府时期尚未设立省银行的省份也纷纷建立地方省银行。这些省银行和北京政府时期开设的省银行,其性质和经营的业务基本相同。这些省银行资金的主要来源是发行本省流通的钞票,越是军阀控制严密的省份,发行量越大。1935 年 11 月实行币制改革后,省银行不能再发行主

〔1〕 参见洪葭管主编:《中国金融通史·第四卷·国民政府时期(1927—1949 年)》,中国金融出版社 2008 年版,第 435 页。

〔2〕 该表引自洪葭管主编:《中国金融通史·第四卷·国民政府时期(1927—1949 年)》,中国金融出版社 2008 年版,第 112 页,表 3—3。

〔3〕 原书中为 58.52%,但根据表中数据计算的实际比例为 56.52%。

〔4〕 参见洪葭管主编:《中国金融史》,西南财经大学出版社 1993 年版,第 280—282 页。

币,但个别省份如云南仍发行新滇币,广东仍发行大洋券。有些省银行在办理存、放、汇业务外,还开展一些有助于本省经济发展的筹融资活动,但成效不大。随着各省和地区解放后,这些省银行除个别地方特殊情况外,均被接管、清理。[1]

(四)外国在华银行机构及其业务的变迁

南京国民政府建立后,其与外国政府的外交关系及外交活动,直接或间接地影响着各国在华银行的业务活动及对中国经济所采取的政策措施。在1927年至1936年,外国在华新设银行的数量没有像北京政府时期增加得多,但那些在中国已有深厚基础和广泛影响的外国银行仍不断发展,其中以英、美、日三国银行最为活跃。以汇丰银行为支柱的英商银行,操纵中国的国际汇兑,对金银进出口的大量吞吐依然是其获利的来源。但通过在国际金融市场筹集资金经手政府用以执行资本输出任务的巨额长期贷款没有了,所以英商银行在其他金融业务方面有了新的开拓,特别是扶植在华投资的企业。以花旗银行为首的美国银行,则由于南京国民政府的亲美倾向,为其在中国的发展带来了许多业务经营上的有利条件,促进了其在中国实力的扩张。日本在华银行在这一时期扩充和新设的数量合计起来最多,具体可以分为四类:第一类是执行军国主义扩张任务、充当日本帝国主义侵华金融手段的横滨和朝鲜银行;第二类是国美大商业银行的分行;第三类是日本侨民兴办的地方性小银行;第四类则是以东北为基地,由日商创办或日商与官方合办的银行。[2] 这一时期外国在华银行的业务经营、资历强弱和所处地位变化,具有如下四个特点:一是外国在华银行吸收的存款数额较前一时期有所减少,但仍占1/4;二是由于金融功能作用的发挥,在华外资银行业务经营能力仍十分深厚;三是由于金融风险,在本时期有十几家外国在华银行倒闭;四是第二次世界大战阵营格局逐渐显现,中国货币金融当局日益靠拢英、美银行。[3]

第二次世界大战的爆发,对外国在华银行产生了巨大影响。太平洋战争爆发后,在上海租界经营的英、美、荷、比等国的金融机构均被日本清理,停止营业。日本投降后,上述银行得到中国政府的帮助先后恢复营业,战败的日、德、意三国在华的银行由中国政府接管清理,结束了其在华的经营活动。至此,外

[1] 参见洪葭管主编:《中国金融史》,西南财经大学出版社1993年版,第283页。
[2] 参见洪葭管主编:《中国金融史》,西南财经大学出版社1993年版,第200—201页。
[3] 参见洪葭管主编:《中国金融史》,西南财经大学出版社1993年版,第240—249页。

国在华银行就只剩下5家美国的银行[1]、3家英国的银行[2]、2家法国的银行[3]、2家荷兰的银行[4]、2家比利时的银行[5]和1家总行设在伦敦但实际是俄国银行的莫斯科国民银行,并且这些银行均是分行。上述各国在华银行的数量同时表明,战后外国在华银行以美国的银行势力最为强大。[6]

二、国民政府时期中国银行制度建设思想的进一步发展

(一)国民政府时期银行制度建设思想发展的推动因素

国民政府时期,中国的银行制度建设思想较前一时期取得了更进一步的发展。究其发展的决定和推动因素,主要有以下两个方面:

首先,国民政府为巩固政权,加强了以银行为主体的金融制度建设,促进了银行制度建设思想的发展。如前所述,南京国民政府建立后,通过一系列的政策措施,逐步建立起"四行二局一库"的垄断银行体系。国民政府建立垄断银行体系的过程,充分反映了其对银行制度建设的重视,为推动垄断金融体系的建设,国民政府先后制定和颁布了一系列政策措施,在推动银行制度建设的同时,也推动了银行制度建设思想的发展。特别是对于近代中国银行制度建设思想的发展,体现在如下几个方面:第一,政府对银行制度建设的重视,促使更多理论界和银行界人士对于银行制度建设问题的探讨和研究;第二,政府实行的诸多有关银行制度建设的政策措施,决定了银行制度建设思想探讨和研究的主题;第三,理论界对于政府推行政策中存在的问题的深入讨论,推进了银行制度建设思想发展的深度。[7]

其次,西方银行理论的深入传播,是国民政府时期银行制度建设思想发展的另一重要推动因素。国民政府时期,随着国际文化交流关系的扩大,西方银行理论在中国的传播更为深入,具体表现在五个方面:第一,介绍和研究西方银行理论的书籍较前一时期大大增加。国民政府时期出版了42部银行学著作,

---

[1] 5家美国的银行分别是花旗银行、大通银行、友邦银行、运通银行和美洲银行,其中美洲银行是战后唯一新设的外资银行。

[2] 3家英国的银行分别是汇丰银行、麦加利银行和有利银行。

[3] 2家法国的银行分别是东方汇理银行和中法工商银行。

[4] 2家荷兰的银行分别是荷兰银行和安达银行。

[5] 2家比利时的银行分别是华比银行和义品放款银行。

[6] 参见洪葭管主编:《中国金融史》,西南财经大学出版社1993年版,第473页。

[7] 参见程霖:《中国近代银行制度建设思想研究(1859—1949)》,上海财经大学出版社1999年版,第118—121页。

其中译著15部,国人自撰27部。第二,传播银行理论的范围扩大。除引进欧、美、日等国的银行学著作外,苏联的银行理论和制度也开始在中国传播。第三,开始出现专门介绍和研究各国银行制度的著作。第四,开始出现专门研究中央银行理论的著作,包括3本译著和5本国人自撰著作[1]。第五,对西方银行理论的引进比较及时。总之,国民政府时期,西方银行理论与制度在中国的传播在深度和广度上均有进一步发展,对推动此时期银行制度建设思想的发展起了积极的作用。[2]

(二)国民政府时期银行制度建设思想的发展

国民政府时期银行制度建设思想的发展主要体现在以下两个方面:一是对于中国应建立什么样的银行体制问题进行更加深入的探讨;二是对于已建立的各类银行(如中央银行、商业银行、地方银行和专业银行)及银行监管制度提出改良建议。

1. 对中国建立何种银行体制的进一步探讨

由于凯恩斯主义思想的兴起、苏联银行理论和制度的引进、受孙中山"发达国家资本,节制私人资本"思想的影响,以及国民党巩固统治的需要等原因,国民政府时期对于中国建立何种银行体制的探讨与前一时期相比,有一个显著特点,即主张国家政权对银行制度进行干预,建立以国家银行为主体的银行制度。这一时期对于建立何种银行体制的讨论,大致可以分为两个阶段:第一阶段是战前,重点是对中国银行制度进行检讨;第二阶段是全面抗战爆发后,侧重于探讨中国银行制度的改造问题。

从国民政府建立到全面抗战爆发前,国内学者先后对中国自清末以来至国民政府时期建立的银行制度进行了深刻检讨,并揭示出中国银行制度在形成和发展过程中存在的问题及其产生的原因。马寅初、吴其祥、吴承禧三人关于中国银行制度检讨的一致看法是:从清末国人提出自中国建立现代银行制度开始,到国民政府建立后,中国仍未建立起健全的银行制度,这主要表现在三个方

---

〔1〕 3本译著分别是《中央银行概论》[陈清华译,克胥(Kisch)和爱尔金(Elkin)合著,1931]、《中央银行新论》(陈思德、陈友三合译,第·考克著,1944)、《中央银行经营论》[谭寿清译,霍曲莱(R. V. Hawtrey)著,1947]。5本国人自撰著作分别为《各国中央银行比较论》(孙祖荫,1929)、《中央银行制度概论》(梁巨文,1931)、《中央银行之理论与实务》(陈天表,1934)、《中央银行论》(崔小岑,1935)、《中央银行概论》(陈行,1948)。

〔2〕 参见程霖:《中国近代银行制度建设思想研究(1859－1949)》,上海财经大学出版社1999年版,第123－128页。

面,即中央银行制度的缺失、各类银行的不健全,以及由于上述两点导致的银行制度体系未能形成。〔1〕除上述三人外,崔晓岑、章乃器、佟灿章、杨荫溥、覃鹤年等人也都对中国银行制度提出与上述类似的观点。〔2〕战前理论界对于银行制度的检讨,多数人仅指出了银行制度存在的缺陷,而未提出完整、具体、深刻的改良意见,仅有少数人提出主要是关于中央银行的改良意见。究其原因,主要是当时的学者认为,中国尚不具备建立完善的银行制度的经济基础,侈谈银行制度改革是难以实现的。尽管如此,战前理论界对银行制度存在的问题的探讨,为全面抗战爆发后社会各界进一步探讨中国银行制度的改进和体制选择问题,提供了认识基础。〔3〕

全面抗战爆发后,国民党出于战时生产和增强军事实力之需要,颁布和实施了一系列健全金融机构的政策,促使理论界掀起讨论中国银行制度改造问题的热潮。从战时到战后的十几年时间里,当时出版的一些专著、小册子及著名报刊上发表的许多文章,重点探讨了中国银行制度改造的原则、内容、方法及中国应采取的银行体制。其中,关于中国应该建立什么样的银行体制问题的探讨,主要形成了两种观点:第一种观点主张中国应建立部分计划的银行体制,代表人物有丁洪范、邹宗伊、刘善初、冯克昌等人。〔4〕此种观点将银行体制分为国营银行体系和民营银行体系两大体系。国营银行体系实行专业化分工制度,遵循政府的经济计划,不以营利为目标,主要以国营事业为经营对象,兼营民营事业的长期贷放。民营银行均为商业银行,以营利为目的,采取企业化的经营方式,只能办理民营企业短期贷款。在这两类银行体系外,建立中央银行,负责统一调控金融。客观地讲,此种观点在理论和实际上均具有一定的合理性,但也存在明显不足,主要表现为国营银行只负责执行政府的经济计划,必然会导

---

〔1〕马寅初、吴其祥、吴承禧三人关于中国银行制度的探讨,分别参见《中华银行论》(马寅初,1929)、《中国经济改造》(马寅初,1935)、《中国银行制度》(吴其祥,1933)、《中国的银行》(吴承禧,1934)。

〔2〕《中央银行论》(崔晓岑,1935),《中国货币金融问题》(章乃器,1936),《我国银行制度之检讨》(佟灿章,1935 年发表于《中国经济月刊》第 3 卷第 1 期),《近年吾国金融业之检讨》(杨荫溥,1935 年发表于《社会经济月报》第 2 卷第 5 期)。

〔3〕参见程霖:《中国近代银行制度建设思想研究(1859—1949)》,上海财经大学出版社 1999 年版,第 130—136 页。

〔4〕参见《我国银行制度之改造》(丁洪范,1943 年发表于《金融知识》第 2 卷第 1 期)、《战后我国银行制度改造问题》(邹宗伊,1943 年发表于《财政评论》第 10 卷第 5 期)、《银行体系之改造》(刘善初,1946 年发表于《经建季刊》首期)、《我国金融建设问题的认识》(冯克昌,1942 年发表于《金融知识》第 1 卷第 4 期)。

致无经营自主权和不讲经济核算的弊病,最终会导致银行经营机制的僵化及经营亏损。第二种观点主张建立国有化的银行体制。该观点最早由佟灿章〔1〕提出,后由刘泽霖推向顶峰。刘泽霖在其专著《银行国有论》中,详细论述了银行国有的定义、我国实行银行国有的必要性及途径、银行国有化后的银行体系等问题。〔2〕刘泽霖认为,国有的目的在于利用其作为一种制度以健全经济制度,并因此确立一个健全的社会秩序内所应有的其他制度。对于国有化的银行体系,刘泽霖将其分为母银行体系与子银行体系。母银行体系即为中央银行。子银行体系又分为农业金融、产业金融、贸易金融、储蓄信托金融四种,必要时可增加土地金融与合作金融。各子银行之间应分工专业,共同受母银行的控制。〔3〕

2. 中央银行制度思想更加完善

国民政府时期,社会各界关于健全和完善中央银行制度的理论探讨,主要包括对中央银行制度类型与组织结构的选择、健全中央银行的职能、中央银行的作用与货币政策的运用、中央银行与政府的关系等方面。关于中央银行制度类型与组织结构选择问题的探讨,主要形成了三种观点,即主张采取美国复合式中央银行制度的观点、主张采用欧洲大陆单一式中央银行制度的观点,以及主张建立适合中国国情的中央银行制度的观点。上述三种观点中,第三种观点最不成熟,因此当时关于中央银行制度选择的讨论以前两种观点为主,尤以第二种观点支持的人数最多,并且从国民政府实际构建的中央银行来看,也主要采取的是欧洲单一式的中央银行体制。关于中央银行职能问题的讨论,除对中央银行"发行的银行"和"国家的银行"两大职能进一步讨论外,更重要的是对前期中央银行未能发挥"银行的银行"职能的批评,以及如何健全中央银行职能的主张和具体建议。对于该问题的讨论,最终促成了 1943 年国民政府的中央银行开始逐渐放弃经营普通银行业务。理论界在积极倡导健全中央银行职能的同时,对中央银行所起的作用和货币政策的运用问题也进行了讨论。对于中央银行应起的作用,理论界有三种观点。第一种认为,中央银行应肩负两方面的使命:一要主持国营事业的金融计划,领导各专业国家银行按照计划实施经营

〔1〕参见佟灿章:《我国银行制度之检讨》,《中国经济月刊》,1935 年第 3 卷第 1 期。

〔2〕参见刘泽霖:《银行国有论》,中国文化服务社 1947 年版。

〔3〕参见程霖:《中国近代银行制度建设思想研究(1859—1949)》,上海财经大学出版社 1999 年版,第 143—147 页。

活动;二要根据自由经济原则,担负全国信用与通货之责。第二种认为,中央银行的主要作用在于调节通货和控制信用。第三种认为,中央银行的主要使命应为辅助财政、稳定币值、调剂金融和发展经济。这三种观点虽有差异,但都强调中央银行调剂金融和控制信用的作用。对于中央银行应通过什么手段和工具来发挥其调剂金融和控制信用的作用,理论界主要提出了以下几种方法:第一种方法是使用存款准备金率变更政策。存款准备金率是当时理论界公认的方法,大家都认为这是中央银行控制信用、调剂金融最有效的手段。对于存款准备金率的确定,当时存在两种观点:一种是将存款准备金率最低限定为5%,但不设最高限;另一种是不设置限度规定,由中央银行根据市场情形确定,并要求根据银行存款的种类和范围,分别制定与之相适应的存款准备金率。此种确定方法由于其规定比较详细具体,并符合国际通行做法,故被国民政府采纳。第二种方法是使用再贴现率政策。这一主张最早是由马寅初在其1929年出版的《中华银行论》中提出的。他认为,我国中央银行应运用再贴现率政策以调剂金融,并建议中央银行要提倡使用票据,推动贴现市场的建立,以达到运用再贴现率政策调剂金融的目的。第三种方法是采用信用限制与信用分配政策。此外,这一时期的理论家均认为公开市场操作尽管非常重要,但由于近代中国不具备运用公开市场操作工具的条件,因此暂不适合。上述三种方法中,大多数人主张采用存款准备金制度和再贴现制度调控金融,表明此时期的思想家对于中央银行运用三大工具调控金融有着深刻的认识和理解。最后,关于中央银行与政府的关系问题,理论界一致认为,中央银行既要与政府保持密切联系,更要保持其政策制定和实施的相对独立性。[1]

3. 改良商业银行制度思想

如前所述,国民政府时期的商业银行虽然较前一时期有所发展,但在组织结构和业务经营上仍存在诸多缺陷。这一时期商业银行制度的主要缺陷是:(1)职责不清,业务不正当;(2)组织结构不健全,缺乏有效管理。而这一时期社会各界关于商业银行的制度思想,也主要是针对上述缺陷提出一些改良建议。

首先,关于商业银行的业务经营,社会各界普遍认为,商业银行由于政府借款和公债的高利引诱及商业银行自身经营目标的问题,导致商业银行将大量资金用于经营公债和投资地产,不能发挥其辅助工商业发展之作用,进而导致商

〔1〕 参见程霖:《中国近代银行制度建设思想研究(1859—1949)》,上海财经大学出版社1999年版,第154—178页。

业银行与工商企业关系淡薄。针对上述问题,理论界普遍认为,应当通过推行票据贴现与承兑业务,来改革商业银行的经营方向和资金运用方式,增加对工商业的资金支持,以加强商业银行与工商业的联系。而银行界人士则极力鼓吹改革银行的信用制度,以解决上述问题。全面抗战爆发后,为推动战时经济发展,理论界与金融界更是极力要求商业银行应加强其与工商企业的联系,积极辅助产业发展。因此,理论界与金融界将讨论的主题集中在如何确定银行贷款对象和商业银行对企业的贷款应采取怎样的方式两个方面。关于贷款对象的确定,理论界普遍认为,银行应区别企业是否为生产性企业,应将贷款积极用于生产性企业。但是,由于此时期处于抗战的特殊时期,对于生产性企业的辨别标准,理论界各执一词,主要分为是否为直接性生产和生产经营的正当性两种判断标准。关于贷款所应采取的形式,则存在集团方式和根据企业状况决定贷款形式两种看法。但从当时之具体情况看,主张采取集团贷款方式更占优势。这主要是基于以下三点原因:一是此时的中国银行业资本较为薄弱,单独贷款各企业的风险较大;二是集团贷款能扩大贷款的规模,从而能更为有效地支持工商业之发展;三是集团贷款能加强银行间的联系,有助于推动银行的发展。〔1〕

其次,针对此时期商业银行组织结构不健全、缺乏有效管理的问题,许多著名的民族银行家提出了一系列健全和完善商业银行内部管理制度的思想,具体包含以下几方面内容:第一,实行总经理负责制,明确划分所有权与经营权。第二,健全人事管理制度。这一时期银行家们提出的人事管理制度具体包括人才的选拔标准、人才的任用和选拔、人才的培养和人才的管理。第三,完善业务管理制度。具体思想和建议内容包括:银行业务管理必须树立为顾客服务的宗旨;银行业务管理应坚持稳健的经营作风,确保信用,杜绝投机;银行业务管理应注意调查研究,以保证业务管理的正确性;银行业务管理方法与经营方法应不断改革创新。〔2〕

4. 地方银行制度改革思想

国民政府时期,关于地方银行制度改革的思想主要包括县银行制度改革思

〔1〕 参见程霖:《中国近代银行制度建设思想研究(1859—1949)》,上海财经大学出版社 1999 年版,第 178—190 页。

〔2〕 参见程霖:《中国近代银行制度建设思想研究(1859—1949)》,上海财经大学出版社 1999 年版,第 190—199 页。

想和省银行制度改革思想两个方面。关于改革省银行制度的思想,以抗战的全面爆发为界线,可分为抗战以前、战时与战后两个阶段,具体的思想内容包括省地方银行的组织结构问题、省地方银行的职责和作用问题、省地方银行的地位问题三个方面。关于省地方银行组织结构问题的探讨,主要涉及省银行的产权结构和内部组织结构两方面的内容。对于省银行应采取何种产权结构组织形式,理论界和政府部门形成了三种观点,即官民合资、省政府出资、中央和地方政府共同出资三种资本组织形式。随着此时期省银行制度的不断发展,主张省银行的资本由本省政府出资的观点最终占据了主流地位。对于省银行的内部组织结构问题,由于此时期省地方银行在管理体制和内部组织结构上各省均不一致,差异较大,因此,理论界主张应划一各地方银行的管理体制和内部组织结构,并提出在管理体制上采行总行制[1],在内部组织结构上采行分权制[2]。上述关于省银行内部组织结构应采取分权制的观点,最终被国民政府采纳,于1945年制定《省银行条例》,明确规定各省地方银行必须统一采行分权制。关于省银行的职责和作用问题的探讨,主要是对省银行业务范围的争议。自清末省银行创办以来,一直以"调剂本省金融,辅助地方经济"为宗旨。但在省银行的实际经营过程中,往往限于地方政府的压力,常常沦为地方政府的财政工具,实际上未能发挥其辅助地方金融和经济发展的作用。有鉴于此,许多人主张应限定省银行的业务范围,以使其遵循最初建立之宗旨。国民政府建立后,先后发布了一系列法规对省银行的业务范围进行了规定,允许省银行采取综合兼营制,主要业务在于经营农林渔牧工矿的贷放,促进地方经济发展。上述规定获得了许多理论界人士的赞同,但也有人表示,规定过于宽泛,难以执行。[3] 最后,关于省银行的地位问题的探讨,主要是对省银行存废问题的争论。关于此问题,1942年之前,理论界一致认为省银行是中国银行制度的重要组成部分,对地方经济和金融具有重要作用。但1942年国民政府将三级财政收支系统改为二级制后,引发理论界对省银行存废问题的探讨。当时,大多数人仍认为省银行有其存在的必要性,但也有不少人提出并赞同取消省银行。同时,赞同取消

---

〔1〕 主要以刘佐人的观点为代表,参见刘佐人:《省地方银行泛论》,广东省银行1946年12月出版;徐学禹、丘汉平:《地方银行概论》,福建省经济建设计划委员会1945年出版。

〔2〕 以徐学禹和丘汉平为代表,参见徐学禹、丘汉平:《地方银行概论》,福建省经济建设计划委员会1945年出版。

〔3〕 郭荣生认为省银行资本规模小,但营业范围太大,应注重各省特殊产业的扶植,而不必事事经营。参见郭荣生:《银行专业化与省地方银行机构之改进》,《财政评论》,1942年第8卷第4期。

省银行的人对于省银行的取消方式也提出了不同意见,即将省银行并入中央银行、将省银行并入中国农民银行、将省银行改组为县联合银行三种观点。[1]

关于县银行制度的改良思想,主要是对设立县银行的必要性作集中讨论。县银行是在1940年国民政府公布《县银行法》后,开始于各地普遍设立的。至1947年12月,全国县银行的数量已达544家,可见其发展速度之快。但县银行在其组织形式和实际的运营上,均存在着严重问题。据此,当时的理论界对于县银行存在的必要性展开了激烈的讨论。大多数学者认为,根据中国当时的实际状况,根本没有设立县银行的必要,并从当时中国银行业的现实、县银行的组织和经营以及县银行与其他银行的相互关系等方面,表明其反对设立的理由。[2] 另外,也有部分学者认为,设立县银行对于当时历史条件下的中国具有重要意义,并从县银行对银行制度的重要性、县银行与一般商业银行业务上的互补性、县银行对于当地经济发展的作用等方面列举了其理由。[3] 但是这些赞同设立县银行的学者也承认县银行存在诸多问题,并给出了改进方法。[4] 综合考察国民政府时期理论界对于地方银行制度的改革思想,其关于省县银行存在的必要性分歧较大,反映出此时期社会各界对关于地方银行制度在中国银行制度中的地位存在分歧,更反映出此时期国人对于如何构建中国银行制度体系的思想尚不成熟。[5]

5. 关于银行专业化问题的讨论

对于我国银行专业化问题的讨论,在全面抗战爆发之前,已陆续有人对因种类划分不明确而导致银行体制不健全提出了一些批评和改良意见。但理论界正式兴起对该问题的热烈讨论,是在1942年《中中交农四行业务划分及考核

---

〔1〕 参见程霖:《中国近代银行制度建设思想研究(1859—1949)》,上海财经大学出版社1999年版,第200—210页。

〔2〕 参见沈长泰:《省县银行》,大东书局1948年版;洪铭声:《论县省银行的利弊及其合流之必要》,《财政评论》,1944年第12卷第6期;丘汉平:《中国金融系统论》,《东南经济》,1941年第3期;徐学禹、丘汉平:《地方银行概论》,福建省经济建设计划委员会,1945年出版;李恭宇:《当前我国银行制度问题》,《银行周报》,1947年第31卷第38期。

〔3〕 参见沈长泰:《省县银行》,大东书局1948年版;伍玉璋:《为撤并县银行问题申辩》,《南京大刚报》,1946年5月1日。

〔4〕 沈长泰提出了四点改进县银行的方法:(1)加强业务上的辅导和监督;(2)充实资金,健全人事;(3)推设乡镇分支机构服务农村;(4)废除"商股至少二分之一"的规定。参见沈长泰:《省县银行》,大东书局1948年版,第67—69页。

〔5〕 参见程霖:《中国近代银行制度建设思想研究(1859—1949)》,上海财经大学出版社1999年版,第210—215页。

办法》颁布之后,讨论的内容主要涉及三个方面,即银行专业化的定义、实行银行专业化的必要性,以及银行专业化的目标与途径。关于银行专业化的概念,理论界普遍认为,银行专业化是指银行的分工合作,其类型有两种:一种是以贷款时间长短为标准的专业化;另一种是以产业对象为标准的专业化。前者以金融为中心,后者则以产业为中心。基于对银行专业化概念的正确认识和理解,结合我国当时社会经济发展的现实状况,当时绝大多数学者均认为我国应当实行银行专业化。他们赞同专业化的主要理由有两点:一是银行专业化是社会分工和银行制度发展的必然结果和趋势;二是银行专业化有助于促进和推动我国产业的兴盛和经济的发展。对于银行专业化的目标,理论界普遍认为,实行银行专业化是为了促进银行体系的形成,并健全我国银行制度。对于通过何种途径来实行银行专业化,理论界提出,应对各类银行的业务进行明确划分,实行严格的分工合作制度。〔1〕

第二节　国民政府时期银行监管必要性及监管目标的深入探讨

国民政府时期,社会各界对于银行监管的必要性和监管目标的讨论,较晚清时期和北京政府时期向前更进了一步。如前所述,晚清时期的银行监管制度以为政府整理财政为银行监管的主要目标,至北京政府时期得以纠正,将促进银行的发展和维护银行的稳定经营作为银行监管的主要目标。虽然北京政府时期的银行监管制度思想对银行的风险有一定的认识,但也仅限于银行经营管理不善和纸币滥发所导致的风险。国民政府时期,银行监管制度思想对于银行风险的认识更加全面,不仅认识到银行经营问题所导致的个体风险,对系统性的银行风险也有一定的认识。同时,除对银行的风险有更为全面的认识外,此时的银行监管制度思想对银行监管对于中央银行信用控制和货币政策的实施、稳定物价、维护公众利益、通过资金配置促进产业发展、执行战时特殊经济政策等方面的重要作用和意义,均较前两个时期更为深刻和全面。国民政府时期,社会各界掀起对银行监管问题,特别是对银行管理问题讨论的热潮,是在国民政府发布一系列法规以加强对银行的管理之后。全面抗战爆发后,为适应战时

〔1〕 参见程霖:《中国近代银行制度建设思想研究(1859—1949)》,上海财经大学出版社 1999 年版,第 216—226 页。

金融政策之需要,国民政府先后制定和颁布了《非常时期安定金融办法》(1937年8月)、《巩固金融办法纲要》(1939年9月)、《战时健全中央金融机构办法纲要》(1939年9月)、《非常时期管理银行暂行办法》(1940年8月)、《修正非常时期管理银行暂行办法》(1940年12月)等法规,以加强对银行的管制。此举促使理论界掀起了对银行管理问题探讨的热潮,促进了国民政府时期银行监管制度思想的深入和发展。

一、国民政府时期银行监管必要性的进一步探讨

国民政府时期,理论界对于银行监管必要性的讨论,虽然在表述上存在一定差异,但基本的观点是一致的,均是从银行经营的风险性、银行对于货币政策和调控的重要性,以及银行对于国民经济发展的重要性等方面,来表明政府必须对银行进行监督和管理。

(一)银行经营的风险同时会对银行和工商业经营产生影响,故必须对银行进行监管

国民政府时期,理论界在论述银行监管的必要性时,首先认为银行由于其经营对象和经营活动的特殊性,风险问题对于银行是普遍存在的。由于受1933年西方金融恐慌的影响,中国也出现了银行大量倒闭的现象,这使得理论界对于银行的风险及其影响有了更为深刻的认识。此时期的理论界普遍认为,银行面临的风险不仅仅对银行本身会产生影响,还会危及储户、股东及与银行有业务往来的工商业者的利益,进而对整个社会经济生活产生影响。例如,沈麟玉就表示:"金融业失败之影响,更较工商业为严重。何以言之,金融机关如商业银行、储蓄银行、信托公司等一旦失败,不仅各机关之股东,蒙受其损失,社会经济受其牵动,抑且累及无辜之存户、与其素有往来之工商业,其影响于社会经济及大众生活者,范围更广,性质更严重。"[1]陈友三、陈思德更进一步指出:"银行是授受货币和信用的机关,一方面从社会各部分收受存款成为自己的债务,同时将收得的款项从事各项贴放业务而转成为自己的债权,简言之,它是一种交换货币和信用的营利机关;在正常情况下,一银行的存款及其贴放额往往比它的资本大过数倍乃至十数倍,所以一银行的营业若果失败,不仅影响该行股东本身的利益,至少还须牵累许多存户及其他债权者;政府为保障股东、存户及

〔1〕 沈麟玉:《银行监督与管理问题》,《金融周报》,1936年第1卷第20期。

其他债权人的权益计,对一般商业银行自有加以管制的必要。”[1]丁洪范则更明确地指出,银行的安危不仅影响股东及债权人,且影响公众利益,一家倒闭,不免引起其他银行周转不灵,形成金融恐慌,甚至整个金融机构停滞,人民经济生活不安定。[2]

关于银行的风险性及其对社会经济各方的影响,此时期的文章还有很多[3],但其观点基本与上述几人一致,均认为银行的风险不仅会影响银行本身,对经济活动的各方均会产生破坏性影响,因此政府必须对银行的日常经营活动进行管理。

(二)银行的信用扩张功能对于稳定币值和经济发展具有重要作用,故须对银行的经营进行管理

基于西方货币银行理论在中国的不断传播和影响,此时期的理论界对于商业银行的货币创造功能及其对一国币值变化的影响,均有了十分深刻的理解和认识。基于银行信用扩张理论及其对稳定币值的重要作用,许多人从这一角度论述政府对银行监管的必要性。丁洪范在其《政府对商业银行的管制》[4]中就明确表示,币值的稳定包含一种货币对外汇价的稳定及其对内物价的稳定,对内物价的稳定虽有一般物价稳定与其真实收益稳定的要求,但主要条件需要政府对于通货的数量能作有效的控制。现代通货,除政府所控制的纸币及辅币外,大部分为银行信用,因此政府要控制数量以稳定币值,就非管理银行不可。陈友三、陈思德的论述则更为深入和广泛,他们认为:“银行不仅是货币的供给者,抑(亦)且为货币的制造者;按 Phillips 氏的信用扩张理论,一银行收受现金存款后,通常可据此以为基础,制造十余倍于原额的银行信用。在当今货币经纪组织下,一切私经济活动,均以追逐最大的货币利润为其终极目标,而一般工商业者在其经营的过程中均有赖商业银行接济其流动资金,造多量信用的能力,并得经由其贴放活动而能左右货币的流动方向,故其营业方针是否正确健全,不仅攸关银行本身厉(利)害,抑且影响整个国家的经济活动,政府为使一般商业者取得合法的信用及使一国经济获得健全正常的发展,则对商业银行的业

---

〔1〕 陈友三、陈思德:《论我国商业银行的管制问题》,《金融知识》,1942 年第 2 卷第 3 期。

〔2〕 丁洪范:《政府对商业银行的管制》,《财政评论》,1942 年第 8 卷第 5 期。

〔3〕 参见吴士瑜:《银行之监督及检查》,《银行周报》,1936 年第 20 卷第 38 期;丁洪范、方辉敏:《银行主要职责及其监督与管理》,《经济研究季报》,1941 年第 1 卷第 2 期;戴铭礼:“当前之银行管理问题”,《经济汇报》,1941 年第 5 卷第 10 期;杨荫溥:《加强银行管理》,《新经济半月刊》,1941 年第 6 卷第 6 期。

〔4〕 丁洪范:“政府对商业银行的管制”,《财政评论》,1942 年第 8 卷第 5 期。

务活动,理应施以相当的管制。目前,在诸经济先进国家如英美等国,其银行信用已代货币而为经济活动中最主要的媒介……即在经济较为落后、信用制度较不发达的国家,其存款通货亦已逐渐兴起而日趋重要。惟信用量膨胀或收缩的变动,将直接引起货币购买力的涨跌,而货币购买力的涨跌,将促使一国物价、生产贸易等水准发生变动;此在经济活动的各部门,终将引起种种纷扰和失调。因此,当今一般经济学者殆已一致认为在现代复杂的经济组织下,政府为使一国中央银行能实施有效的信用控制及执行健全的信用政策计,对制造与分配信用的一般商业银行,应施行某种方式的管制。"〔1〕从陈友三和陈思德对于银行信用扩张理论的论述,可以看出此时期学术界对于银行信用创造功能的认识是非常正确的,对于商业银行的货币创造行为对经济的影响的理解也是比较深刻的。而他们从商业银行信用创造对于经济活动的重要性,提出政府必须对银行进行管理的观点,无疑也是正确的。还要特别指出的是,信用扩张理论是西方在 20 世纪初的几十年里快速发展起来的,对于西方货币银行学来说也是比较新的理论,这就足以表明国民政府时期理论界掌握的货币银行学知识是比较先进的。

(三)银行的经营活动对于一国经济方针政策的执行具有重要作用,故政府必须对银行进行管理

对于从银行经营行为对国家经济政策的重要性来论述政府对银行进行监管的必要性,许多人是从银行对于施行战时经济政策的重要性的角度来进行论述的。例如,姚肖廉就表示:"银行本为资金之蓄水池,握有大量资金,构成国力之一部,其平时运用资金追求利润之目的,未必即与战时要求相合。且当国家踏入战争时期,所有国力皆已动员,资金亦不能例外,故政府必须对银行加以管理,使银行事业,集中于战时状态之下。"〔2〕崔庆修在《管理银行之我见》〔3〕一文中,更是从战时政策需要的各个方面,论述了政府对银行管理的必要性。他首先认为战时财政以金融为支柱,无论纸币发行、公债销售、租税收入、公款汇兑等,均需要银行进行办理,故银行的资金运营状况直接影响国家财政成败。其次,资金常常向安全有利的方向流动,故战时往往会出现资金外逃和投机行

〔1〕 陈友三、陈思德:《论我国商业银行的管制问题》,《金融知识》,1942 年第 2 卷第 3 期。

〔2〕 姚肖廉:《我国战时银行管理之回顾与前瞻》,《财政知识》,1942 年第 1 卷第 3 期。

〔3〕 崔庆修:《管理银行之我见》,《益世报》,1942 年 8 月 9 日。转引自程霖:《中国近代银行制度建设思想研究(1859—1949)》,上海财经大学出版社 1999 年版,第 228—229 页。

为的增加,进而影响外汇市场和刺激物价,妨碍本国的金融业务和国民经济生活。因此,政府必须对银行加以管理,以引导资金投入国防生产事业。最后,由于国防产业利润小,银行一般不愿意将资金投入,故政府应强制银行将资金投入国防产业。崔庆修基于上述原因,提出战时政府必须对银行进行管理,以适应战时经济与金融之需要。

另外,也有一些学者表示,政府对银行进行管理,不仅仅在战时有其必要性,在平稳时期同样是必要的。詹显哲认为:"政府管理银行,不仅在战时,即在平时,亦有必要。就理论说,银行系含有公用性质的企业,其业务消长足以影响全体企业界的枯荣;而银行之所以与其他商业机关不同,即因其在营业上,同业间有相互密切关系,牵一发而动全身;不似别种企业,成败利钝,关系限于当事人,故同业间多倾轧,不感相互提携的必要。银行既关系社会全体的福利,所以在平时亦常感到有受政府管理的必要。然后才能步伐整齐,不致发生矛盾现象。"[1]陈友三、陈思德也认为:"无论在平时或战时,一国的商业银行,均应由政府予以相当或严格的管制。"关于原因的分析,除前述银行经营的风险同时会对银行和工商业经营产生影响,以及银行的信用扩张功能对于稳定币值和经济发展具有重要作用外,他们还指出:"在实行计划经济的国家,其信用政策和银行业务已构成经济计划中的一重要部门,故一般商业银行的互动,自应受政府极严格的管制。""至在战时,一国政府更应严格管制银行业,使能动员金融力量,以促进工业及国防民生必需品的加紧生产及辅助战时财政的圆滑进行。"[2]

综上所述,国民政府时期理论界在论述政府对银行监管的必要性时,虽然主要是基于当时战时经济政策的需要来论述银行监管的必要性,但同时也认识到,即使是在非战争时期,或一般稳定时期,银行的经营活动对国家的经济政策同样重要,政府对银行的监管也同样必要。这也表明,理论界对于银行监管问题的研究,不仅仅局限于其所处的特殊历史环境,对银行监管制度发展的长期性也同样注重。

二、国民政府时期银行监管目标的确立

国民政府时期,理论界对于银行监管目标的论述可以分为两类:一类是对一般经济状况下银行监管目标的论述;另一类是专门针对战时银行监管目标设

[1] 詹显哲:《吾国管理银行问题的检讨》,《金融知识》,1942年第1卷第3期。
[2] 陈友三、陈思德:《论我国商业银行的管制问题》,《金融知识》,1942年第2卷第3期。

定的讨论。综合考察两类讨论,战时设定的监管目标与一般银行监管目标并不冲突,事实上战时监管目标仅仅是一般银行监管目标在特殊时期的表述而已。根据上述理论界对于银行监管必要性的分析,国民政府时期的银行监管目标可以概括为如下几个方面:

(一)保证银行安全稳健运行,促进银行健康发展

关于保证银行安全稳健运行这一银行监管目标的论述,理论界主要是依据银行经营活动可能面临风险,以及银行发生问题后会对各债权人的利益产生影响,进而引发金融恐慌,故首先将保证银行的安全经营作为政府管理银行的主要目标之一。例如,丁洪范在论述银行监管的目标时,第一个目标就是"保障(银行)营业之安全"。[1] 陈友三和陈思德也将保证银行的安全运行作为管理银行的首要目的,他们认为,"政府所以加强管制商业银行的主要目的",第一就是"为保障银行股东、存户及其他债权者的权益"。[2] 虽然陈友三和陈思德确定的监管目标是保障股东、存户和其他债权者的权益,但其实际上就是保证银行之安全稳健运营。因为只有银行安全稳健地运营,各债权者的权益才能切实得到保护。而作为银行债权人的各方,最关注的也是银行能否安全稳健地运营。同时,丁洪范所谓保证银行安全运行的目的,实际上也就是指"银行之安危,不能影响股东及债权人,且影响公众利益,盖一家倒闭,不免引起其他银行周转不灵,形成金融恐慌,驯致整个商业机构停滞,人民经济生活不安定"。[3] 此时期理论界关于银行安全运营目标的表述,基本上同丁洪范、陈友三和陈思德的表述方式一致,此处不再赘述。[4] 可以看出,国民政府时期银行监管思想对于保证银行安全运行这一监管目标的理解,较北京政府时期更进了一步。北京政府时期银行监管思想对保证银行安全运行目标的设定,还主要基于银行经营存在风险,会导致银行停业和倒闭。至国民政府时期,对于此目标的确定,不仅仅认识到银行的风险会引发银行业危机,更进一步认识到其还会危及银行债权人的利益,进而引发金融恐慌,影响社会经济的正常运行。

(二)维持币值稳定

国民政府时期,理论界普遍认同的银行监管的第二个目标是控制货币流通

---

〔1〕 丁洪范:《政府对商业银行的管制》,《财政评论》,1942 年第 8 卷第 5 期。

〔2〕 陈友三、陈思德:《论我国商业银行的管制问题》,《金融知识》,1942 年第 2 卷第 3 期。

〔3〕 丁洪范:《政府对商业银行的管制》,《财政评论》,1942 年第 8 卷第 5 期。

〔4〕 参见詹显哲:《吾国管理银行问题的检讨》,《金融知识》,1942 年第 1 卷第 3 期;宋同福:《商业银行管理问题之我见》,《银行通讯》,1945 年第 21—22 期。

总量,维持币值的稳定。这一监管目标的确定,与理论界对银行信用创造功能的理解,以及对物价波动对经济发展的阻碍作用的深刻认识,是密不可分的。如前所述,此时期理论界纷纷通过对银行信用创造功能的阐述,以及对战时物价水平急剧波动对经济的破坏现象的剖析,提出政府必须对银行进行管理。因此,维持币值稳定自然成为理论界公认的政府监管银行的主要目标之一。例如,丁洪范认为,政府对银行管理的第二个目标,即维持币值之稳定,并从币值稳定的含义和银行的货币创造两方面论述了该目标的意义。[1] 另外,理论界在论述战时条件下的银行监管目标时,由于当时币值剧烈波动,导致大量银行将其资金投入货币投机业务中,更加剧了币值波动,故将遏制银行的投机行为也作为银行监管的目标之一。但究其最终目的,还是为了保证币值稳定,维持货币市场的正常运行。例如,崔庆修在论述战时银行监管的目标时,就表示遏制银行的投机行为也是战时银行监管的目标之一。崔庆修认为:"战时物价,因供求失调及交通困难种种关系,日益增高,乃属必然现象。一般投机商人,每乘此时期,囤积居奇操纵市价,或利用银行贷款以经营,或委托银行机构以代办,皆足以影响物价,遗害民生,银行本身,亦有利用已有资金,用信托部名誉,或附设公司行号之组织,以经营商业投机牟利,其危害社会,更不堪言喻。故为遏制投机及平抑物价,政府必须管理银行。"[2]同崔庆修一样,论述战时政府监管银行目的问题的理论家,也普遍将遏制银行投机作为银行监管的目标之一。不过,银行在一般稳定时期也会从事货币投机行为,并加剧物价水平的波动,因此这一目标在平时的银行监管中也是非常重要的。

(三)执行国家的各项经济方针政策,辅助工商业之发展

政府管理银行以达到国家各项方针政策的实行和促进工商业之发展的目的,此时期理论界对于该目标的设立,大多数是从战时中国经济金融之特殊需要来设置适应战时的一些银行监管目标,并且对于此目标论述的人数也最多。这些监管目标虽表述和侧重点不同,但均为通过对银行业的管理,以达到国家经济运行和发展的需要之目的。例如,陈友三、陈思德就认为:"至今后我国政府所以加强管制商业银行的主要目的乃在:(一)为保障银行股东、存户及其他债权者的权益;(二)为促使银行业从事正当业务,俾工商界能取得合法资金的

---

[1] 丁洪范有关稳定币值目标的具体分析,见本章第二节有关银行监管必要性分析的第二点。

[2] 崔庆修:《管理银行之我见》,《益世报》,1942 年 8 月 9 日。参见李崇伸:《一年来银行管理问题之时论》,《中农月刊》,1942 年第 3 卷第 12 期。

需要;(三)为便于执行有效的信用控制及健全的信用政策以配合计划经济,辅助经济建设推进,以求我国经济获得正常的发展;(四)在战时则更用以阻碍投机,协助生产。"[1]除第一个目的属于保证银行安全运行之外,其他三个目的均是为了保证战时经济之需要,不同的只是各目标执行的对象和方法不同。崔庆修也认为,战时政府管理银行目的有四个,除前述遏制投机外,其他三个分别为:"一、巩固财政基础。战时财政,原赖金融以为支柱,无论纸币发行,公债之销售,租税之收纳,公款之汇兑,皆需银行为之办理,故银行资金之裕拙,组织之健否,以及业务经营之当否,均足以直接影响国家财政之成败。故无论任何国家,每当战争之时,加强管理银行,以巩固财政之基础。二、利导资金运用。资金之移动,常向安全有利之处所进行。当国家对外作战时,资金往往逃避外国,或则从事投机。前者旨在安全,但足以影响外汇市场,而妨碍本国金融业务;后者旨在牟利,但足以刺激物价,而妨碍国民经济生活。故政府对银行必须加以管理,使其资金投入国防生产事业。三、扶助生产事业。利导资金运用,已如上述,但战时国防事业之利润,每较贩运及囤积者微小而迟缓,一般银行多不愿投资于国防事业,故须由政府立法,迫令银行投资于国防事业。"[2]从崔庆修的论述可以看出,他所设定的这三个目标,事实上也都是根据战时经济需要的不同方面所制定的,其根本目的均是服务于国家根据战时之需要所制定的相关经济方针政策。特别地,上述第二和第三个目标更准确地说应该是方法,是达到战时国防经济发展目标的具体实施方法。而丁洪范关于此项目标的表述就更为准确,他认为政府管理银行的目标之一,即"均衡生产之发展。政府对于各部门轻重工业及其他产业,应该有计划,使其均衡发展,勿使偏估,此在经济落后之国家如中国,尤为重要。银行为资金汇集所及信用制造所,须按各部门经济计划,供给资金,生产乃能均衡发展。但银行资金在握,可任意贷于任何于己有利之人及事业,并可自行经营,因此政府管理银行,使其资金流入经济计划各部门,使各种生产事业,均衡发展"。[3] 从丁洪范的论述可见,均衡生产之发展,是根据国家所处的不同时代和生产发展的具体要求决定的,战时和平时的经济发展要求虽然不同,但其目标都是管理银行以促进当时急需事业之发展。同

---

〔1〕 陈友三、陈思德:《论我国商业银行的管制问题》,《金融知识》,1942年第2卷第3期。

〔2〕 崔庆修:《管理银行之我见》,《益世报》,1942年8月9日。参见李崇伸:《一年来银行管理问题之时论》,《中农月刊》,1942年第3卷第12期。

〔3〕 丁洪范:《政府对商业银行的管制》,《财政评论》,1942年第8卷第5期。参见李崇伸:《一年来银行管理问题之时论》,《中农月刊》,1942年第3卷第12期。

时,李崇伸认为,丁洪范制定的平时之银行管理目标,与崔庆修制定的战时之银行管理目标,代表了当时理论界对于银行管理目标的普遍意见。同时,他表示:"此七项目的[1],实可归纳为五项,即保障银行安全,维持币值,协助政府,遏制投机,扶助生产。战时银行管理,此五项目的,尤为重要。"[2]很明显,李崇伸认为政府管理银行的目标,无论是在战时还是在平时,其内容都是一样的,只是在战时这些目标显得更为重要。而在当时理论界,有一部分人也与李崇伸持有相同观点,认为战时之银行管理的目的同样适用于平时银行的管理。

第三节 国民政府时期银行监管主体机构思想及监管对象的划分

一、国民政府时期银行监管主体机构思想的发展

国民政府时期,政府对银行监管的主体机关仍为财政部,但与前两个时期不同的是,这一时期财政部作为金融监管的主体机关,对于银行、证券、保险等不同金融机构,分别设立相应的部门专门负责各类金融机构的监管职责。同时,这一时期对于银行的监管,除财政部下设的专门部门外,还有中央银行等其他辅助监管机构,与财政部的银行监管部门一起同为银行监管的主体机关,担负对各类银行的监管职责。此时期银行监管主体机构思想的发展,主要包括以下几方面内容:

(一)建立唯一的银行监管主体机构,加强对银行的集中统一管理

1927 年,国民政府于财政部下设立金融监理局,专门负责监理全国有关金融的一切行政事务。[3] 金融监理局下设三课[4],其中第一课专门负责银行的监督管理工作,具体职责包括:审核银行之章程、则例事项;检查银行业务及财

---

〔1〕 七项目的分别为:丁洪范的保障营业之安全、维持币值之稳定和均衡生产之发展三项;崔庆修的巩固财政基础、利导资金运用、扶助生产事业、遏制投机操纵四项。

〔2〕 李崇伸:《一年来银行管理问题之时论》,《中农月刊》,1942 年第 3 卷第 12 期。

〔3〕 "国民政府财政部金融监理局组织条例(1927 年 11 月 19 日)",中国第二历史档案馆编:《中华民国史档案资料汇编》[第五辑第一编:财政经济(四)],凤凰出版社 1994 年版,第 1—3 页。

〔4〕 金融监理局设第一、第二、第三课。其中第一课职掌银行事务,第二课职掌银行外其他金融机构事务,第三课职掌金融法规的制定及金融数据统计和报告事务。参见"国民政府财政部金融监理局组织条例(1927 年 11 月 19 日)",中国第二历史档案馆编:《中华民国史档案资料汇编》[第五辑第一编:财政经济(四)],凤凰出版社 1994 年版,第 1—3 页。

产事项;监察银行纸币之发行及准备事项;银行其他一切事项。事实上,在金融监理局设立之初,银行公会就曾公开表示,要求政府暂停金融监理局之设立。银行公会首先认为,由于银行公会作为金融团体并未参与金融监理局的筹设,金融监理局对于金融的管理范围也主要以政府的意图为主,“为强制金融界之一种武器,并有谓出于一二筹划财政人员,藉此以肆其技能者”。随后,银行公会进一步表示:“溯自鼎革以来,连年兵灾,商辍于肆。金融机关,虽勉力支持,然已躯壳仅存,不堪一再摧折。我部长次长有鉴及此,月前在沪曾经一再宣告,此后凡百措施,关于国民经济、地方金融,必先博征舆论,采取众见,务期适合国情,无违民意。金融同业,咸相庆幸。不谓未隔两月,即有此与经济金融有重大关系之机关,突然宣告成立,消息传来,群情惶惑。究竟此种机关,对于现今市面状况下,是否适宜,似尚有共同讨论之必要。万一因此引起误会酿成风潮,牵动政府后方金融,谁负其责。当次军事时期,政府正宜维持社会现状,安定群众心理,绘图收拾,万不容有枝节横生,致误大局。”因此,要求国民政府暂行停止金融监理局的职能,并召集各金融团体共同研究后,再行设立,“以符政府历次宣言与民合作之原旨”。[1] 虽然银行公会提出要求暂行停止金融监理局的职能,但财政部并未听取其意见,于 1927 年 11 月 19 日公布执行了《财政部金融监理局组织条例》,并于同年的 11 月 28 日和 12 月 2 日先后公布了《金融监理局检查章程》[2]和《金融监理局补行注册简章》[3],以进一步完善和加强金融监理局的监管职能。事实上,财政部设立金融监理局的主要目的,并非为通过加强对金融业的管理,达到稳定金融并促进经济发展,而主要是为通过控制货币发行来解决当时物价剧烈波动问题。[4] 正是由于存在上述问题,使得金融监理局在成立一年以后被国民政府改为钱币司。

1928 年,国民政府财政部发布第 3603 号令,正式将金融监理局改为钱币司,并将金融监理局所有公事交由钱币司负责办理。[5] 钱币司的主要职责包括整理币值事项、调查货币事项、代币计算事项、金属货币及生金银出入事项、

---

〔1〕《银行公会对金融监理局之意见》,《总商会月报》,1927 年第 7 卷第 11 期。

〔2〕“财政部公布之金融监理局检查章程(1927 年 11 月 28 日)”,中国第二历史档案馆编:《中华民国史档案资料汇编》[第五辑第一编:财政经济(四)],凤凰出版社 1994 年版,第 3 页。

〔3〕“金融监理局补行注册简章(1927 年 12 月 2 日)”,中国第二历史档案馆编:《中华民国史档案资料汇编》[第五辑第一编:财政经济(四)],凤凰出版社 1994 年版,第 3 页。

〔4〕参见叔仁:《评金融监理局之任务》,《钱业月报》,1927 年第 7 卷第 11 期。

〔5〕《金融监理局改为钱币司》,《银行周报》,1928 年第 12 卷第 34 期。

监督造币厂事项、监督银行及储蓄会事项、发行纸币事项、稽核准备金事项、国内外金融事项、监督交易所保险公司事项、其他币制及银行一切事项。[1] 同年12月,财政部又公布了《财政部钱币司办事细则》,该细则第一章对钱币司的权责作了进一步规定:"本司事务除重要者应先呈明部次长核示办法外,其他事务由司长酌定办法或交由各科长及科员拟具办法商承司长办理;有关联两科以上者,由司长指定某科主稿,由该科与他科商同办理,如两科意见有不同时,由司长决定之;关于厘定币值金融法规事项,由司长指定专员起草;关于全司职掌通行事务由第一科办理,但重要者应由第一科主稿,会商各科办理。"[2]对于钱币司监管的法律地位和实际的监管能力,余捷琼评论道:"关于钱币司的职掌,组织法所定,殊觉空泛。就立法者之意,或以为标举大纲,使行政方面稍有斟酌伸缩余地。然因中国行政效率的低弱,法规规定缺乏严格,每因之而成为有名无实。"[3]余捷琼建议仿照1934年德国的银行法,加强钱币司的银行监管职能,认为钱币司有权检查各行营业内幕、审查资产负债、调阅簿据账册等。同时,余捷琼指出,钱币司的任务不仅仅在于消极监督各行的营业,更要积极指导各行的信用活动。对于如何积极指导信用活动,余捷琼建议:"(一)各类银行的各类资产应分别规定其最高及最低比率,政府证券所占资产的比率,尤应明定,钱币司对于此种比率,可依照市面需要情形,随时变更。(二)各类银行对于同一行业或债务人的放款,亦应分别规定其对总资产的比率,余额的放款,应呈由钱币司查核。(三)银钱业作无抵押的信用放款,应规定其对资本总额的比率,各行号对于同一债务人作一定数额以上的信用放款,应呈司核准。(四)银行钱庄对于不动产的抵押放款,应规定其对放款总额的比率,钱币司对于此种比率,可以依照各行情形及市面需要,酌量变更。(五)各银行的存放款利率,钱币司应有权加以限制或通饬变更。(六)钱币司应有权商请中央银行变更其贴现利率。(七)中央银行对于普通银行存款准备金率的变更,应商得钱币司同意,钱币司于必要时亦可以商请中央银行变更各银行的准备金率。上面各点,目的在于将管理金融的事权,集中于钱币司之手,增高其职权,确定其限制,使成为控制银钱业信用活动的一种完备机构。"[4]从上述内容看,余捷琼的观点

---

〔1〕张辑颜著:《中国金融论》,上海黎明书局1936年版,第211页。
〔2〕《财政部钱币司办事细则》,《财政日刊》,1928年第339期。
〔3〕余捷琼:《中国的新货币政策》,商务印书馆1937年版,第185页。
〔4〕余捷琼:《中国的新货币政策》,商务印书馆1937年版,第185—187页。

主要是希望通过强化钱币司的监管主体地位,将银行监管的职能集中于钱币司,通过强制性的银行监管措施,达到健全我国银行体制和执行相关金融政策之目的。

(二)中央银行监管主体思想及其辅助监管主体地位之确立

国民政府时期,随着近代中国中央银行制度思想的发展和完善,中央银行也逐渐开始发挥其银行监管的职能,其监管主体机关的地位得到确立。1942 年 6 月 15 日,国民政府颁布《中中交农四行业务划分及考核办法》,将货币发行、代理国库、统筹外汇收付、汇解军政款项、调剂金融市场等中央银行业务全部集于中央银行,中国、交通、农民三家银行明确为国有专业银行,不再执行中央银行职能。[1] 至此,中央银行"银行的银行"这一职能正式得以确定,为其履行银行监管职能奠定了现实基础。1945 年 4 月 2 日,财政部授权中央银行检查金融机构业务,并颁布《财政部授权中央银行检查金融机构业务办法》。[2] 该办法规定,中央银行检查的金融机构主要包括银行、信托公司、保险公司、合作金库,但中国银行、交通银行、中国农民银行、中央信托局、邮政储金汇业局及各县银行业务之检查不在授权范围内。从上述规定看,虽然国民政府确定中央银行为金融监管的主体机关,但国家主要银行均不受其监管,并且对于其他银行及金融机构的监管,中央银行也只有检查职能,并没有管理权限,实际的管理权仍为财政部所控制。

事实上,在财政部确立中央银行监管主体地位之前,理论界对中央银行的银行监管主体地位及监管职能的发挥进行了一定的讨论,并提出确定中央银行监管主体机关的思想主张。例如,1942 年李崇伸发表《一年来银行管理问题之时论》一文,主张由财政部与中央银行同时作为银行的管理机构,共同加强对银行的管理。他认为,"银行业务,原属营业性质,既非纯以政府行政力量所能控制,亦非纯以操纵及管理业务所能转移,故应由财政部与中央银行同时加管理工作。政府对于此点,逐步推行,如钱币司稽核室之成立,各地区银行管理处之设置,中央银行办理票据交换,提倡重贴现等,皆足证明政府系将政治及业务两

---

〔1〕"四联总处核定中中交农四行业务划分及考核办法(1942 年 5 月 28 日)",中国第二历史档案馆编:《中华民国史档案资料汇编》[第五辑第二编:财政经济(四)],凤凰出版社 1997 年版,第 150—153 页。

〔2〕"财政部授权中央银行检查金融机构业务办法(1945 年 4 月 2 日)",《中农月刊》,1945 年第 6 卷第 5 期。

方面,同时推行管理,此后若能逐步增强力求完善,则管理银行机构,当可健全”。[1] 李崇伸基于银行管理既是政府行为又是经济行为的观点是有一定道理的,其提出财政部与中央银行同时作为监管机关的做法,在其他国家也是存在的。但是,其论述过于简单,仅仅是原则性的泛泛而谈,也并未给出实际的操作方法,所以其对现实银行监管制度的影响也有限。同年,陆昭华在《健全管理银行机构问题》一文中,主张建立银行管理委员会和管理局,作为银行的管理机构。银行管理委员会由财政部与中央银行负责人分别任正、副委员长,下设委员若干人,由经济、内政、交通、农林、社会、司法、行政等各部部长及中国、农民、交通三大银行各派一人任委员之职,其任务为决定一切有关管理国内银行之政策。管理局为执行机构,由财政部与中央银行共同组建,其名义上仍由财政部负责,实际上应与中央银行合作。管理局的具体工作内容包括:“一、关于调查研究工作:应设科负责调查全国金融状况及研究各种有关方案,提供具体意见以供当局之采择。人员可由中央银行经济研究处指派若干人,担任此项工作,并选择经验丰富、学问渊博者主持其事。二、关于登记事宜:过去新设银行,均向财政部声请登记,由该部钱币司主管,故今仍可由该司主持其事。三、关于稽核工作:中央银行原有稽核处之设,该处稽核人员负责检查各分支行办事处账目,对于检查银行工作,已有事务经验,故今似无招募大批人员重行训练之必要,尽可扩充稽核处之范围,以财政局长名义,指派干员,与财政部钱币司总稽核通力合作。四、关于控诉事宜:为统一管辖起见,除对银行行员之违法案件,由法院审理外,对违法银行之行政处分,亦宜经法院之裁决,银行监理局负责检举告发之责。五、依照既定办法,全国划为十六管辖区,每区设以分局,以财政部长名义,委派当地中央银行经理或副经理,兼任局长,并由总局调派掌理稽核控诉负责人员前往分局任各种职务。”[2]很明显,陆昭华虽与李崇伸的观点基本一致,即均要求由财政部与中央银行共同执行监管职责,但陆昭华较李崇伸更进一步,他设计了一套财政部与中央银行如何管理银行的体制。同时,从具体的工作内容看,陆昭华也认识到了银行的管理既是政府行为,也是经济行为,因此他的制度设计十分注重财政部与中央银行分别对政府行为和经济行为的职能发挥。不过,从《财政部授权中央银行检查金融机构业务办法》有关中央银

[1] 李崇伸:《一年来银行管理问题之时论》,《中农月刊》,1942 年第 3 卷第 12 期。
[2] 陆昭华:《健全管理银行机构问题》,《经济汇报》,1942 年第 6 卷第 4 期。

行监管职能的规定来看,上述二人关于财政部与中央银行共同发挥银行监管职能的观点,并未得到国民政府的最终认可和采纳。

（三）银行监理官制度思想的发展及银行监理官制度的终结与转型

近代中国的银行监理官制度形成后,在很长一段时期内未能有所发展。直至1939年,财政部为适应战时之需要,欲加强对省地方银行的管理,拟定《省地方银行监理员章程》,表明"财政部为监督省地方银行业务,并监察发行或领用一元券、辅币券是否合于法令起见,特设省地方银行监理员监理之"。[1] 根据该章程,监理员的职权包括银行业务之监督事项,银行资产负债状况之检查事项,发行或领用一元券、辅币券数目之审核事项,发行或领用一元券、辅币券准备金之检查事项,一元券、辅币券以新换旧各事件之审核事项,已印未发之一元券、辅币券暨印板、戳记之封存及保管事项,领用一元券、辅币券是否照章运用之监督事项,以及财政部命令办理的其他事项等。1942年7月24日,财政部颁布了《财政部派驻银行监理员规程》,将监理官制度扩展至整个银行业,以加强管制全国银行业务,实施金融政策。根据该规程,财政部除在重要都市设置银行监理官办公处外,特于省地方银行及重要商业银行设置派驻银行监理员,并规定派驻银行监理员的主要任务为审核驻在行放款业务,考察驻在行放款用途,审核驻在行日计表及存款汇兑等报表,督促驻在行提缴普通存款准备金及储蓄存款保证准备金,检查驻在行账册簿籍、仓库库存及其他有关文件物件,报告驻在行业务状况并陈述改进意见,向财政部建议金融应兴应革事项,其他部令饬办事项等。[2] 同时,财政部还颁布了《财政部银行监理官办公处组织规程》[3]和《财政部银行监理官办公处办事细则》[4]。至此,近代中国的银行监理官制度达到了最高峰。

从上述规章内容看,银行监理官的现实意义有两个:一是通过在各处设立监理官,可以使财政部及时掌握各重要银行的经营现状,根据各地监理官随时

---

〔1〕"财政部就地方金融会议有关维持法币信用暨各省地方银行发行一元券等事项并附送省地方银行监理员章程咨函稿(1939年5月26日)",中国第二历史档案馆编:《中华民国史档案资料汇编》[第五辑第二编:财政经济(四)],凤凰出版社1997年版,第639—641页。

〔2〕"财政部派驻银行监理员规程(1942年7月24日)",《中华民国金融法规档案资料选编》,第663—666页。

〔3〕"财政部银行监理官办公处组织规程(1942年7月24日)",《中华民国金融法规档案资料选编》,第666—676页。

〔4〕"财政部银行监理官办公处办事细则(1942年7月24日)",《中华民国金融法规档案资料选编》,第667—669页。

反馈的银行运营信息，及时制定相应的监管措施，以达到事前防范风险的目的；二是各地的监理官能及时将财政部制定的相关政策传达至各银行金融机构，并监督各金融机构执行国家的相关金融政策，以保证相关金融政策实施的有效性。南京国民政府时期，银行监理官制度已获极大发展并日趋成熟，银行监理官的职责除收集银行的重要情况和信息，并根据实际情况提出有关的意见或建议外，还具备了行使监管派出机构的职权。但此时银行监理官的实际运行结果仍不甚理想。1944 年，南京国民政府财政部稽核室官员李兴周奉令就发现，成都区银行监理处内部管理方面存在人员职责分工不清、工作简单应付等问题，进而导致银行监理官监管银行的效率不高。该监理处自成立一年半以来，仅对应检查的 214 家银行中的 145 家派驻了监察人员，而且这种情形居然在全国是居前的。而在总共的 239 次检查中，有四分之一的报告于开始检查一月以后才送核，另有四分之一的报告延期在一个月至三个月以上。

1944 年 12 月 14 日，行政院发布《加强银行监理办法令》，将银行的监督和管理全部交由财政部直接办理，其中县银行部分授权财政厅执行，各区银行监理官办公处则改为某某区银行检查处，专门承担银行检查及纠举之责。[1] 1945 年 4 月，根据《加强银行监理办法令》的具体办法内容，财政部又分别制定了《财政部授权中央银行检查金融机构业务办法》和《财政部授权各省财政厅监理县银行业务办法》。[2] 至此，近代中国的银行监理官制度正式终结。尽管 1944 年的《加强银行监理办法令》终结了近代中国设置银行监理官的监管手段，但其制度思想及具体方法并未实际终结，只不过由财政部设置专门的银行监理官，转型为财政部授权给中央银行和各地财政厅而已。近代中国设置银行监理官的监管方式并未实际终结，而是通过制度转型，继续在近代中国的监管制度中发挥作用。

(四)四联总处战时监管主体地位的确立及发展

四联总处是中、中、交、农四行联合办事总处的简称，成立于 1937 年 8 月，结束于 1948 年 10 月，在健全中央金融机构、加强金融机构组织系统、协助政府推行国家政策、辅助各行局业务等方面都发挥了积极的作用。四联总处从成立

---

〔1〕“行政院关于抄送加强银行监理办法令(1944 年 12 月 14 日)”，《中华民国金融法规档案资料选编》，第 687—688 页。

〔2〕“财政部授权中央银行检查金融机构业务办法(1945 年 4 月 2 日)”、“财政部授权各省财政厅监理县银行业务办法(1945 年 4 月 18 日)”，《中华民国金融法规档案资料选编》，第 688—691 页。

到其结束使命,共经历过四次改组。第一次改组是在1939年9月8日,国民政府公布《战时健全中央金融机构办法纲要》,将四行联合办事处正式改组为四联总处,负责办理战时国民政府有关金融的各项业务,具体包括:(1)统筹管理事项,包括全国金融网的设计分布、资金的集中与运用、受托小额币券发行与领用、收兑金银的管理;(2)联合办理事项,包括四行联合贴放、战时特殊生产事业的联合投资、特种储蓄的推行;(3)审核事项,包括四行发行准备、内地及口岸汇款和外汇申请的审核,以及四行预决算的复核。[1] 第二次改组是在1942年9月,按照国防最高委员会通过的《中央中国交通农民四行联合办事总处组织章程》修正案,主要是对四联总处的组织结构进行了改组,具体包括增设副主席及理事二人,扩大秘书处组织,分文书、统计、稽核、发行、储蓄、放款、农贷、汇兑八科,将战时金融与战时经济两委员会合并为战时金融经济委员会等。第三次改组是在1945年,主要是为适应战后经济复原之需要,对四联总处的组织结构进行改组。最后一次改组是在1948年,财政部基于四联总处与中央银行职能上的冲突,将四联总处进行裁撤。[2] 从上述内容可以看出,四联总处虽经历了四次改组,但主要是对其组织结构的不断修正,对于四联总处的职能并未进行改变,其在战时及战后一段时间内,一直发挥的职能是执行国家战时及战后恢复相关的金融政策,并对中、中、交、农四行的业务经营进行监督和管理。因此,其在国民政府时期的银行监管制度中,属于辅助性监管主体机关。

尽管在实际的监管制度中,四联总处处于辅助监管主体的地位,但由于其在战时金融中的重要作用和地位,有人就提出将其改组为最高的金融监管机关。这一观点最早是由罗文本于1942年提出的,后被许多人表示赞同。罗文本根据当时世界各国普遍加强金融管制的趋势认为,我国也应在财政部之外、中央银行之上,另设一专司金融政策决定、制定金融法规和监管金融机构的行政机构,而最好的办法即把四联总处改组为这一机构。他的理由为:(1)我国金融管制事宜,现虽有财政部钱币司主持其事,但其组织不大、职权不高,对于消极的管制,尚可担当,对于积极的指导,则不能完全胜任;(2)我国中央银行的组织和职权与先进各国的中央银行相差甚远,实务上金融政策的运用,一时尚难

---

〔1〕“国民政府抄发巩固金融办法纲要和战时健全中央金融机构办法纲要令(1939年9月8日)”,中国第二历史档案馆编:《中华民国史档案资料汇编》[第五辑第二编:财政经济(三)],凤凰出版社1997年版,第8—10页。

〔2〕程忠元:《四联总处裁撤以后我国银行制度应有之改革》,《银行周报》,1949年第33卷第5—6期。

收效,何况照近年的趋势,也多另设金融管理机关,以我国当前环境而言,自尤须另设金融管制机构,以补中央银行力量的不足;(3)四联总处自成立以来对于金融上的筹划处置,积累了相当多经验,对于将来进行上易于收效,并可以避免重新另设立机关。其具体改组计划内容包括:(1)将现有四联总处改名为金融监理处,由法律规定其为我国最高的金融行政机构,直属于行政院,执行全国金融的管制事宜。(2)对于金融监理处的组织结构,将原四联总处理事会扩充,设常务理事 7 名,以行政院正、副院长兼理事会正、副主席,财政部部长、次长和中央银行正、副总裁及各国家银行负责人为当然理事,其余理事由政府指派大员充任。理事会下根据实际之需要增设各特种委员,并将原四联分处改为金融监理分处,主持当地金融事宜。(3)金融监理处的职权:决定金融政策、决定国家货币政策、管制全国投资及一切信用活动。对于金融监理处的职掌范围,主要包括币制的规划整理,货币及金银进出口的稽核,造币厂及印铸局的监督指挥,发行纸币的审核监督及准备的检查,银行业、储蓄业、信托业的监督和取缔,交易所、保险业及其他各种金融事业的监督和取缔,各种奖券的监督和取缔等。同时,对于各金融机关的业务管制,金融监理处各分处接管各地银行监理官的职权:(1)事前审核管辖区内各金融机关的放款业务;(2)事后抽查管辖区内各金融机关的放款业务;(3)查核管辖区内各金融机关存款汇总等报表;(4)督促管辖区内各金融机关提缴普通存款保证准备金;(5)检查管辖区内各金融机关账目,并会同主管官署检查各金融机关借款厂商的账目;(6)报告管辖区内各金融机关业务状况;(7)调查报告各辖区金融经济状况。[1] 从罗文本的观点及内容可以看出,首先,他对于金融监管机关的独立性是有深入认识的,这种认识在当时理论界也是比较普遍的。其次,他对金融监理处的组织结构及职权设定是比较全面的。再次,他所设计的金融监理处,事实上是将当时的财政部、中央银行及银行监理官等全部融为一体,除其统一的监管机构设计外,其他思想内容均是在当时已实际存在的。最后,其金融监理处理事会成员仍主要为政府官员的设计,使其在实际运行中,不免会受到政府行政的干预,很难保证其监管的独立性。

---

〔1〕 罗文本:《调整四行业务刍议》,《金融知识》,1942 年第 1 卷第 5 期。转引自程霖:《中国近代银行制度建设思想研究(1859—1949)》,上海财经大学出版社 1999 年版,第 235—236 页。

二、国民政府时期银行监管对象的划分

(一)理论界对于近代中国银行种类的划分

国民政府时期,理论界对于银行种类的划分虽然各有不同,但对主要几类银行的划分基本一致,差异主要是对专业银行和具有银行性质的金融机构的分类存在不同。这一时期理论界对于银行种类的划分,以杨荫溥、吴承禧、张辑颜和徐寄庼对国民政府时期银行业的划分最具代表性。杨荫溥认为:"吾国各银行,就其行名所表示之性质言之,类别颇繁,计可列为九大类:(一)中央银行;(二)特许银行;(三)省立银行;(四)市立银行;(五)商业银行;(六)储蓄银行;(七)实业银行;(八)专业银行;(九)华侨银行。"〔1〕吴承禧依照银行经营性质的不同,将中国的银行划分为如下几类:(1)中央与特许银行;(2)省、市立银行;(3)商业、储蓄银行;(4)实业与农工银行;(5)边务银行;(6)分业银行(如煤业、绸业等);(7)其他。同时,吴承禧表示,"就银行命名而为之分类,不能代表银行营业之实在的情形,根本上没有多大的意义",此种分类仅能得到一个一般概念,即中国的银行以商业、储蓄银行为最多,"中国银行业之'商业银行化',到如今,真可以说是一件无可讳言的事实了!"〔2〕张辑颜则将中国的银行业划分为中央银行、省银行、国际汇兑银行、商业银行、实业银行、外国银行。其中,中央银行包括中国银行和交通银行,商业银行又分为票号、钱庄和新式商业银行。〔3〕徐寄庼将中国的银行业分为国家银行(中央银行)、国际汇兑银行(中国银行)、发展全国实业银行(交通银行)、内国商业实业及储蓄银行、外国银行。其中,对于内国商业实业及储蓄银行,徐寄庼又将其分为已入公会和未入公会两类进行论述。〔4〕上述学者对于中国银行业的划分,并未表明其划分的标准为何,从其实际的划分类别可以看出,既有以所有权为标准的,也有以银行业务类型为标准的。虽然没有统一的划分标准,但他们对中国银行业的划分均符合当时中国银行业的现实,同时也是当时比较公认的划分方式。

除上述较为通行的划分外,朱斯煌对此时期中国银行业的划分最为全面,他根据不同的划分标准,对中国银行的种类进行了全面论述。朱斯煌认为:"银

---

〔1〕 杨荫溥:《中国金融研究》,商务印书馆1936年版,第99页。

〔2〕 吴承禧:《中国的银行》,商务印书馆1934年版,第14—15页。

〔3〕 张辑颜:《中国金融论》,商务印书馆1930年版,目录。

〔4〕 徐寄庼:《最近上海金融史》,上海书店1932年版,目录。

行之种类,可依不同之标准而分类。兹略述如下:(一)以银行之股权为标准而分类。以此为标准,可分银行为下列二类:(1)官有银行。银行之资本,为政府所供给,不论其由中央或省市地方政府所出资,皆所谓官办银行也。(2)民有银行。银行之资本,为人民所供给,不论其为任何公司组织或合作组织,皆所谓商办银行也。(二)以银行股东与顾客之关系为标准而分类。以此为标准,可分银行为下列二类:(1)营利组织之银行。凡以公司组织之银行,莫不以营利为目的。股东出资,而以股东大会为银行最高机构,推举董监,选聘经理,故凡银行立法、行政及监察诸权,莫不出自股东,亦惟股东得享受银行盈余之利益。然而银行之业务,对银行之顾客而经营,顾客除依照对银行所立契约而为交易外,对于银行一无其他关系。(2)合作组织。合作组织之银行,则为社会中需要银行服务之人士共同组织。亦由此等人士与银行发生业务关系而享受银行之服务,并出资供给于银行。是等银行之组织,以便利该合作组织中之同人为目的,本非求巨额之盈余。而所获盈余,谓为股东之利益可,谓为顾客所享受亦可。至银行立法、行政、监察诸权,谓为发自股东可,谓为发自顾客亦无不可。此合作组织与营利组织之不同也。(三)以银行组织上法律点之不同为标准而分类。以此为标准,可分银行为下列四类:(1)无限公司组织。(2)两合公司组织。(3)股份有限公司组织。(4)股份两合公司组织。现代银行几全为股份有限公司组织。至若钱庄,则为合伙组织,其合伙人各负连带无限之责,与无限公司之股东相同,然合伙组织,系根据民法,由合伙人间之契约关系而成立,无须向主管官署登记,故不能取得法人之资格。银行则依照银行法之规定,必须为公司组织,无限、有限、两合或股份两合,在所不拘,皆可以取得法人之地位,此银行与钱庄组织上之不同也。(四)以银行营业之地域为标准而分类。以此为标准,可分银行为下列二类:(1)国内营业之银行。此指银行之营业,仅限于国内之范围者。(2)国外营业之银行。此指银行之营业,可以及于国外者。(五)以银行在金融界之地位为标准而分类。以此为标准,可分银行为下列二类:(1)中央银行。中央银行为全国银行之领袖,其在金融界中,地位最高。(2)一般银行。一般银行则地位较次,然一般银行中资本之大小、营业之广狭,地位之轻重,亦各有不同,则不及细举矣。(六)以银行营业之注重点为标准而分类。以此为标准,可分银行为下列七类:(1)注重存款之银行。(2)发行钞票银行。(3)发行债券银行。(4)贴现银行。(5)注重动产抵押之银行。(6)注重不动产抵押之银行。(7)投资银行。(七)以银行经济上之效用为标准而分类。以此为标准,可将银行为下列之分类:(1)商业银行。(2)非商业银行。(a)储蓄银行。(b)投资银行。(c)发行债券银行。(d)信托公司。(e)农业银行。(f)实业银行。先明商业银行与非商业银行之区别,商业银行以供给工商实业之流动资本为主要业务。其营业方针,稳实与流动并重。是以商业银行所收受之存款,多为活期性质。其所放款投资,亦应为活期性质,不可运用资金于呆定之途,此商业银行之原则也。实际上我国之商业银行,虽不并贯储蓄之名,几无不兼营储蓄业务。且数大商业银行,亦兼营信托业务。是商业银行而兼非商业银行矣。非商业银行,以供给农工商业之固定资本为主要业务。其营业方针,首重稳实,收益次之,流动又次之。是以非商业银行所收受之存款或资金,均系定期性质。其所放款投资,如股票债券或不动产之类,亦均较为固定,此非商业银行之原则也。商业银行与非商业银行相辅而行,庶农工商业之固定与流动资金,两部缺乏。银行营业,亦得各循不同之方针而进展。经济发达之国,商业银行与非商业银行之界限愈见显明。我国名为非商业银行者,实际多营商业银行之业务,而商业银行对于资金之运用,又每蹈于呆定之途,此为我国银行业之缺点。然近年来趋向专业,远胜于昔日矣。"[1]从上述朱斯煌对于银行的不同分类可以看出,其对银行分类的标准最为全面,并分别根据不同的标准对各类银行的区别进行了详细论述。尽管在有些分类标准下银行类别的划分并不非常准确,但其均对现实中各银行所属的类别进行了讨论。例如,朱斯煌在以经济上之效用将银行分为商业银行和非商业银行时,表示中国近代的银行业务既有商业银行业务,也具有其所谓的非商业银行业务,并且还兼营储蓄银行业务。所以单纯以某一标准来划分我国的银行业,均不能非常准确。而对于各类划分标准,朱斯煌表示,以银行经济上之效用为划分标准最为详尽。他在"银行之种类"一章的最后表示:"以上银行分类之标准,各有独到之处,重于此者,则忽于彼。但为普通研究起见,自以第七标准,即以银行经济上之效用为标准而分类,最为详尽。任何银行,莫不有其营业之目标及经济上特别之效用,均可归纳于第七标准之下。惟我国之中、中、交、农四行,中央银行统一负责发行维持金融及完成一切金融政策之责,为全国银行之领袖,地位自属特殊。"[2]同时,朱斯煌还分别对中央银行、中国银行、交通银行、中国农民银行各自的业务经营方向及四行共同之经济责任等,进行了详细介绍。根据朱斯煌最后一段的论述,其赞同的银行分类

---

〔1〕 朱斯煌:《银行经营论》,商务印书馆1939年版,第41—50页。
〔2〕 朱斯煌:《银行经营论》,商务印书馆1939年版,第50页。

方式与前述杨荫溥、吴承禧、张辑颜和徐寄庼等人的分类并无巨大差别。这表明,国民政府时期理论界对于银行种类的划分已基本形成共识,至于他们在划分标准上混乱的问题,实属当时中国银行业的现实问题,并非理论界对划分标准的认识不足。

(二)国民政府时期银行法规对于银行监管对象的确定及划分

1931 年 3 月 30 日,国民政府公布了近代中国首部《银行法》,该法第一条明确表示:"凡营左列业务之一者为银行:一、收受存款及放款。二、票据贴现。三、汇兑或押汇。营前项业务之一而不称银行者视同银行。"虽然该《银行法》对银行进行了定义,但在法规中并未明确对中国的银行该如何分类。究其原因,笔者认为主要是以下两方面:一方面,现实银行在经营时,其业务较为混杂,通行的以业务内容为标准的划分方式并不适用,并且银行业务的混杂无须通过对银行业的划分来进行分类管理;另一方面,理论界对于银行业的划分也未形成统一的标准及划分结果,不能为政府制定银行法规提供相应的理论基础。但是,随着银行专业化程度的不断提高、理论界对于银行理论的不断学习,以及对中国银行业划分方法的不断探讨,最终形成如前所述较为统一的划分标准,1947 年的新《银行法》对银行进行了重新界定,并对中国的银行业进行了系统划分。

1947 年 9 月 1 日,国民政府颁布新《银行法》[1],该法对银行进行了重新界定:"本法称银行,谓依公司法及本法组织登记,并依办法经营银行业务之机构。本法称银行业务,为左列各款:一、收受各种存款。二、票据承兑。三、办理各种放款或票据贴现。四、国内汇兑。五、特许经营之国外汇兑。六、代理收付款项。七、仓库及保管业务。八、买卖有价证券及投资。九、代募或承募公债、公司债及公司股份。十、特许买卖生金银及外国货币。十一、受托经管财产。前项第一款至第六款为银行主要业务,第七款至第十一款为银行附属业务。"[2]同时,该《银行法》还表明,凡经营第一至第六款业务之一者,均视为银行,应依照该法办理。新《银行法》除对银行进行了重新界定外,对银行的种类也正式从法律上进行了划分。新《银行法》第十三条规定:"本法所称银行,分左列五种:

---

〔1〕 该《银行法》代表了本书所研究时段的中国银行监管制度建设的最高水平,是近代中国最先进银行监管制度思想的结晶。

〔2〕 "国民政府颁布银行法令稿(1947 年 9 月 1 日)",中国第二历史档案馆编:《中华民国史档案资料汇编》[第五辑第三编:财政经济(二)],凤凰出版社 2010 年版,第 13—15 页。

一、商业银行。二、实业银行。三、储蓄银行。四、信托公司。五、钱庄。”[1]第十四条规定:“银行之种类,应在其名称中表示之。本法公布施行前已登记之银行,名称与其种类不相符合者,得不予更改,但应于一定时期内调整其业务。前项时期由中央主管官署定之。”[2]从新《银行法》对银行的分类可以看出,其分类的标准为银行经营的业务内容,并且这也是唯一的分类标准和银行理论最为通行的标准。同时,该法规对于银行必须按照其名称类别进行业务经营的规定,也体现了国民政府希望通过法规来提高近代中国银行的专业化水平,推进近代中国银行业的专业化进程。但是,新《银行法》第一百十六条又表示:“本法规不适用于国家银行,但其他银行除法律另有规定外,使用本法之规定。”[3]此外,新《银行法》对各类银行分别设专章制定相关规则,这些专章包括第三章“商业银行”、第四章“实业银行”、第五章“储蓄银行”、第六章“信托公司”、第七章“钱庄”、第八章“外国银行”。可见,虽然新《银行法》将银行分为商业银行、实业银行、储蓄银行、信托公司和钱庄,但从其具体规定内容和章节设置上可以看出,除上述类别外,还应包括国家银行和外国银行。

另外,1947 年 4 月 29 日,国民政府还公布了《省银行条例》,对省银行的设立、组织形式、业务经营、政府监管等方面进行了详细规定。

综合国民政府时期有关银行业的各项法规及其内容来看,国民政府事实上将银行业划分为国家银行、省银行、商业银行、实业银行、储蓄银行、信托公司、钱庄、外国银行等几类。这与理论界对于中国银行业的划分,不论是在划分标准还是划分结果上,均无甚差异。这一方面表明,近代中国银行业的现实结构体系决定了该划分结果;另一方面也表明,理论界对于银行业的划分深刻影响着政府监管机构及其所制定的法律法规对近代银行业的划分,更进一步地,也可以说,理论界对于银行监管制度的探讨,会对现实银行监管制度建设和发展方向产生影响。

---

[1] “国民政府颁布银行法令稿(1947 年 9 月 1 日)”,中国第二历史档案馆编:《中华民国史档案资料汇编》[第五辑第三编:财政经济(二)],凤凰出版社 2010 年版,第 15 页。

[2] “国民政府颁布银行法令稿(1947 年 9 月 1 日)”,中国第二历史档案馆编:《中华民国史档案资料汇编》[第五辑第三编:财政经济(二)],凤凰出版社 2010 年版,第 15 页。

[3] “国民政府颁布银行法令稿(1947 年 9 月 1 日)”,中国第二历史档案馆编:《中华民国史档案资料汇编》[第五辑第三编:财政经济(二)],凤凰出版社 2010 年版,第 28 页。

第四节　国民政府时期的银行准入与退出制度思想

一、国民政府时期的银行准入制度思想

(一)机构准入制度思想

1929 年 1 月 21 日,财政部认为银行设立数目日益增多,旧的银行章程已不适用于当时银行注册之需要,制定并颁布了《银行注册章程》十二条,并于 4 月 27 日颁布《银行注册章程施行细则》十二条。[1] 该章程及其施行细则规定,凡开设银行,经营存放款、汇兑及贴现等业务的,以及经营上述业务不称银行而称公司、庄号或店铺者,均必须依章程进行注册。开设银行时,必须先拟定章程,并将商号、组织、资本总额、总行所在地、营业范围、存立年限,以及创办人姓名、籍贯、住址等内容写入章程,招股设立的银行还必须订立招股章程,呈由地方政府转呈或径呈财政部核准。经财政部核准设立的银行,须将出资人的姓名、籍贯、住址清册,各出资人已交未交资本数目清册,各职员姓名、籍贯、住址清册,所在地银行公会或商会之保结、注册费等,呈由地方政府转呈或径呈财政部验资注册,发给营业执照后,方得开始营业。此外,独资或其他无限责任组织之银行,还必须呈送出资人详细履历和出资人财产证明书;股份有限组织之银行,还必须呈送创立会决议录和监察人或检查员报告书。上述《银行注册章程》及《银行注册章程施行细则》有关银行注册的具体规定内容,后被写入 1931 年财政部颁布的《银行法》中。

1931 年 3 月 30 日,国民政府发布第一八六号训令:“查银行法业经制定,明令公布。除施行日期以明令定之,并分行外,合行抄发原条文令仰知照,并转饬所属一体知照。”[2]该《银行法》除将前述《银行注册章程》及其施行细则中相关注册规定纳入外,还对银行设立的资本进行了规定。股份有限公司、两合公司、股份两合公司组织之银行,其资本至少须达五十万元;无限公司组织之银行,其资本至少须达二十万元。在商业简单地方,银行可呈请财政部或由地方主管官

---

〔1〕“财政部呈送银行注册章程(1929 年 1 月 21 日)”、“财政部呈送银行注册章程施行细则(1929 年 4 月 27 日)”,中国第二历史档案馆编:《中华民国史档案资料汇编》[第五辑第一编:财政经济(四)],凤凰出版社 1994 年版,第 5—10 页。

〔2〕“国民政府公布银行法训令(1931 年 3 月 30 日)”,中国第二历史档案馆编:《中华民国史档案资料汇编》[第五辑第一编:财政经济(四)],凤凰出版社 1994 年版,第 12 页。

署转呈,减低其资本要求。但是,股份有限公司、两合公司、股份两合公司组织之银行的资本最低不得少于二十五万元,无限公司组织之银行的资本最低不得少于五万元。同时,所有核准登记的银行,必须俟资本全数认足并收足总额二分之一时,并呈具相关材料,呈请财政部派员或委托所在地主管官署验资具证,经认为确实,由财政部发给银行营业证书后,方得开始营业。对未收齐部分的资本,银行应自开始营业后三年内收齐,并呈请财政部派员或所在地主管官署验资具证后备案。如银行在上述期限内,仍未能将资本收足,则应减少认定资本或增加实收资本,使认足资本与实收资本相符。此外,银行如欲增加资本,则须收足资本全额后,方能增加资本,并按上述之规定呈请验资;银行如欲减少资本,则应在财政部核准之日起十五日内,将减资数额、减资方法及资产负债表等报公告之。《银行法》对于机构的准入还规定,银行变更名称、变更组织、合并、设立分支行及办事处或代理处、变更总分支行及其他营业所在地、分行以外之营业机关改为分行时,均须财政部的核准。对于《银行法》施行前经财政部核准设立的银行,其已设立的分支行及办事处或代理处未经核准的,也应在施行后六个月内补请核准,逾期未呈请核准的,财政部得令其停止营业。

1931 年《银行法》自公布以后,虽规定该法的施行日期以命令确定,但事实上并未正式施行。抗战结束后,国民政府财政部于 1946 年曾计划修订《银行法》,并公布了《修正银行法草案》共计 45 条和《银行法施行法草案》共计 14 条[1],但最终均未得到立法院的通过。在财政部计划修订《银行法》的同时,立法院孙科院长命令立法院财政和经济两个委员会开始整理《银行法》,委员会推举张肇元、马寅初、楼桐荪、陈长蘅、戴修骏、卫挺生等十六位委员初步审查,并由张肇元为召集人。张肇元发表在《银行周报》上的文章《新银行法之特征及其要义》[2]中指出,此次对《银行法》的修正,主要是出于以下目的:一是 1931 年的《银行法》一直未能正式施行,“不能不有法律明文规定,为政府与人民互相遵循之准绳”;二是“旧《银行法》既未施行,《储蓄银行法》亦不合时宜,此外信托公司为银行之一种,钱庄为银行初创以前已有数百年历史之地方金融机构,外国银行于不平等条约撤消后,其法律地位与前不同,均有明定于一法之必要”;三是银行作为经济运行关键环节,与各个行业均息息相关,“欲求百业之进步,必先有稳妥健全循规蹈矩之金融机构,如此则银行法之速定,实为必要”。1947 年

---

〔1〕《修正银行法草案》、《银行法施行法草案》,《银行周报》,1946 年第 30 卷第 21—22 期合刊。
〔2〕张肇元:《新银行法之特征及其要义》,《银行周报》,1947 年第 31 卷第 19—20 期合刊。

4 月 24 日,立法院正式通过新《银行法》,共 10 章 119 条,包括定义、通则、商业银行、实业银行、储蓄银行、信托公司、钱庄、外国银行、银行之登记及特许、附则。同年 9 月 1 日,国民政府发布训令正式公布施行新《银行法》,并将 1931 年 3 月公布的《银行法》和 1934 年 7 月 4 日公布的《储蓄银行法》废除,将所有银行类金融机构的监管统一纳入新《银行法》中。[1]

新《银行法》规定,银行及其分行必须在中央主管官署申请营业登记,并经核准领得营业执照后,方能开始营业。凡欲设立银行者,必须开具下列各款,呈请中央主管官署核准营业登记:(1)银行名称及其公司组织种类;(2)资本总额;(3)业务种类及范围;(4)营业计划;(5)本行及分行所在地;(6)发起人姓名、籍贯、住址及履历。银行对于上述第(1)、(2)、(3)、(5)款事项,拟于变更或拟与其他银行合并时,应先呈请中央主管官署核准,方得为之,并应声请变更营业登记。银行变更营业登记,应于核准后十五日内,在本行及分支行所在地公告之。对于银行设立分行,新《银行法》要求其设立的分行必须将上述第(3)、(4)项及分行所在地,分别呈请营业登记。对于全国各地区分支行的设立,新《银行法》还特别规定:"中央主管官署得视国内各地区经济金融情形,于呈准行政院后,限制某一地区内不得增设银行或分行,或不得增设某种银行或分行。"对于各类银行的注册资本,新《银行法》规定各类银行的最低资本限额,由中央主管官署将全国划分区域,审核当地人口数量、经济金融实况,以及已设立各种银行之营业情形,分别呈请行政院核定之;但对于新《银行法》施行前已登记的银行,该规定不适用之。同时,新《银行法》还明确规定,银行的资本应以国币计算。对于资本的收足比例,新《银行法》规定,凡经核准设立的银行,其资本须全数认足,并至少收足总额的 1/2,除准用公司登记程序规定呈请中央主管官署为营业登记外,并应缴验资证明书及所在地银钱业或信托业同业工会或商会对其发起人的信用证明书。[2]

除对本国银行的设立进行了严格规定外,新《银行法》还设专章来对外国在华银行进行监管,对外国银行的设立、业务范围及惩罚措施等均做以规定。此处仅对外国银行的设立规定进行论述,其他内容在以后相关部分再做详细讨

[1] "国民政府颁布银行法令稿(1947 年 9 月 1 日)",中国第二历史档案馆编:《中华民国史档案资料汇编》[第五辑第三编:财政经济(二)],凤凰出版社 2000 年版,第 12 页。

[2] "国民政府颁布银行法令稿(1947 年 9 月 1 日)",中国第二历史档案馆编:《中华民国史档案资料汇编》[第五辑第三编:财政经济(二)],凤凰出版社 2000 年版,第 15—16 页。

论。新《银行法》规定,外国银行在依公司法呈请认许前,应依照本法规定向中央主管官署呈请特许,非经特许,不得在中国境内设立分行。中央主管官署按照国际贸易及生产事业之需要,指定外国银行设立分行的地区。外国银行呈请特许时,除依《公司法》第 294 条[1]规定报明各款事项外,应加具本行最近资产负债表、损益表及其分行设立地区该国领事馆对其信用之证明。[2]

另外,新《银行法》专列"银行之登记及特许"一章,对本国银行的登记及外国银行的特许进行了详细规定。银行之营业登记、外国银行之申请特许及银行之其他登记,其程序准用《公司法》中公司设立登记、外国公司认许、外国分公司登记及其他登记之规定。银行营业登记及外国银行特许及分行营业登记后,由中央主管官署发给营业执照。变更登记时,并换发执照。银行营业登记领得执照后,应于十五日内,依公司法申请公司设立登记,其变更登记亦同。银行营业登记领得执照后、公司设立登记完成前,银行股东视同合伙之合伙人。[3]

从上述新《银行法》关于银行机构准入之规定来看,其所体现的银行机构准入制度思想较前一时期更加完善,覆盖面更为广泛。不仅对本国银行及其分支机构的设立制定了严格的准入规定,还对外国在华银行的设立进行了限制和规定。这也是近代中国首次切实地将外国在华银行纳入中国的银行监管制度体系,外国银行从此同中国银行享有同等之权利,对维护中国银行业及金融市场的稳定具有重要意义。另外,在新《银行法》对银行机构准入的规定中,还体现出银行监管机关对于地方金融及银行组织对于银行监管的重要辅助作用。例如,银行在设立时,必须出具当地银钱业或信托业同业工会或商会的信用证明书,外国银行也必须呈具该国领事馆对其信用之证明。这些地方协会及组织和领事馆对于银行设立发起人及外国银行的营业状况,较中央主管官署更为详细和准确,经过它们的证明,更能保证新设银行的良好品质,进而保证整个银行体系的安全稳定。

---

〔1〕《公司法》第 294 条规定:"外国公司声请认许时,应报明左列各款事项:一、公司之名称、种类及其国籍。二、公司所营之事业及在中国境内所营之事业。三、股本总额及种类、每股金额及已缴金额。四、本公司所在地及中国境内设立分公司所在地。五、在本国设立登记之年月日。六、董事及其他公司负责人之姓名、国籍、住址。七、在中国境内指定之诉讼及非讼代理人之姓名、国籍、住址。"参见《资源委员会公报》,1946 年第 10 卷第 5 期。

〔2〕"国民政府颁布银行法令稿(1947 年 9 月 1 日)",中国第二历史档案馆编:《中华民国史档案资料汇编》[第五辑第三编:财政经济(二)],凤凰出版社 2000 年版,第 27—28 页。

〔3〕"国民政府颁布银行法令稿(1947 年 9 月 1 日)",中国第二历史档案馆编:《中华民国史档案资料汇编》[第五辑第三编:财政经济(二)],凤凰出版社 2000 年版,第 28 页。

（二）业务准入制度思想

国民政府时期,对于银行业务准入制度思想的研究,可以分为全面抗战爆发前(战前)、全面抗战时期(战时)和抗战胜利后(战后)三个时期进行讨论。

战前的银行业务准入制度思想,首先体现在1931年《银行法》关于银行业务经营内容及范围的具体规定中。1931年《银行法》并未对银行具体的业务内容进行规定,仅仅是在定义中规定银行经营的主要业务为存放款、票据贴现、汇兑或押汇,同时规定银行除可经营买卖生金银及有价证券、代募公债及公司债、管理仓库业、保管贵重物品、代理收付款项等附属业务外,不得兼营其他业务。除此之外,1931年《银行法》有关业务准入的规定,更多是对银行业务的限制性规定。这些规定的主要内容包括:银行不得为商店或他银行、他公司之股东,在本法施行前已入股的应于本法施行后三年内退出,逾期不退出的,应按入股之数核减其资本总额;银行不得收买本行股票,并以本行股票作借款之抵押品;除关于营业上必须之不动产外,不得买入或承受不动产;因清偿债务领受之本行股票,应于四个月内处分,领受之不动产,应于一年内处分;银行放款收受他银行之股票为抵押品时,不得过该银行股票总额百分之一,如对该银行另有放款,其所放款额连同上项受押股票数额合计不得超过本银行实收资本及公积金百分之十;银行非经财政部之核准不得经营信托业务,本法施行前兼营信托业务之银行,非经财政部之核准不得继续其业务;银行经营信托业务之资本不得以银行资本与法定公积金冲抵;银行收受之信托资金应分别保存,不得与银行其他资产混合,非因特别事故预得委托人之同意者,不得以信托资金转托他银行或他公司;经营信托业务之银行对其受托之事务,除向委托人收取相当报酬外,不得再从信托上取得不正当之利益,并不得为有损受益人利益之行为。从上述规定可以看出,大部分规定是对银行业务的限制性规定,不仅对银行的附属业务范围进行了严格规定,并且对于银行的股权投资、不动产投资及信托业务等均进行了严格的限制。这主要是由于受到20世纪初西方金融大萧条的影响,加强对银行的管理和防范金融风险成为当时西方金融理论的主流思想。我国也从现实和理论两方面受到西方金融大萧条的影响,不断提出加强对银行的管理,特别是对银行业务经营中风险的防范。因此,1931年《银行法》对我国银行业的业务内容及范围进行了严格限制。此外,该《银行法》还对银行间的合作经营事项进行了规定:"同一区域内银行得共同办理左列各款事项,但须受财政部之指导或监督。一、增进金融业之公共利益。二、矫正金融业上之弊害。三、办理票据交换所及征信所。四、协助预防或救济市面之恐慌。五、其他关于金融业之公共事项。"[1]对于银行间合作事项的规定更进一步体现出,受金融危机的影响,银行监管机关希望通过银行间的互相合作与相互监督,来降低单个银行发生危机进而引发整个金融业危机的可能性。

《银行法》除对银行的业务进行统一规定外,其也明确表示,特种银行还必须遵照各自的规定。这里的特种银行,实际上主要是指中央、中国、交通、农民四大国家银行和储蓄银行。上述银行的业务经营范围分别由《中央银行法》、《中国银行条例》、《交通银行条例》、《中国农民银行条例》和《储蓄银行法》来规定。现根据上述五部法律条例之具体规定,将中央、中国、交通、中国农民银行及储蓄银行的业务经营范围总结如表 4.4 所示。

表 4.4　　中、中、交、农四行及储蓄银行具体业务范围

银行名称	具体业务范围
中央银行[2]	**特权业务**　发行本位币及辅币之兑换券;经理政府所铸本位币、辅币及人民请求代铸本位币之发行;经理国库;承募内外债,并经理还本付息事宜。 **主营业务**　经收存款;收管各银行法定存款准备金;办理票据交换及各银行间之划拨结算;国民政府发行或保证之国库证券及公债息票之重贴现;国内银行承兑票、国内商业汇票及期票之重贴现;买卖国外支付之汇票;买卖国内外殷实银行之即期汇票、支票;买卖国民政府发行或保证之公债库券;买卖生金银及外国货币;办理国内外汇兑及发行本票;以生金银为抵押之放款;以国民政府发行或保证之公债库券为抵押之放款;政府委办之信托业务。 **业务限制**　中央银行取得不动产以本行营业上必需之不动产及因清偿债务取得之不动产为限。中央银行业务应受下列各款限制:(1)放款期限不得过六个月。(2)对于私人或公司或其他私法人之放款、重贴现,或其他垫款及收买其汇款、支票或其他票据,合计每户不得超过五十万元。如系股份有限公司,不得超过该公司资本及公积金总数三分之一。(3)下列各种票据不得收买或重贴现或作其他放款之附属担保品。但因追加担保或为保全本银行利益者,不在此限,应于取得该种票据之日起,一年内处分之。①供长期投资购买地产、矿产、房产及其他等项用途所发生之票据。②供消费目的而非用于目前业务上需要所发生之票据。③供投机买卖所发生之票据。(4)不得承受货物为借款之担保品。(5)不直接经营各项工商业。(6)不得为第三者担保或为票据之承兑。(7)不得为信用放款或透支。(8)不得为有投机性质之营业。

〔1〕"国民政府公布银行法训令(1931 年 3 月 30 日)",中国第二历史档案馆编:《中华民国史档案资料汇编》[第五辑第一编:财政经济(四)],凤凰出版社 1994 年版,第 12—17 页。

〔2〕"财政部转发中央银行法训令(稿)(1935 年 6 月 12 日)",中国第二历史档案馆编:《中华民国史档案资料汇编》[第五辑第一编:财政经济(四)],凤凰出版社 1994 年版,第 482—487 页。

续表

银行名称	具体业务范围
中国银行[1]	**政府委托业务** 代理政府发行海外公债及经理还本付息事宜;经理政府存在国外之各项公款并收付事宜;发展及扶助海外贸易事项;代理一部分国库事宜;经财政部之特准得发行兑换券。 **主营业务** 国内外汇兑及货物押汇;商业确实期票及汇票之贴现或买入;买卖生金银及各国货币;经收各种存款,并代人保存证券、票据及其他一切贵重物品;代表有交易之银行、公司、行号及个人收取各种票据之款项;有确实担保品为抵押之放款;受政府委托募集或经理内债事务;酌量营业情形得买卖公债证券。 **业务限制** 中国银行除上述业务外,不得经营下列各项及其他事业:无担保品之各种放款及保证;收买本行股票,并以本行股票作借款之抵押品;除关于营业上必需之不动产外,买入或承受不动产;直接经营各种工商事务。
交通银行[2]	**政府特许业务** 代理公共事业机关发行债票及经理还本付息事宜;代理交通事业之公款出入事项;办理其他奖励及发展实业事项;经理一部分之国库事项;经财政部之特准得发行兑换券。 **主营业务** 国家地方或公司债票之经理应募或承受;国家地方或公司债票及确实股票为担保之放款;实业用动产、不动产及实业繁盛地域不动产为担保之放款;商业确实期票之贴现;收受存款;信托业务;代理收解各种款项。 **业务限制** 交通银行除上述业务外,不得经营下列各项及其他事业:(1)无担保品之各种放款及保证;(2)收买本行股票,并以本行股票为担保放款;(3)买卖不动产,但业务上必要之不动产不在此限。
中国农民银行[3]	**政府特许业务** 中国农民银行得发行兑换券;中国农民银行经国民政府之特准,得发行农业债券,但发行总额不得超过已收资本之五倍,并不得超过放款之总数,其每年偿还额不得少于收回放款百分之六十以上。 **主营业务** 放款于农民组织之合作社及合作社联合社;放款于农业之发展事业;放款于水利、备荒事业;经营农业仓库及放款于农产、农具之改良事业;动产、不动产之抵押放款及保证信用放款;票据之承受或贴现;收受各项存款及储蓄存款;代理收解各种款项;办理汇兑及同业短期往来;买卖有价证券;其他农民银行应有之业务。 **业务限制** 中国农民银行放款以下列各项用途为限:(1)购买耕牛、种子、肥料、畜种及各种农业原料;(2)购办或修理农业应用器械;(3)农业

[1] “国民政府颁布之中国银行条例(1928年10月26日)”,中国第二历史档案馆编:《中华民国史档案资料汇编》[第五辑第一编:财政经济(四)],凤凰出版社1994年版,第390—391页。

[2] “国民政府颁布之交通银行条例(1928年11月16日)”,中国第二历史档案馆编:《中华民国史档案资料汇编》[第五辑第一编:财政经济(四)],凤凰出版社1994年版,第393—394页。

[3] “财政部转发中国农民银行条例令(1935年6月19日)”,中国第二历史档案馆编:《中华民国史档案资料汇编》[第五辑第一编:财政经济(四)],凤凰出版社1994年版,第526—527页。

续表

银行名称	具体业务范围
	品之保管、运输及制造;(4)修造农业应用房屋及场所;(5)其他与农民经济或农业改良有密切关系之事项。放款期限最长不得超过五年。不动产抵押放款之总额不得超过实收资本及公积金之总数。银行农业放款不得少于放款总额60%。中国农民银行不得经营下列各款事项:(1)收买本银行股票,并以本银行股票为担保之放款;(2)买卖不动产,但业务上必要之不动产,不在此限;(3)以投机目的而从事有价证券之买卖。
储蓄银行[1]	**主营业务** 随时收付之活期存款;整存整付之定期存款;零存整付,或整存零付及分期付息之定期存款;保管业务;代收款项及汇兑;代理买卖有价证券;公益团体及合作社之款项收付及通知存款。 **业务限制** 储蓄银行除上述业务外,不得兼营其他业务。储蓄银行不得经营有奖储蓄业务。储蓄银行资金运用仅限下列各项:(1)购入政府公债库券及其他担保确实、经财政部认可之有价证券为质之放款;(2)以政府公债库券及其他担保确实、经财政部认可之有价证券为质之放款;(3)以继续有确实收益之不动产抵押之放款;(4)以他银行定期存单或存折为质之放款;(5)购入他银行承兑之票据;(6)存放于他银行;(7)对于农村合作社之质押放款;(8)以农产物为质之放款。此外,对于各项放款的比例也均有详细规定。

从表4.4可以看出,四大国家银行和储蓄银行在各自的业务内容上各有侧重点,虽然都经营《银行法》规定的一般银行业务,但是各行在具体的业务内容和经营重点上均不相同。中央银行主要以中央银行业务为主,中国银行以国际汇兑业务为主,交通银行侧重对实业的融资服务,中国农民银行则以辅助农业发展为其主要任务,而储蓄银行则主要经营人民的储蓄资金以保证大众储蓄资金的安全。这种各类银行分业务重点进行经营的银行经营与监管制度思想,一直持续影响到中华人民共和国建立以后。

全面抗战爆发后,国民政府颁布了一系列法规来约束各银行的经营活动,以使各银行的业务经营完全适应战时金融之需要。1937年8月15日,财政部公布《非常时期安定金融办法》[2],对银行和钱庄等的存款和支付业务进行了限制,以防止由于战争导致的挤兑风险危及整个金融体系的安全,进而引发社

[1] "国民政府颁布之储蓄银行法(1934年7月4日)",《中华民国金融法规档案资料选编》,第580—583页。

[2] "财政部公布之非常时期安定金融办法(1937年8月15日)",中国第二历史档案馆编:《中华民国史档案资料汇编》[第五辑第二编:财政经济(三)],凤凰出版社1997年版,第1页。

会经济的动荡。1939 年,国民政府为适应战时需要发布《巩固金融办法纲要》,要求财政部督促银行积极办理储蓄存款,并以其储蓄存款投放于生产事业。[1] 1940 年 8 月 7 日,财政部颁布《非常时期管理银行暂行办法》[2],进一步加强银行的管理,使银行的业务经营符合战时生产事业的特殊需要。此后,财政部又对上述暂行办法进行了数次修正,并于 1943 年 1 月 7 日公布了《修正非常时期管理银行暂行办法》。修正后的暂行办法对银行业务经营的具体规定包括:银行运用资金,以投资于生产建设事业暨产销押汇、增加物资供应及遵行政府战时政策为原则;银行承做货物为抵押之放款,应以经营本业之商人,并以加入各该同业工会者为限,放款期限最长不得过三个月,每户放款不得超过该行放款总额 5%;前项抵押放款,已届期满请求展期者,应考察其货物性质,如系日用重要物品,应即限令押款人赎取出售,不得展期,其非日用重要物品押款之展期,以一次为限;关于放款期限及展期之限制,于工矿业以原料为抵押,经经济部主管机关证明却系适应生产需要者,不适用之;银行不得经营商业或囤积货物,并不得设置代理部、贸易部等机构,或以信托部名义,或另设其他商号,自行经营或代客买卖货物;银行承做汇往口岸国币汇款,以购买供应后方日用重要物品、抗战必需物品、生产建设事业所需之机器和原料及家属之赡养费之款项为限;银行非经呈奉财政部特准,不得买卖外汇。综上可以看出,战时政府对银行的监管主要以服务战时各项经济政策之需要,来对银行的业务内容及范围进行限制。

战时银行监管制度思想不仅在战时特殊监管要求方面有所发展,在一般银行监管制度思想方面也有发展,这主要体现在国民政府在抗日战争期间制定的《县银行法》上。县银行是国民政府根据战时金融之需要,于《巩固金融办法纲要》中提出设立的。国民政府为"吸收社会游资,扩充金融网",在纲要中规定:"扩充西南、西北金融网,期于每县区设一银行,以活泼地方金融,发展生产事

---

〔1〕"国民政府抄发巩固金融办法纲要和战时健全中央金融机构办法纲要令(1939 年 9 月 8 日)",中国第二历史档案馆编:《中华民国史档案资料汇编》[第五辑第二编:财政经济(三)],凤凰出版社 1997 年版,第 9 页。

〔2〕"财政部非常时期管理银行暂行办法(1940 年 8 月 7 日)",中国第二历史档案馆编:《中华民国史档案资料汇编》[第五辑第二编:财政经济(三)],凤凰出版社 1997 年版,第 18 页。

业。”[1]随后,国民政府于1940年1月20日颁布《县银行法》。该法规定,县银行之营业范围主要包括:收受存款;有确实担保品为抵押之放款;保证信用放款;汇兑及押汇;票据承兑或贴现;代理收解各种款项;经理或代募公债、公司债及农业债券;管理仓库业;保管贵重物品或有价证券;代理县以下之公库。县银行的放款限于以下范围:地方仓储之放款;农林、工矿及交通事业生产用途之放款;兴办水利之放款;经营典业小押之放款;卫生设备事业之放款;地方建设事业之放款。县银行不得经营下列各项及未经《县银行法》规定之业务:收买本行股票,并以本行股票为担保之放款;买卖不动产,但业务上必需之不动产除外;买卖有价证券。[2] 尽管县银行产生于抗战时期,其设立也是为战争金融之需要,但从《县银行法》的相关规定来看,其内容并不局限于战争时期对县银行的监管,而是适用于任何社会经济环境下政府对县银行的监督和管理。由此可见,即便是在抗战这一特殊时期,中国的银行监管制度思想内容仍在不断发展和完善。

抗战结束后,随着国民经济的不断恢复和发展,国民政府对于银行业务内容及范围的监管也以促进和恢复国民经济建设为主要目的。1947年的新《银行法》将国家银行以外的所有银行全部纳入其监管范围内,并对一般银行业务和各类银行业务分别进行了规定。新《银行法》规定,银行业务包括下列各项:收受各种存款;票据承兑;办理各种放款或票据贴现;国内汇兑;特许经营之国外汇兑;代理收付款项;仓库及保管业务;买卖有价证券及投资;代募或承募公债、公司债及公司股份;特许买卖生金银及外国货币;受托经管财产。其中,前六项业务为银行主要业务,后五项为银行附属业务。新《银行法》还明确规定,各类银行不得经营其所核准登记业务以外之业务。进一步地,新《银行法》分别对各类银行的业务范围进行详细规定,具体如表4.5所示。

---

〔1〕“国民政府抄发巩固金融办法纲要和战时健全中央金融机构办法纲要令(1939年9月8日)”,中国第二历史档案馆编:《中华民国史档案资料汇编》[第五辑第二编:财政经济(三)],凤凰出版社1997年版,第9页。

〔2〕“国民政府颁布之县银行法(1940年1月20日)”,中国第二历史档案馆编:《中华民国史档案资料汇编》[第五辑第二编:财政经济(三)],凤凰出版社1997年版,第11—12页。

表 4.5　　新《银行法》规定之各类银行业务经营范围〔1〕

银行类别	业务经营范围
商业银行	(1)收受普通活期、定期存款;(2)办理各种放款或贴现;(3)票据承兑;(4)办理国内汇兑;(5)经中央银行特许办理国外汇兑;(6)代理收付款项;(7)买卖公债、库券及公司债;(8)办理与其业务有关之仓库或保管业务;(9)投资于生产、公用或交通事业;(10)代募公债、公司债及公司股份;(11)经中央银行特许收受外国货币或买卖生金银。
实业银行	(1)收受普通活期、定期存款;(2)对农工矿及其他生产、公用或交通事业办理各种放款、票据承兑或贴现及汇兑;(3)代工矿业及其他生产、公用或交通事业办理收付款项;(4)代农工矿及其他生产、公用、交通事业募集股份或公司债;(5)买卖公债、库券、公司债及其他债券;(6)办理与其业务有关之仓库及保管业务;(7)投资于农工矿业及其他生产、公用或交通事业;(8)办理国家银行指定代理之业务。
储蓄银行	(1)收受活期储蓄存款及通知储蓄存款;(2)收受整存整付、零存整付、整存零付及分期付息之定期储蓄存款;(3)收受普通活期、定期存款;(4)办理各种放款;(5)办理国内汇兑;(6)代理收付款项;(7)买卖公债、库券及公司债;(8)办理以有价证券为担保之放款;(9)办理与其业务有关之仓库或保管业务;(10)办理生产、公用、交通事业及有确实收益之不动产抵押放款;(11)购入他行承兑之票据;(12)以本银行定期存款为担保之放款;(13)代募公债、库券及公司债。
信托公司	(1)管理财产;(2)执行遗嘱;(3)管理遗产;(4)为未成年人或禁治产人之财产监护人;(5)受法院命令管理扣押之财产及受任为破产管理人;(6)收受信托款项及存款;(7)办理信托投资;(8)代理发行或承募公债、库券、公司债及股票;(9)承受抵押及管理公债、库券、公司债及股票;(10)代理公司股票事务及经理公司债及其他债券担保品之基金;(11)代理不动产孳息收付事项;(12)代理保险;(13)管理寿险债权及养老金、抚恤金等分期收付。

除对各银行的业务经营内容及范围进行了详细规定外,新《银行法》还根据各类银行经营对象的不同,对各类银行每种放款投资的比例和期限制定了详细的规定,具体见表 4.6〔2〕。

〔1〕 参见“国民政府颁布银行法令稿(1947 年 9 月 1 日)”,中国第二历史档案馆编:《中华民国史档案资料汇编》[第五辑第三编:财政经济(二)],凤凰出版社 2000 年版,第 14—25 页。

〔2〕 该表引自程霖:《中国近代银行制度建设思想研究(1859—1949)》,上海财经大学出版社 1999 年版,第 247 页。

表 4.6　　各类银行不同种类放款投资比例及期限

银行类型	各类放款投资占存款总额之比例			各类放款投资期限限制	
	信用放款	抵押放款	股票投资	信用放款	抵押放款
商业银行	≤25%	≤15%	≤20%	≤6 个月	≤12 个月
实业银行		≤30%	≤40%		
储蓄银行	≤10%	≤30%	≤25%	≤6 个月	≤24 个月
钱　庄	≤50%	≤15%	≤20%	≤6 个月	≤12 个月

此外,新《银行法》还对各类银行购买同一家公司的股票数额也进行了限制:商业银行、储蓄银行和钱庄购买同一家公司的股票数额不得超过其存款总额的 2%,实业银行不得超过其存款总额的 4%,以防止通过购买股票控制某一家公司的股权,从而影响该公司的经营决策,同时也防止银行因过分集中投资于一家公司而产生经营风险。对于实业银行的放款,新《银行法》还特别规定:"实业银行所收存款总额,应有百分之六十五以上运用于实业。其以某种专业冠其名称者,至少应有百分之四十用于该专业,百分之二十五运用于其他实业。"

新《银行法》对于各类银行业务内容及范围的规定,代表着近代中国银行业务准入制度思想的较高水平。其不论是在业务内容的详细程度上,还是在各类银行经营范围的严格程度上,均得到较为深入和快速的发展。同时,这些业务准入制度也为新中国建立后银行制度及银行监管制度的建立和发展,积累了丰富的银行监管的实践经验,奠定了坚实的银行监管理论基础。当然,这些实际的监管手段和方法也存在可操作性差等缺陷。

(三)高级管理人员准入制度思想

国民政府时期的银行高级管理人员准入制度思想,与北京政府时期相比,并未有较大发展。与北京政府时期一致,国民政府时期的高级管理人员准入制度思想未能在银行通行法规中有所体现,其更主要的则是体现在国家银行的相关条例中。1931 年的《银行法》和 1947 年的新《银行法》中,均未有银行高级管理人员准入的具体规定。国民政府时期的高级管理人员准入制度思想主要体现在《中央银行法》、《中国银行条例》及《中国银行章程》、《交通银行条例》及《交通银行章程》、《中国农民银行条例》中,具体内容如表 4.7 所示。

表 4.7 中、中、交、农四行法规条例中关于高级管理人员准入规定

法规名称	具体规定内容			
	设置	选任	职责	任期
《中央银行法》[1]	设理事会,理事十至十五人,常务理事五至七人;总裁、副总裁各一人;设监事会,监事七人。	理事由国民政府特派,其中应有实际经营农业、工业、商业及银行业者至少各一人,常务理事由国民政府于理事中指定;总裁特任,副总裁简任;总裁为理事会之主席,总裁缺席时,由副总裁代理;监事由国民政府特派,其中应有实际经营农业、工业、商业及银行业者各一人及国民政府审计机关派员一人,监事会主席由监事互推之。	总裁综理全行事务,副总裁辅佐总裁处理全行事务。下列事项经理事会议决,由总裁执行:业务方针、兑换券发行数额、准备金数额、决算预算、资本之扩充、各项规章、国内分行及国外代理处之设置及废止、总裁提议事项。监事会之职务:账目之稽核、准备金之检查、兑换券发行数额之检查、预算决算之审核。	理事会所有理事、总裁、副总裁之任期均为三年,期满得连任;监事任期,除审计机关派员一人外,其余六人均为两年,但第一任监事中有三人任期为一年。
《中国银行条例》[2]及《中国银行章程》[3]	设董事十五人,其中常务董事五人,总经理一人,监察人五人。	财政部指派董事三人、监察人一人,其余董事及监察人由股东总会商股股东在百股以上之商股股东中选任;常务董事由董事互选,并在常务董事中由财政部指派一人为董事长;总经理由常务董事中互选之,呈请财政部备案。	董事长代表全行,为董事会、行务总会、股东总会之主席;总经理执行董事会议决事项,商同董事长、常务董事处理全行事务;常务董事长代表董事会,常驻监察人代表监察人会,均应常川到行执行职务;总经理有事故不能执行职务时,由常务董事中互选一人代理之。	董事任期四年,监察人任期三年,期满得连举连任。

〔1〕“财政部转发中央银行法训令(稿)”,中国第二历史档案馆编:《中华民国史档案资料汇编》[第五辑第一编:财政经济(四)],凤凰出版社 1994 年版,第 483—484 页。

〔2〕“国民政府颁布之中国银行条例(1928 年 10 月 26 日)”,中国第二历史档案馆编:《中华民国史档案资料汇编》[第五辑第一编:财政经济(四)],凤凰出版社 1994 年版,第 391—392 页。

〔3〕“财政部核准公布之中国银行章程(1928 年 11 月)”,中国第二历史档案馆编:《中华民国史档案资料汇编》[第五辑第一编:财政经济(四)],凤凰出版社 1994 年版,第 407—412 页。

续表

法规名称	具体规定内容			
	设置	选任	职责	任期
《交通银行条例》〔1〕及《交通银行章程》〔2〕	设董事十五人，监察人五人；设常务董事五人；设总经理一人；设常驻监察人一人。	由财政部指派董事三人、监察人一人，其余董事及监察人由股东总会商股股东在百股以上之商股股东中选任；常务董事由董事互选之，并在常务董事中由财政部指派一人为董事长；总经理由常务董事中互选之，呈请财政部备案；常驻监察人由监察人互选之。	董事长代表全行，为董事会、行务总会、股东总会之主席；总经理执行董事会、行务总会及股东总会决议事项，并商同董事长、常务董事处理全行事务；常务董事长代表董事会，常驻监察人代表监察人会，均应常川到行执行职务；总经理有事故不能执行职务时，由常务董事中互选一人代理之。	董事任期四年，监察人任期三年，期满得连举连任。
《中国农民银行条例》〔3〕	设董事十五人；设常务董事七人；设监察人五人；设总经理一人，协理一人。	董事由股东总会在百股以上之股东中选任之；常务董事由董事互选之，并由常务董事互选一人为董事长；监察人由股东总会在百股以上之股东中选任之；总经理及协理由董事长提经董事会同意遴聘，呈请财政部核准备案。	总经理因事故不能执行职务时，由协理代理之。	董事任期三年，每年改选三分之一，连选得连任；但第一届董事之任期，于首次开董事会时，以抽签决定之。常务董事及董事长均以董事之任期为任期。监察人任期一年，连选得连任。

表4.7中各银行具体的高级管理人员准入之规定，从横向对比来看，除交通银行与中国银行内容基本完全一致外，其他各行与中国、交通两行也无巨大之差异；从纵向对比来看，国民政府时期高级管理人员准入制度及思想内容，与北京政府时期相比，无论是在内容上还是在思想深度上，均未能取得较大进步，基本上仍然是沿用北京政府时期高级管理人员准入的制度思想及内容。但是，这里有一点需要注意，北京政府时期的高级管理人员准入制度思想还分散于各类银行的规章制度中，而国民政府时期则主要集中在国家银行的条例中。这在一定程度上表明，不论是国家银行还是私营银行，其银行所有人对于高级管理

〔1〕“国民政府颁布之交通银行条例(1928年11月16日)”，中国第二历史档案馆编:《中华民国史档案资料汇编》[第五辑第一编:财政经济(四)]，凤凰出版社1994年版，第394—395页。

〔2〕“财政部核准公布之交通银行章程(1928年11月)”，中国第二历史档案馆编:《中华民国史档案资料汇编》[第五辑第一编:财政经济(四)]，凤凰出版社1994年版，第399—403页。

〔3〕“财政部转发中国农民银行条例令(1935年6月19日)”，中国第二历史档案馆编:《中华民国史档案资料汇编》[第五辑第一编:财政经济(四)]，凤凰出版社1994年版，第527—528页。

人员的准入和管理均是比较重视的。而不足之处是这些思想并未引起国家对于所有银行高级管理人员准入制度建设的重视,对于高级管理人员准入制度的讨论,也多是从银行经营者本身的角度去探讨的。例如,朱凤威1946年发表于《新商业》上的文章《银行人事管理概论》[1],是当时比较系统地对银行人员管理制度进行讨论的文章。该文章从人事管理与科学管理的角度,对银行人事管理的重要性、人事管理的组织、人事管理的职务,以及我国银行人事管理的弱点和改革等问题均进行了细致讨论。尽管其对银行人事管理制度的重要性认识较为深刻,但仍然主要是从银行自身人事管理制度的角度来讨论银行高级管理人员准入问题,未能从政府监管银行的角度提出有关高级管理人员准入制度构建的建设性思想。

二、国民政府时期的银行退出制度思想

国民政府时期的银行退出制度思想,在纠正性监管思想、救助性监管思想和市场退出监管思想三方面均有较大进步。以下逐一对这三方面内容进行详细讨论。

(一)纠正性监管思想

战前的1931年《银行法》中,涉及纠正性监管思想的规定主要有以下几方面内容:(1)银行违反法令或其行为有害公益时,财政部得令停止其业务,撤换其职员或撤销其营业证书。银行于撤销营业证书时解散之。(2)凡银行未经财政部核准擅自开业者,财政部得令其停业,并处以五千元以下一千元以上之罚金。(3)银行之重要职员如有下列各款行为之一时,得处以一年以下之徒刑,并千元以下之罚金。①于营业报告中为不实之记载或为虚伪之公告,或以其他方法欺蒙官署及公众时。②于检查时隐蔽文书、账簿,或为不实之陈述,或以其他方法妨碍检查时。(4)银行有下列行为之一时,处其重要职员十元以上千元以下之罚金。①违反第五条第四项、第九条至第十二条、第十四条、第十六条、第十九条、第二十六条、第三十条至第三十二条、第三十四条、第四十条及第四十三条之规定时。[2] ②怠于本法规定之呈报或公告时。[3] 上述纠正性监管规

---

[1] 朱凤威:《银行人事管理概论》,《新商业》,1946年第2卷第2期。

[2] 上述这些条款的具体内容,主要涉及银行注册、业务范围、资本缴纳等。

[3] "国民政府公布银行法训令(1931年3月30日)",中国第二历史档案馆编:《中华民国史档案资料汇编》[第五辑第一编:财政经济(四)],凤凰出版社1994年版,第18—19页。

定,主要涉及对银行的审核注册、业务经营范围、资金的运用、银行职员行为及银行经营行为对社会公益的影响等方面。内容虽较为简单,但基本上包含了当时银行业在经营过程中可能会出现的大部分问题。不过,这些纠正性监管内容仅仅是以对银行的违规行为和违反社会公益行为的监管为主,对于银行可能会产生风险问题的纠正性监管思想并未有所体现。

1947 年新《银行法》中体现纠正性监管思想的规定,较 1931 年《银行法》在条规的数量上更多、规定的内容更加细致,但所涉及的纠正性监管思想内容基本大同小异。新《银行法》中有关纠正性监管思想的具体规定内容包括:银行未取得营业执照营业的,应勒令停业,并得科银行各负责人五千元以下罚锾;银行经营规定以外业务的,得科银行各负责人一万元以下罚锾,或勒令撤换其负责人,情节重大者,并得撤销其营业执照;银行未将其本行及分行所在地公告的,得科银行各负责人五千元以下罚锾;对于擅自变更营业事项的,得制止其变更,并得科银行各负责人一万元以下罚锾,对于已获得变更申请,但未进行公告的,得科银行各负责人五千元以下罚锾;对于违反规定给本行人员或利益相关人员机构放款的行为,得科银行各负责人一万元以下罚锾;对于通过赠予方式吸引存款的,得科银行各负责人一万元以下罚锾;对于银行职员以个人名义不当获利的行为,得科一年以下有期徒刑、拘役或二万元以下罚金;对于超期未能公布年报信息的,得科银行各负责人五千元以下罚锾;呈报表册有不实之记载者,得科银行各负责人一年以下有期徒刑、拘役或二万元以下罚金,其情节重大者,并得撤销其营业执照;对于商业银行、实业银行、储蓄银行、信托公司及钱庄等违反法律规定的资金运用行为,以及外国银行违反法律规定的经营行为,得科银行各负责人一万元以下罚锾,情节重大者,并得勒令撤换其负责人;信托公司有违反信托契约或重大过失致信托人受损失时,应负全部责任,信托公司负责人负连带无限赔偿责任,该责任于各该负责人卸职登记之日起,满两年解除;对于信托公司或负责人违反规定,代为投资与其有利害关系之事业时,公司各负责人应连带负赔偿责任,并得科公司各负责人一万元以下罚锾。[1] 新《银行法》中有关纠正性监管思想的规定,尽管在所涉及的纠正性监管思想的内容上变化不大,但在规定的细致程度和覆盖范围上均较 1931 年《银行法》有大幅提升。特别是对银行业务经营问题上的纠正,一定程度上体现了对银行相关违规行为

〔1〕“国民政府颁布银行法令稿(1947 年 9 月 1 日)”,中国第二历史档案馆编:《中华民国史档案资料汇编》[第五辑第三编:财政经济(二)],凤凰出版社 2010 年版,第 15—28 页。

可能导致风险的认识。例如,对于银行通过赠予方式吸引存款行为的纠正,就表明此时期的银行纠正性监管思想事实上已经认识到,这种行为会增加银行获取资金的成本,从而将资金投入高风险行业,最终引发银行危机,并危及债权人的利益。因此,新《银行法》才明确禁止银行的此种经营行为。

最后,关于银行违规行为的纠正方法,两部《银行法》均主要采取的是问责相关责任人、罚款及停业几种方式。第一,对于直接问责相关责任人,可以通过严格的问责机制,约束银行工作人员的行为,防止因个人行为导致的银行风险,并且能将风险的成本直接落实到个人,降低银行的风险成本。但是,问责机制对于责任的认定,在一定程度上会存在困难。并且,银行的风险成本一般较高,个人一般无法完全承担,剩余的大部分成本仍要由银行自行承担,还是会对银行造成巨大损失。第二,通过罚款也能有效约束银行及其职员的行为。但是,罚款的标准往往很难制定,过低则无法起到有效的约束作用,过高则可能会无法切实执行。第三,勒令停业可以有效地约束银行的经营,并且通过停止问题银行营业,可以将其隔离银行市场,防止其风险传递至其他银行。但是,停业手段并不适用于国家银行,其他银行则限于其规模,即便发生风险,其危害也不至于导致整个银行业发生危机。但在当时的银行业,勒令停业仍是一项有效防范银行风险的手段之一。

(二)救助性监管思想

国民政府时期,关于银行救助性监管思想的发展,要属存款保证准备金制度的发展最为迅速。近代中国存款保证准备金制度实际包含了保证金制度和准备金制度两方面内容。以往学者研究的重点均在准备金制度的功能发挥上,忽略了对保证金制度功能的研究。[1] 纵观近代中国存款准备金制度的发展历程,直到 1942 年才真正开始实施,且由于近代中国货币制度及中央银行制度的不健全,使得准备金制度的功能一直未能得到发挥。[2] 杜恂诚认为,南京国民

---

〔1〕 以往相关研究,参见杜恂诚:《中国近代两种金融制度的比较》,《中国社会科学》,2000 年第 2 期;李桂花:《论近代中国中央银行的形成时间、制度类型与功能演进》,《中国经济史研究》,2001 年第 2 期;刘平:《近代中国银行监管制度研究(1897—1949)》,复旦大学出版社 2008 年版,关于存款保证准备金制度的论述。

〔2〕 参见李桂花:《论近代中国中央银行的形成时间、制度类型与功能演进》,《中国经济史研究》,2001 年第 2 期;程霖:《近代中国中央银行制度思想演进》,《财经研究》,2005 年第 3 期;李昌宝:《中国近代中央银行思想研究》,2007 年复旦大学博士论文;李永伟:《论南京国民政府中央银行货币发行制——以政府主导下的制度生成过程为视角》,《金融教学与研究》,2010 年第 1 期。

政府中央银行实行的存款准备金制度、再贴现制度等,“并不能真正成为中央银行的货币政策工具,而只是摆摆中央银行的空架子而已”,存款准备金率和再贴现率作为“货币政策工具的基本功能,南京政府中央银行都不具备”。〔1〕以往的研究,既无法解释近代中国存款保证准备金制度名称中“保证”〔2〕二字的深刻含义,也未能深入考察该制度的实际功能及其与早期的储蓄存款保证准备制度的关系。所以,这里有必要对存款保证准备金制度的实际功能定位作一探讨。

近代中国存款保证准备金制度的前身为近代中国的储蓄存款保证准备制度。该制度的正式建立,以 1934 年 7 月 4 日国民政府《储蓄银行法》的颁布,以及同年 10 月 1 日财政部公布的《储蓄存款保证准备保管委员会章程》和《储蓄存款保证准备保管委员会办事细则》为标志。设立储蓄存款保证准备金的主要目的有两个:一是为偿还储蓄存款提供担保,即储蓄存款之保险;二是增进银行信誉,即维护银行信用之稳定。根据 1934 年《储蓄存款保证准备保管委员会章程》之规定,储蓄存款保证准备的监管机构为储蓄存款保证准备保管委员会,其“对于储蓄存款保证准备之保管负监督及检查之责”。〔3〕委员会“设委员七人”〔4〕,一切事务,均以会议决定之,委员过半数之出席,开会出席委员过半数之同意决议是否通过,并以主席名义对外发布公文。对于储蓄存款保证准备的缴存,初期仅有《储蓄银行法》第 9 条的简单规定:“储蓄银行至少应有储蓄存款总额四分之一相当之政府公库券及其他担保确实之资产,交存中央银行特设之保管库,为偿还储蓄存款之担保。”〔5〕由于未确定不同缴存对象的折算比例等,使得存款保证准备金在实际的缴存过程中产生了诸多问题。1943 年财政部公布了更为详细的《储蓄存款保证准备缴存办法》,规定上述存款总额以每半年末

〔1〕参见杜恂诚:《中国近代两种金融制度的比较》,《中国社会科学》,2000 年第 2 期。

〔2〕近代中国存款保证准备金制度中的“保证”与“保险”为同义语,两者的英文表述均为 insurance。事实上,近代国人在传播美国存款保险制度时,也有一些学者表述为“存款保证制度”,本书在表述时统一为“存款保险制度”,其含义与现代存款保险制度基本一致。此外,尽管近代中国存款保证制度的主要功能为强制性存款保险,但其与美国的存款保险制度并不完全相同,因此文中的“存款保证制度”特指近代中国的“储蓄存款保证准备制度”和“存款保证准备金制度”中的存款保证制度本身,而制度的功能则仍然使用“强制性存款保险功能”的表述,以强调其实际发挥的是存款保险的功能。

〔3〕参见《储蓄存款保证准备保管委员会章程》,《财政公报》,1934 年第 81 期。

〔4〕参见《储蓄存款保证准备保管委员会章程》,《财政公报》,1934 年第 81 期。

〔5〕参见“国民政府颁布之储蓄银行法(1934 年 7 月 4 日)”,《中华民国金融法规档案资料选编》,第 582 页。

日之结存总额为准。储蓄存款保证准备金之标的资产为政府公库券及其他确实担保之资产,"中央储备银行必要时,得延聘专家评定保证准备各项担保品之价值"。[1] 储蓄银行可以于每届月终,申请调换同等额度的存款保证准备之担保品,该担保品的价格变动剧烈时,中央储备银行(即中央银行)得令储蓄银行补足差额或发还溢额。为保证各储蓄银行切实缴存存款保证准备,财政部得随时委托中央储备银行检查其业务内容及其全部财产之实况。中央储备银行每届月终,应将储蓄银行缴存之保证准备实况,列表呈报财政部备查。

随着近代中国银行业的发展,以及抗日战争的全面爆发,近代中国银行信用水平急剧下降;抗战胜利后,百废待兴,更需要银行为国民经济的复兴提供资金支持。为维护银行信用和吸收存款,国民政府将储蓄存款保证准备制度逐步扩展至整个银行业,与存款准备金制度合并成为存款保证准备金制度。1940 年 8 月 7 日,出于战时维护金融稳定之特殊需要,财政部公布了《非常时期管理银行暂行办法》,将存款保证制度从储蓄存款扩大至所有银行的普通存款。该办法规定,银行经收存款,除储蓄存款照《储蓄银行法》办理外,其普通存款应以所收存款总额的 20%为准备金,转存当地中、中、交、农四行任何一行,并由收存行给以适当存息。但该规定的目的在于"收缩一般银行的信用,并增厚国家银行的资历"[2],而非存款保险之目的。但该办法规定的准备金为固定比例,不能随金融市场之情形随时调节,实为呆滞之保证。1946 年 4 月 17 日,财政部发布"渝财叁字第 6214 号"令,公布了《财政部管理银行办法》27 条[3],并废止了《非常时期管理银行暂行办法》。该办法以保护存款之安全和银行稳定运行为主要目的,细化了银行存款保证准备金的缴存范围及缴存比例。具体地,该办法第四条规定:"银行经收普通存款,应照左列规定,以现款缴存准备金于中央银行或其他指定代理银行。一、活期存款:百分之十五至百分之二十。二、定期存款:百分之七至百分之十五。前项准备金率,由中央银行就金融市场情形,商承财政部核定。"[4]该办法虽将准备金率设定为一定范围,具有一定灵活性,且规

---

〔1〕 参见《储蓄存款保证准备缴存办法》,《国民政府公报》,1943 年第 528 期。

〔2〕 参见刘平:《近代中国银行监管制度研究(1897—1949)》,复旦大学出版社 2008 年版,第 43 页。

〔3〕 参见"财政部关于公布管理银行办法令",中国第二历史档案馆编:《中华民国史档案资料汇编》[第五辑第三编:财政经济(二)],凤凰出版社 2000 年版,第 2—5 页。

〔4〕 参见"财政部关于公布管理银行办法令",中国第二历史档案馆编:《中华民国史档案资料汇编》[第五辑第三编:财政经济(二)],凤凰出版社 2000 年版,第 2—5 页。

定缴存对象为现金,似与准备金制度相符,但其实际仍是不可随时提取之呆滞保证金,与《非常时期管理银行暂行办法》之实际功能并无本质差别。

1947年新《银行法》颁布,将所有银行(包括储蓄银行)纳入统一管理,制定了更加完备的存款保证准备金制度。新《银行法》规定,存款保证准备金率由中央主管官署(财政部)按全国各地人口、经济金融之实际状况,以及各地银行之营业情形,划分区域确定。在最低与最高限度内,按当地当时金融市场之实际情形,与中央银行商议,分别核定。具体的存款保证准备金的缴存比例如表4.8所示[1]。

表4.8 1947年新《银行法》关于具体存款保证准备金缴存比例的规定

银行种类	应提存于中央主管官署所指定银行之保证准备金	
	活　存	定　存
商业银行	10%—15%	5%—10%
实业银行	8%—12%	5%—8%
储蓄银行	10%—15%	5%—10%
信托公司	10%—15%	5%—10%
钱　庄	10%—15%	5%—10%

新《银行法》对于缴存比例仅仅给定了范围,并未确定具体的缴存数额,使得规定在实际执行上存在困难,故财政部又公布了《缴存存款准备金实施办法》。该办法规定,银钱行庄收受普通存款、储蓄存款应缴存之准备金,以后统称保证准备金。对于各银钱行庄保证准备金的缴存比例:(1)商业银行、储蓄银行存款保证准备金比率暂定,活期存款为15%,定期存款为10%;(2)实业银行暂时与商业银行及储蓄银行相同,待依法将其业务进行调整,以确定其性质后,再行核定;(3)省县市银行缴存比例暂照《银行法》对实业银行之规定,活期存款为12%,定期存款为8%。"银钱行庄缴存存款保证准备金,得依照银行法之规定,以公库债券抵充,惟此项抵充存款保证准备金之公库债券,不得超过应缴总额百分之五十,至债券作价,国币债券应照票面七折计算,外币债券应照缴存或调整日公布外汇市价五折计算。"[2]但该项规定随即被财政部暂停执行,后于1948年底恢复执行,并规定以公库债券抵充缴存之数量不受限制,但其折算标

[1] 参见《新银行法概说》,《现代会计》,1947年第1期,第41—68页。
[2] 参见《财政部规定行庄缴纳存款准备金办法》,《银行周报》,1948年第32卷第1期。

准不变。[1] 至此,近代中国的储蓄存款保证和普通存款保证合而为一,统一纳入存款保证准备金制度。

对于存款保证准备金制度的性质及功能,当代学者普遍认为,准备金制度主要发挥的是存款准备金的功能。但实际考察近代中国的银行制度环境,并不具备发挥存款准备金功能的条件,且制度设计本身也不符合准备金制度的要求。存款准备金的主要功能是中央银行根据金融市场情形,通过调整法定准备金率来调节货币供给量。这首先要求有完善的中央银行制度和货币制度形成集中准备,其次要求中央银行能够根据市场情形随时调节法定准备金率,而不是将准备金率固定在一定范围内。准备金制度的另一项功能,即由中央银行提供流动性支持,预防挤兑发生。但新《银行法》规定,银行除须缴存存款保证准备金外,还必须提存付现准备金,其目的即为存户提存提供支持,已具有预防挤兑之功效。更重要的是,新《银行法》规定缴存的存款保证准备金并不能根据金融市场之情形随时提取,使得调剂银根的功能根本无法发挥。这种呆滞的存款保证准备金实际上仅能发挥保证金的功能而已。同时,准备金的缴存对象应为现金,其他公库债券等不能作为缴存对象,但保证金则可以用公库债券等其他金融资产按比例抵充。

对于上述问题,近代国人也有相同之观点及分析。例如,朱斯煌对《修正银行法草案》[2]中存款准备金之规定评论道:"存款法定准备之缴存于中央银行,不特为保障存户之利益,其重要目的,在中央银行得以藉此控制银根之紧宽,亦各国之通例也。……此所称法定准备,实无异固定性之保证,而非真正流动性之运营准备。如果法定准备之性质不加更正,则准备率应予降低,并宜许以若干成用公债或其他经核准之财产为代用品缴存,若干成以现金缴存,必要时中央银行准允各银行得以随时以资产为担保,就缴存准备金数额内酌予拆放,以资周转。如果法定准备为真正之营运准备,则法定准备应即为各行之交换户,

---

〔1〕 参见《财政部令准行庄酌量以公债库券抵充存款保证准备金不予限制》,《工商法规》,1949年第1—26期。

〔2〕 在新《银行法》出台之前,财政部制定了《修正银行法草案》,并在社会各界进行了广泛的意见征集,新《银行法》即是采纳了社会各界的意见之后形成的。草案和新《银行法》有关存款保证准备金的规定大同小异,仅仅是将草案中的"存款准备金"修改为"存款保证准备金"。此外,新《银行法》虽对缴存比例规定了一定的范围,但鉴于执行上的困难,在《缴存存款准备金实施办法》中又规定为固定比例。因此,近代国人对《修正银行法草案》中存款准备金的批评,同样适用于新《银行法》及《缴存存款准备金实施办法》关于存款保证准备金之规定。

随时可以动用。但采取美国联邦准备银行办法,规定各行之准备户,如降低至法定准备率以下,则在其未补充前,该行不得作任何新放款,且按日征课罚金,则在当局为管理金融,在银行谋周转便利之旨,得以两者兼顾矣。”〔1〕朱斯煌的观点也代表了其他国人的观点和意见〔2〕,并最终促使新《银行法》将《修正银行法草案》中的存款准备金改为存款保证准备金,以符合实际之功能。

综上所述,结合现代金融理论对存款保险制度的界定〔3〕,近代中国的存款保证准备金制度(包括早期的储蓄存款保证准备制度和后期的存款保证准备金制度)实际是规定符合条件的各类银行集中向“中央银行”〔4〕按规定比例缴纳存款保证金,当某一银行发生危机时,由中央银行向其提供资金支持,以保证存款人的利益、维护银行信用、稳定近代中国金融秩序的一种制度。从概念界定、实施目的、制度内容及功能发挥等方面,近代中国存款保证准备金制度确实可界定为一种存款保险制度。与现代存款保险制度的不同之处:一是近代中国并未建立存款保险机构来管理保险基金,而是由中央银行行使其职能;二是存款保险公司还负有清理倒闭银行的职能,而近代中国由于银行退出制度的不健全,使得该功能并未得到发挥。然而,随着中央银行制度逐步健全,近代中国存款保证准备金制度逐渐以准备金功能为主,而存款保险功能则逐步从中独立出来,以发展成现代意义上的存款保险制度。这在新《银行法》的形成过程及部分

〔1〕 参见朱斯煌:《关于修正银行法草案之意见》,《银行周报》,1946年第30卷第26期,第1—9页。

〔2〕 近代其他国人有关《修正银行法草案》之存款准备金,以及新《银行法》之存款保证准备金的评论及观点,参见:《各银行对于修正银行法草案之意见》,《银行周报》,1946年第30卷第28期,第3—7页;陈嘉杰:《评论银行法》,《中农月刊》,1947年第8卷第7期,第89—123页;杨桂和:《评新银行法》,《清议》,1947年第1卷第6期,第14—15页;赵傅鼎:《银行法概评》,《公信会计月刊》,1947年第10卷第6期,第136—143页;杨兴烈:《修正银行法草案之检讨》,《浙江经济》,1946年第1卷第2期,第8—49页;俞增康:《修正银行法草案之我见》,《财政评论》,1946年第15卷第6期,第59—67页;《吁请修改银行法》,《银行周报》,1948年第32卷第29期,第1—25页;《新银行法概说》,《现代会计》,1947年第1期,第41—68页;《对修正银行法草案意见初稿》,《银行通讯》,1946年第7期,第2—3页;《社论:评修正银行法草案》,《金融周讯》,1946年第2卷第25—26期,第1—3页;复旦银行学会学术组:《对于修正银行法草案之检讨与建议》,《银行系刊》,1946年第3期,第20—27页;《谈修正银行法草案》,《财政评论》,1946年第15卷第1期,第2—19页;《金融座谈会讨论:修正银行法草案纪略》,《银行通讯》,1946年第7期,第1—2页。

〔3〕 存款保险制度是指由符合条件的各类存款性金融机构集中起来建立一个保险机构,各存款机构作为投保人按一定存款比例向其缴纳保险费,建立存款保险准备金,当成员机构发生经营危机或面临破产倒闭时,存款保险机构向其提供财务救助或直接向存款人支付部分或全部存款,从而保护存款人利益、维护银行信用、稳定金融秩序的一种制度。

〔4〕 此处的“中央银行”泛指近代中国所有具备中央银行职能的银行及机构。

条款中已有明确体现。例如,1947 年新《银行法》第四十四条明确规定:“银行为保障存款人利益,应联合成立存款保险之组织。”近代中国的法律体系属于大陆法体系,故该条规定虽十分简单,且不具备操作性,但其意图十分明显,意在构建类似于美国的存款保险制度来替代存款保证制度,以使存款保证准备金制度成为确实之准备金制度。

此外,从近代中国存款保证准备制度思想的渊源来讲,其中的保证制度即源于美国的存款保险制度。近代中国,银行是由西方传入的外生事物,银行制度则是参照西方各国银行制度(早期主要参照英国,后期主要参照美国、日本)构建起来的,存款保证准备制度的发展及其存款保险功能的发挥也深受西方(即美国[1])存款保险制度传播的影响。近代国人对存款保险的态度,经历了否定、中立、肯定三个阶段。

第一阶段(1933 年之前)为美国州立存款保险制度的传播。此阶段有关美国存款保险制度的传播内容及国人态度,仍与北京政府时期无异。[2]

第二阶段(1934—1936 年)为联邦存款保险制度的初建期。美国联邦存款保险制度在汲取各州存款保险制度失败经验的基础上初步建立,近代学者研究的主要对象也转向以联邦存款保险制度[3]为主。近代学者普遍认为,始于1929 年的金融危机是导致美国政府建立联邦存款保险制度的主要动因,其目的在于恢复银行信用、帮助金融业度过危机。“美国每年有大多数银行之倒闭,其原因果何在乎。查美国银行制度之缺点,国立银行则根据国立银行法,州立银行则根据州立银行法。州立银行薄弱者甚多,一日金融恐慌,银行即受危险。在是种情形之下,国民对于银行之信仰,渐次薄弱。为恢复银行信用起见,于是随有存款保险制度之创设。”[4]由于联邦存款保险制度在美国处于建立初期,其是否有利于银行业的发展,还有待实践的检验。通过对比联邦存款保险制度存在的利弊因素,近代学者对联邦存款保险制度均保持中立的态度,既不赞成,

〔1〕 美国是现代存款保险制度的首创者,也是 20 世纪二三十年代唯一建立此类制度的国家。存款保险制度在近代中国的传播,主要是指美国存款保险制度在近代中国的传播。

〔2〕 传播内容及主要观点参见本书第三章第四节有关救助性监管思想的论述内容。

〔3〕 前一阶段常见的州立存款保险制度的论述,在这一阶段主要作为联邦存款保险制度产生的历史背景出现。

〔4〕 参见刘仲廉:《美国存款保险制度之研究》,《商业月报》,1934 年第 14 卷第 6 期。

也不反对。近代学者[1]在深入研究了联邦存款保险制度的立法、联邦存款保险公司的职能、参保银行的资格认定、联邦存款保险基金的构成,以及倒闭银行的清理和存款保险的赔偿等内容后,认为中国采取的是与美国不同的分支行制度,该制度下是否需要建立美国式的存款保险制度,还有待于进一步的研究和探讨。但相对于前一阶段国人对州立存款保险制度的反对态度,此时国人对存款保险的态度已发生了巨大转变,均对美国联邦存款保险制度持中性评价和观望态度。

第三阶段(1937—1949 年)为联邦存款保险制度在美国获得成功后的深入传播。美国的联邦存款保险制度经过一段时期的运行,获得了巨大成功,维护了美国金融业的稳定,帮助美国的银行业走出金融危机的阴霾。联邦存款保险制度的成功,使得联邦存款保险制度的传播内容更为深入。近代国人不仅仅局限于对制度内容的介绍,更从联邦存款保险制度执行期间的相关数据,对美国联邦存款保险制度的执行效果进行实证分析和研究。更有学者明确表示,应将存款保险引入近代中国银行制度体系。[2] 朱寿泰通过美国联邦存款保险制度施行以来,联邦存款保险公司的损益表和资产负债表、银行的倒闭数量、投保银行的数量等数据,分析了联邦存款保险制度的具体施行状况。金国宝也通过联邦存款保险公司历年的状况表和赔偿表,研究美国联邦存款保险制度的施行效果。金国宝更表示:"(近代中国金融业)现行规定属于消极限制者多,属于积极诱导繁荣者少,而对于鼓励人民存款及保障如美国存款保险制度相似者,尚属未见。此种制度虽未敢云移花接木可推行于我国,但其立意之深远与周详,似不失管制金融之适当工具焉。"[3]尽管金国宝是从加强金融管

〔1〕 主要代表人物有刘仲廉、周天骥、吴骐和杨宪昭等。以上代表人物的文章及所载期刊如下:刘仲廉:《美国存款保险制度之研究》,《商业月报》,1934 年第 14 卷第 6 期;《美国存款保险制度之研究(一)》,《银行周报》,1935 年第 19 卷第 28 期;《美国存款保险制度之研究(二)》,《银行周报》,1935 年第 19 卷第 30 期。周天骥:《美国最近银行存款保险制度之检讨(上)》,《银行周报》,1935 年第 19 卷第 27 期;《美国最近银行存款保险制度之检讨(下)》,《银行周报》,1935 年第 19 卷第 28 期。吴骐:《美国银行存款保险制度之检讨》,《商学季刊》,1936 年第 1 卷第 1 期。杨宪昭:《美国存款保险制度之概状及其批评》,《中央银行月报》,1936 年第 5 卷第 8—12 期。

〔2〕 此时期的主要代表人物有宰君、倪纯庄、金国宝和朱寿泰等。以上代表性人物的文章及所载期刊如下:宰君:《美国银行存款保险制度之功用》,《银钱界》,1939 年第 3 卷第 7 期。倪纯庄:《略述美国联邦政府存款保险公司》,《银行周报》,1947 年第 31 卷第 50 期。金国宝:《美国存款保险制度》,《中央银行月报》,1948 年新第 3 卷第 5 期。朱寿泰:《美国银行的存款保险制度(上)》,《新语》,1948 年第 13 卷第 14 期;《美国银行的存款保险制度(下)》,《新语》,1948 年第 13 卷第 15 期。

〔3〕 参见金国宝:《美国存款保险制度》,《中央银行月报》,1948 年新第 3 卷第 5 期。

制的角度提出建立类似存款保险制度体系,与美国存款保险制度的主要目的不尽相同,但其强调不应直接套用,而要与我国银行业发展相适应的观点,无疑是十分正确的。

美国存款保险制度对近代中国存款保证准备金制度发展的影响,可从直接影响和间接影响两个方面来分析。

首先是直接影响,主要体现为美国存款保险制度的传播对近代中国存款保证准备金制度产生和发展的影响。近代国人将"存款保证制度"与"存款准备制度"的英文分别表示为 Bank Deposit Insurance System 和 Reserve System。因此,近代中国的存款保证准备金制度,也可称为存款保险准备金制度。而《存款保证制度与存款准备制度》中有关存款保证制度的内容,就是对美国联邦存款保险制度的介绍[1],也表明当时语境下的"保证"其实就是"保险"[2]。

其次,美国存款保险制度的传播对近代中国存款保证制度产生和发展的间接影响,则从该制度的传播者及传播媒介对近代中国银行制度体系发展的影响中得以体现。美国存款保险制度的传播者,多从事与近代中国金融及银行密切相关的工作,并在行业内具有较为重要的地位及影响力。例如,中央银行官员、金融学教授金国宝作为近代中国明确表示应引入存款保险制度的第一人,其长期在银行业工作的经历,必然会对近代中国存款保证准备金制度的产生和发展产生深远影响。[3]。此外,传播者关于存款保险制度文章所刊载的杂志在近代中国具有较强影响力,这种影响力必然会影响近代中国存款保证准备金制度的

---

〔1〕 参见《存款保证制度与存款准备制度》,《东亚经济月刊》,1942 年第 1 卷第 5 期。

〔2〕 由于本文论述的是近代中国的存款保证准备金制度,所以后文中如无说明,则与近代相同,对保险与保证不作区分。

〔3〕 金国宝(1894—1963),字侣琴,江苏吴江同里人。曾以优异的成绩得到了南洋兄弟烟草公司的资助,赴美国哥伦比亚大学留学,主要学习统计学原理等课程,获硕士学位。1927 年南京国民政府成立后,金国宝为财政部科长。1928 年 4 月,蔡元培派金国宝赴欧洲、美国等国考察和学习人口统计,历时一年。1929 年 8 月,金国宝回国,被南京市市长刘纪文委任为南京市财政局局长。1930 年 4 月,金国宝随即去日本考察地方财政,历时两个月,回国后转入上海交通银行,为该行总稽核,兼任中国银行经济研究处专门委员。1935 年 7 月 20 日,金国宝进入中央银行,任会计处处长。抗战期间,金国宝随中央银行西迁重庆,抗战胜利后回上海,仍供职中央银行,兼任上海商学院、暨南大学教授。中华人民共和国成立后,金国宝先后任复旦大学、上海财经学院教授,上海社会科学院经济研究所教授。参见王晓华、吴菊英:《金国宝及其〈侣琴诗存〉的史料价值》,《档案与建设》,2005 年第 11 期。

发展。[1]

最后,近代中国储蓄存款保证准备制度建立的时期(1936年),正值联邦存款保险制度引入近代中国的时期(1933年至1936年);而存款保证准备金制度建立的时期(1946年),恰是联邦存款保险制度获得成功并在中国深入传播且得到国人肯定的时期(1937年至1949年)。这种时间上的巧合,也表明美国存款保险制度在近代中国的传播,确实对近代中国存款保证制度的发展有着深远影响。

需要说明的是,对比世界其他国家和地区存款保险制度建立的时间,何以近代中国能够迅速跟进美国的经验?一是近代中国发生的数次金融风潮,使得近代国人对银行风险的认识增强,迫使国人多方寻求应对危机的办法。二是受传统观念的影响,近代国人十分重视存款的安全性。美国存款保险制度恰恰是通过对存款保险,从而保障存户存款的安全。三是近代中国存款保证准备金制度形成和发展的时期,正值南京国民政府时期,此时期的欧美银行理论在近代中国的传播增多,引进也较前期更为及时。基于以上三点原因,使得近代中国能够较其他国家更为迅速地跟进美国经验,建立存款保证制度。

综上所述,不论是从制度的实际功能还是从制度的思想渊源,均证明近代中国的存款保证准备金制度主要为存款保证制度,其所体现的思想实为救助性监管思想中的存款保险制度思想。

(三)市场退出监管思想

银行的市场退出监管思想,至国民政府时期,也发展到了一个相当高的水平。不仅在银行通行法规中对于银行退出市场有相关规定,并且针对银行的市场退出监管问题制定了专门的银行市场退出法规。

1931年《银行法》对于银行退出市场的具体规定内容包括:(1)银行改营他业,其存款、债务尚未清偿以前,财政部得令扣押其财产或为其他必要之处置,其因合并而由非银行之商号承受银行之存款及债务时,亦同。(2)银行清算时,其清偿债务以下列之次序:①有银行发行兑换券者其兑换券;②有储蓄存款者

[1] 近代中国有关美国联邦存款保险制度研究的文章所刊载的《银行周报》、《交行通信》、《商业月报》、《中行月刊》、《中央银行月报》、《银钱界》、《新语》、《东亚经济月刊》等期刊,在近代中国均有很强的影响力。特别是刊载文章最多的《银行周报》,是近代中国创办最早、历史最悠久的金融学术刊物。《银行周报》在近代中国的影响力,参见李辉:《〈银行周报〉研究(1925—1937)》,载于复旦大学中国金融史研究中心编:《辛亥革命前后的中国金融业》,复旦大学出版社2012年版,第145—176页。

其储蓄；③一千元未满之存款；④一千元以上之存款。(3)银行如因破产或其他事故停业或解散时，除依其他法令规定办理外，应即开具事由，呈请财政部或呈由所在地主管官署转请财政部核准后，方生效力。银行停止支付时，除详具事由呈请所在地主管官署核办外，应即在总、分行所在地报纸公告之，并呈请财政部核查。(4)银行解散时，应将营业证书缴呈所在地主管官署转送财政部注销。对比北京政府时期银行法规中的银行退出监管思想，1931年《银行法》中银行市场退出监管思想已开始注重对银行债权人利益的保护，而不仅仅是将退出市场的银行从其监管系统中除名。同时，对于不同的债权人，该法规定了优先偿还的顺序。尽管其顺序与现代银行市场退出制度理论中的顺序并不完全一致，但其优先保证储蓄资金和小额存款的规定，对于维护人民群众的利益、维持人民对银行业的信心、保持社会的稳定，具有重要意义。

1947年新《银行法》中虽然并未包括银行退出市场监管的规定内容，但在该法公布后七天，即1947年9月8日，财政部公布了《银行停业清理办法》。所以，从公布的时间来看，尽管新《银行法》中没有银行退出市场的规定，但并不表示财政部对银行退出市场监管的不重视。恰恰相反，财政部对于银行市场退出监管的重视程度，通过制定专门的法规得以体现。《银行停业清理办法》共九条，具体内容包括：(1)银行停业清理时，除依公司法办理外，悉以本办法之规定办理。(2)银行之清算，其由股东决议所定之清算人或由股东会所选之清算人，应为合法会计师职业者。其由股东或董事为清算人者，并应选定会计师一人同为清算人。前两项所列清算人，除应向法院依限呈报就任日期外，并应分报财政部备案。(3)不能以前条规定选定清算人时，财政部得声请法院选派清算人。(4)银行各项资产经执行清算之会计师估值后，应即将估值情形，分报法院及财政部备案。(5)清算人应将银行库存之现金、收回之各项债权、联行调拨之款项及财产之变价，在当地中央银行开立专户，随时存储，以备随时提取，偿付负债。提取时之支票，必须由担任清算人之会计师签章。(6)清算人应优先将银行所收之存款、汇款全部清偿，于清算之日起，三个月办理完竣。如遇某项债权债务或某种财产尚有纠葛时，仍应于专户存储款项内，尽先清偿存款、汇款。(7)清算人应将清算情形，按月呈报财政部查核，并应抄附有关表册案件，于翌月五日以前送出。(8)银行清算完结或依法宣告破产，均应呈报财政部备案。[1] 上述

〔1〕“财政部公布银行停业清理办法令稿(1947年9月8日)”，中国第二历史档案馆编：《中华民国史档案资料汇编》[第五辑第三编：财政经济(二)]，凤凰出版社2000年版，第29—30页。

规定内容体现的银行清理的具体步骤是:第一,确定专业的银行清算人,对银行的资产进行清算;第二,清算人完成清算后,建立专门的账户,以管理清算后的银行资产;第三,清偿银行债务,首先应对存款、汇款进行清偿;第四,清偿完毕后依法宣告破产,并呈报财政部备案。由此可见,国民政府时期的银行破产清算程序是比较完备的,不仅要求专业人员对银行进行资产核算,还强调优先对存款和汇款进行清偿,以保证存户的利益和工商业的正常经营。优先偿还存款及汇款,与1931年《银行法》的偿还顺序不同,更符合现代银行破产理论对债务清偿顺序的要求。此外,该办法对清偿的时间也做了严格限制,以防止清偿时间过长,引发存户及工商业等债权人的恐慌情绪,进而导致危机的发生。总的来说,此时的银行市场退出监管思想尽管与现代银行市场退出监管理论的完备程度无法相比,但在当时已是达到相当高的水平,成为国民政府银行监管制度思想的重要组成部分。

纵观国民政府时期的银行退出制度思想,在纠正性监管思想、救助性监管思想和市场退出监管思想三个方面,与北京政府时期相比,在深度和广度上均取得了较大发展。这其中,尤以存款保证准备金制度思想和市场退出监管思想两方面发展最为迅速,成为我国银行监管制度思想史上不可多得的闪光之点。这也为新中国成立后银行监管制度的建设奠定了相当深厚的理论基础。

第五节 国民政府时期银行监管思想的特点

一、国民政府时期银行监管思想的特点

若晚清时期是近代中国银行监管的萌芽期,北京政府时期是近代中国银行监管的发展期,那么,南京国民政府时期就应该是近代中国银行监管的深入发展期。不论是对银行监管目的的认识,还是银行监管法律制度的建设程度,抑或是银行监管的实际执行等,在国民政府时期都获得了快速发展和深化。需要特别指出的是,即便是在抗日战争这一特殊历史时期,近代中国的银行监管制度思想也在快速发展,并产生了许多具有重要意义和作用的银行监管思想。这一时期,中国银行监管制度思想发展的特点主要包括以下几个方面:

(一)对银行监管的必要性及目标的认识更加全面深刻

国民政府时期的银行监管制度思想,对银行监管的必要性及目标的认识较

清末和北京政府时期更加全面和深刻。晚清政府对银行的监管,主要是基于对政府财政整理的需要。而北京政府对银行的监管,虽然已认识到监管的必要性及目标在于对银行风险的监督与管理,但认识的深度远远不够,对于银行风险的认识也仅仅局限于银行经营管理不善及滥发纸币。国民政府时期的银行监管思想对监管必要性及目标的认识,不仅仅基于对银行经营风险的防范,更认识到银行监管有助于监管主体实施有效的信用控制及货币政策的执行,对于保障银行的安全稳健运营、保护公众利益、稳定物价、调节资金供求、发展生产、引导金融业的健康发展等,均具有重要作用。如前所述,国民政府时期的银行监管制度思想认为,政府对银行实行监管的必要性主要包括如下三个方面:(1)银行的风险不仅会影响银行本身,对经济活动的各方均会产生破坏性影响,因此政府必须对银行的日常经营活动进行管理;(2)银行的信用扩张功能对于稳定币值和经济发展具有重要作用,故必须对银行的经营进行管理;(3)银行的经营活动对于一国经济方针政策的执行具有重要作用,故政府必须对银行进行管理。基于对银行在经济中的重要作用及对银行监管必要性的认识,国民政府时期的银行监管思想认为,政府对银行监管的主要目标为:第一,保证银行安全稳健运行,促进银行健康发展;第二,维持币值的稳定;第三,执行国家的各项经济方针及政策,辅助工商业之发展。

根据我国现行的《银行业监管法》第三条之规定:"银行业监督管理的目标是促进银行业的合法、稳健运行,维护公众对银行业的信心。银行业监督管理应当保护银行业公平竞争,提高银行业竞争能力。"对比现代银行监管目标与国民政府时期的银行监管目标,除在具体表述上有所不同外,在实际设定的目标内容上并无太大差别。国民政府时期所设定的银行监管目标,是以促进银行业的合法稳健运营、维护公众对银行业的信心为主。此外,对于国民政府时期的银行监管制度思想将执行国家的政策方针、辅助工商业发展作为监管目标,与现代有些国家将执行货币政策作为银行监管的目标之一,事实上如出一辙。因此,国民政府时期的银行监管思想对于银行监管的必要性的认识,以及对银行监管目标的设定,均达到了较高水平。

(二)银行监管主体机构思想的发展更为深入

国民政府时期,银行监管制度思想对于银行监管主体机构的探讨,在不断加强财政部的银行监管主体地位的同时,对于其他辅助监管机构的监管主体地位也进行了讨论和确立。国民政府时期的银行监管主体机关,不论是金融监理局还是钱币司,均是财政部设立的用于专门负责银行业监督和管理的行政机构。尽管在名称和设置上有一定的区别,但金融监理局和钱币司首先都是财政部下设的行政机构,其次两者主要执行的都是专门负责银行注册、经营、检查、注销等银行业的监管职责。因此,虽然不同时段银行监管主体机关的名称不同,但从其从属地位及职能来看,均体现出财政部作为银行监管主体机关的地位。同时,随着对监管目标认识的深入,银行监管主体机构的名称和职能也在不断变化中。例如,财政部当初设立金融监理局的主要目的,是通过控制货币发行来解决当时物价剧烈波动问题,而非通过加强对金融业的管理来达到稳定金融、促进经济发展。正是由于目标职能的错误,使得金融监管局的监管主体地位遭到多方反对,并最终迫使财政部裁撤金融监理局,改设钱币司来专司银行业的监督和管理职责。而钱币司设立后,也不再以控制货币发行为其主要职责,而是将银行的监督管理和国币发行的监测作为其主要职责内容,以促进金融和经济的发展。

国民政府时期,除财政部作为银行监管的主体机关,其监管主体的地位不断得到加强外,其他辅助监管机构的监管主体地位在这一时期也获得发展并最终得到确立。国民政府时期,银行监管的辅助监管机构主要为中央银行和四联总处。中央银行作为银行监管的辅助机构,其监管主体地位的确立,与其"银行的银行"这一重要职能得以充分发挥密不可分。1942 年 6 月 15 日,国民政府颁布《中中交农四行业务划分及考核办法》,将货币发行、代理国库、统筹外汇收付、汇解军政款项、调剂金融市场等中央银行业务全部集于中央银行,中央银行"银行的银行"这一职能地位正式确立,为其履行银行监管职能奠定了现实基础。1945 年 4 月 2 日,财政部颁布《财政部授权中央银行检查金融机构业务办法》,正式确定中央银行为金融监管的主体机关。另外,此时期中央银行制度思想的迅速发展,也为中央银行监管主体地位的确立奠定了理论基础。除中央银行外,四联总处作为中、中、交、农四行的主管机关,其也成为国民政府时期的监管主体机构,成为财政部重要的辅助监管机关,负责对中、中、交、农四行的监督和管理,以及战时金融政策的制定和执行等。

综上所述,国民政府时期的银行监管主体机关形成了以财政部为主体、中央银行和四联总处为辅助的银行业监督和管理的机构体系。这一监管机构体系虽与当时西方各国的监管机构体系并不一致,但其仍然是在学习和借鉴西方银行监管制度理论的基础上,结合近代中国经济金融的现实情况,最终确立起来的。

(三)形成了专业化的银行准入制度思想

银行准入制度思想一直是近代中国银行监管制度思想的重要方面之一,也是近代中国银行监管制度思想自产生以来,发展最为迅速和广泛的银行监管制度思想内容。国民政府时期的银行准入制度思想,主要是在机构准入制度思想和业务准入制度思想两个方面得到了进一步的发展和完善。这一时期银行准入制度思想的一个重要特点,即随着银行专业化程度的不断加深,形成了一种专业化的银行准入制度思想。

这一专业化的银行准入制度思想,首先体现在机构准入制度思想上。国民政府建立初期,专门制定了银行机构准入的《银行注册章程》和《银行注册章程施行细则》,对银行的核准更加标准化和法制化。而后期的新《银行法》将所有银行统一纳入其规定范围,并设立专章对银行的准入登记进行详细规定。特别地,对于不同专业类型的银行,新《银行法》制定了与之相适应的机构准入标准,对各类银行的注册资本、分支机构的设立等,均依其经营特点制定与之相适应的准入标准。特别需要指明的是,以往的银行准入制度思想并未将外国银行纳入监管的范围内,但随着抗战的胜利,我国的国家主权得到恢复和加强,新《银行法》正式将外国银行纳入我国的银行监管制度体系之内,将外国在华银行作为一种银行类型,设立专章制定准入标准,约束和规范外国银行的准入。

专业化的银行准入制度思想则更显著地体现在这一时期的业务准入制度思想上。尽管在前面的论述中将业务准入制度思想分为三个时期,但实际上的业务准入制度思想在这三个时期的发展并不是相互割裂的。虽然每个时期的业务准入制度思想的发展各有特点,但不同时期的业务准入制度思想是一个承继的关系,后一个时期的业务准入制度思想在继承了前一时期思想的同时,又根据本时期经济金融的具体状况不断修正和完善。通过对不同时期业务准入制度思想的不断修正和完善,国民政府时期基本形成了依据银行的不同专业化类型分别专业化监管的业务准入制度思想。这种专业化的监管制度思想,不仅仅体现在新《银行法》对于银行类型及业务内容的专业划分上,更体现在国家银行对于各自业务内容的专业划分上。这种专业化的业务准入制度思想,与近代中国银行制度建设思想中银行专业化思想的发展密切相关。

(四)较为完善的存款准备制度及市场退出制度等退出监管思想

国民政府时期是近代中国银行监管制度思想的深化期,此时期银行退出制度思想的深化,主要表现为存款保证准备金制度思想和市场退出制度思想两方面的深入发展。

由于货币制度及中央银行制度的不健全,存款保证准备金制度在近代中国主要发挥的是强制性存款保险功能,其发展体现出“强制性变迁为主,诱致性变迁为辅”的特点。近代中国存款保证准备金制度变迁的决策主体是国民政府,其以法律和行政指令的形式引入和实行近代中国存款保证准备金制度的变迁。如前文对从储蓄存款保证准备制度到存款保证准备金制度发展的论述,无论是储蓄存款保证准备制度,还是其通过扩展最终形成存款保证准备金制度,都是国民政府通过颁布一系列的法律法规来实现的,均体现了“自上而下”的强制性变迁过程。近代中国存款保证准备金制度强制性变迁的过程中也存在诱致性变迁,但只起到辅助性作用。近代国人对美国联邦存款保险制度的传播,以及对近代中国存款保证准备金制度的研究,也会通过其对国民政府决策行为的影响,“自下而上”地对近代中国存款保证准备金制度的变迁产生影响。例如,储蓄存款保证准备保管委员会的成员中,大多数为银行从业人员,对储蓄存款保证准备制度的制定及实施均有切实影响。此外,近代中国存款保证准备金制度相关法规的制定,也常常会受到银行公会意见的影响。例如,国民政府曾事先公布《修正银行法草案》,并公开征稽各方意见,综合考虑并采纳合理意见后,最终形成新《银行法》。

近代中国存款保证准备金制度的强制性,还从监督和管理与保证准备金缴存的强制性两方面得以体现。首先,监督和管理的强制性,即政府对存款保险制度中管理机关的控制力。近代中国,无论是早期的储蓄存款保证准备制度,还是后来的存款保证准备金制度,其监督和管理机关均为政府部门,而非独立于政府之外的公司或其他组织。近代中国存款保证准备金制度的主管机关,主要是财政部及其下设的管理机构(储蓄存款保证准备制度为储蓄存款保证准备保管委员会,存款保证准备金制度为“中央银行”)。近代中国存款保证准备金制度在银行准入资格及保证金的缴存上均是强制的。近代中国存款保证准备金制度将所有银行均强制列入存款保证准备金制度的范围。储蓄存款保证准备制度时期,所有的储蓄银行均需缴纳储蓄存款保证准备金。这里的储蓄银行不仅包括以储蓄业务为主的银行,还包括所有银行经营的储蓄业务。所以,实际上基本所有此时期的银行,都包含在储蓄存款保证准备制度范围之内。存款保证准备金制度时期,则是将储蓄存款准备扩展至所有银行存款类别。其强制银行参加的程度,较储蓄存款保证准备制度时期更甚。其次,银行的存款保证金(保险基金)也是强制缴存的。近代中国存款保证准备金制度强制所有银行根据存款类别及存款总额,按规定比例缴存存款保证准备金。具体地,1943 年财政部公布的《储蓄存款保证准备缴存办法》规定,储蓄银行应至少缴存其存款总额 1/4 的规定资产于保管库,上述存款总额以每半年末日之结存总额为准。储蓄存款保证准备金之标的资产为政府公库券及其他确实担保之资产,“中央储备银行必要时,得延聘专家评定保证准备各项担保品之价值”。[1] 储蓄银行可以于每届月终,申请调换同等额度的存款保证准备之担保品,该担保品的价格变动剧烈时,中央储备银行(即中央银行)得令储蓄银行补足差额或发还溢额。为保证各储蓄银行切实缴存存款保证准备,财政部得随时委托中央储备银行检查其业务内容及其全部财产之实况。中央储备银行每届月终,应将储蓄银行缴存之保证准备实况,列表呈报财政部备查。1947 年新《银行法》规定,存款保证准备金率由中央主管官署(财政部)按全国各地人口、经济金融之实际状况,以及各地银行之营业情形,划分区域确定。在最低与最高限度内,按当地当时金融市场之实际情形,与中央银行商议,分别核定。后财政部公布《缴存存款准备金实施办法》规定[2],银钱行庄收受普通存款、储蓄存款应缴存之准备金,以后统称保证准备金[3],并具体规定了各银钱行庄保证准备金的缴存比例、缴存对象(公债、国库券或经国家银行认可之公司债券抵充)及缴存机构(中央银行)。

此外,近代中国存款保证准备金制度还存在如下几方面特点:第一,近代中国的存款保证准备金制度是在学习西方先进经验的基础上建立起来的。不论是早期的储蓄存款保证准备制度,还是后来的存款保证准备金制度,均是如此。第二,近代中国存款保证准备金制度的存款保险功能历经“局部—全面—独立”的发展过程。其存款保险功能首先应用于储蓄银行,然后逐步扩展至整个银行业。但随着中央银行制度的逐步完善,其准备金功能逐渐加强,存款保险功能逐步弱化,并欲从存款保证准备金制度中独立出来,以形成现代存款保险制度。第三,近代中国存款保证准备金制度存款保险功能的发挥,符合近代中国银行

---

〔1〕 参见《储蓄存款保证准备缴存办法》,《国民政府公报》,1943 年第 528 期。

〔2〕 参见《财政部规定行庄缴纳存款准备金办法》,《银行周报》,1948 年第 32 卷第 1 期。

〔3〕 由于国民政府并未区分保证金和准备金各占多少,而是统一规定为保证准备金,因此,该数据中既包含保证金,也包含准备金。这也为日后准备金功能完全取代存款保险功能埋下伏笔。

制度发展之基本特征。尽管近代中国的储蓄存款保证准备制度与存款保证准备金制度均是参照西方国家银行制度构建的,但其并非完全照搬,而是根据近代中国金融市场之现实进行了修正,以适应近代中国银行业之发展。这一特点,不仅体现在近代中国存款保证准备金制度本身,也体现在近代学者对于如何借鉴西方国家先进银行制度的态度上。

对比晚清时期和北京政府时期,将银行监管的重点放在银行的准入制度上,而对银行退出监管的不重视,在国民政府时期得到改观。国民政府时期的银行监管制度思想,在不断加强对银行准入监管的同时,银行退出制度思想也得到相当大的重视,并获得快速发展。这也是国民政府时期银行监管思想的发展较前两个时期最显著的特点之一。而国民政府时期银行准入监管思想和退出监管思想的深化,共同促进了国民政府时期银行监管制度思想的深化,并达到近代中国银行监管制度思想的较高水平。

(五)近代中国较完善、水平较高的银行监管法律制度体系

国民政府时期银行监管制度思想完善的最后一个体现方面,即建立起了近代中国较完善、水平较高的银行监管法律制度体系。法律制度体系的建设是监管制度建设的核心,任何国家或地区银行监管制度体系的建立,都需要一个健全的法律制度体系为基础。近代中国的银行监管制度思想是与银行监管的法律体系同时产生的。近代银行监管法规体系的不断发展,也一直是近代中国银行监管制度思想发展的核心内容。不论是晚清时期还是北京政府时期,银行监管制度思想的发展一直是以监管法规体系不断发展为其核心的。至国民政府时期,银行监管法律制度体系不仅获得巨大发展,而且建立起近代中国较高水平的银行监管法律制度体系。1947 年,国民政府财政部颁布的新《银行法》即这一较高水平法律制度体系的核心成果,是在吸收了近代中国所有有关银行监管的法律法规及监管思想后所形成的近代中国较为完善的银行监管法规。新《银行法》无论是从立法精神及技术上,还是从具体的法规内容上,均有许多优点,代表了近代中国银行立法的较高水平,反映了当时银行监管理论、内容、方法等方面的真实水平。以新《银行法》为银行监管的法律基础,国民政府以财政部为监管主体,对商业银行、储蓄银行、实业银行、信托公司、钱庄等所有银行类金融机构,从其注册设立、实际业务经营到问题银行的退出等所有方面,建立起一整套较为完整的银行监管制度体系。尽管从严格意义上讲,新《银行法》并非以“银行监管”命名的法规,但它仍然是国民政府对银行施行监管的基础,财政部

对银行的监管仍然以新《银行法》的具体规定为监管的法律依据。因此,新《银行法》确实代表了近代中国银行监管法律制度体系的较高水平。

二、国民政府时期银行监管思想的不足

尽管国民政府时期的银行监管制度思想为近代中国银行监管制度思想发展的最高水平,由此形成了近代中国较为完善的银行监管制度体系,但其与现代银行监管理论相比,仍然存在诸多不足之处。

(一)银行监管的最高主体机关仍为财政部

同晚清时期和北京政府时期一样,国民政府时期的银行监管主体机关仍为财政部,而非现代银行监管理论中的中央银行及专门的银行监管机关。现代金融监管理论中,中央银行为金融业监管的主要管理机关,并负责制定相应的金融及宏观货币政策,保证一国金融市场的稳定运行。中央银行主要负责金融业的宏观整体监管,对于金融业中最重要的组成部分银行业的监管,我国现阶段则主要由中国银行保险监督管理委员会[1]负责。而现今我国的财政部,则主要负责国家财政的管理和财政政策的制定与执行,并不负责对金融业的监管。如前所述,晚清时期银行监管的主体为户部。至北京政府时期,对银行的监管主要由财政部负责,并专门设立银行监理官制度,以加强财政部对银行的管理。国民政府建立后,对银行的监管仍以财政部为主要监管机构。抗日战争时期,为应付战时对银行监管之需要,财政部又成立了四联总处,专门负责对中央、中国、交通、中国农民四大银行的监督和管理,并负责战时相关金融政策的制定。但是,财政部仍然是主要的银行监管机构,一切有关银行监管政策法规的制定,均需经过财政部审核通过后,方能正式公布施行。以财政部代替中央银行作为

---

〔1〕“(三)组建中国银行保险监督管理委员会。金融是现代经济的核心,必须高度重视防控金融风险、保障国家金融安全。为深化金融监管体制改革,解决现行体制存在的监管职责不清晰、交叉监管和监管空白等问题,强化综合监管,优化监管资源配置,更好统筹系统重要性金融机构监管,逐步建立符合现代金融特点、统筹协调监管、有力有效的现代金融监管框架,守住不发生系统性金融风险的底线,方案提出,将中国银行业监督管理委员会和中国保险监督管理委员会的职责整合,组建中国银行保险监督管理委员会,作为国务院直属事业单位。其主要职责是,依照法律法规统一监督管理银行业和保险业,维护银行业和保险业合法、稳健运行,防范和化解金融风险,保护金融消费者合法权益,维护金融稳定。将中国银行业监督管理委员会和中国保险监督管理委员会拟订银行业、保险业重要法律法规草案和审慎监管基本制度的职责划入中国人民银行。不再保留中国银行业监督管理委员会、中国保险监督管理委员会。”引自《关于国务院机构改革方案的说明——2018 年 3 月 13 日在第十三届全国人民代表大会第一次会议上》,新华网,2018－03－14,http://www.xinhuanet.com/politics/2018lh/2018－03/14/c_1122533011.htm。

银行监管的主体并制定相应的金融政策,与近代中国中央银行力量薄弱、制度不健全的现实状况是相符的。并且,近代中国的理论界基于同样的原因,也未曾有人提出将中央银行单独设立为银行监管及货币政策制定的主体机构。虽然这一时期有学者从银行监管主体独立性的角度,提出设立独立于政府财政部之外专门的银行监管机关,但这一观点也并未得到国民政府的采纳。这也是由国民政府时期银行业的现实状况决定的。国民政府时期的银行业是以中、中、交、农四大国家银行为主要力量的,这四家银行不仅以一般的银行业务为主要经营对象,同时兼营大量的国家财政业务。因此,如果将银行的监管机关独立于政府财政部之外,则国民政府即会失去对四大行的控制,进而影响其财政收入。另外,四大银行本身即国家银行,如由独立的监管机构来监管,则不免会产生监管机关对其监管乏力的现象。综上各种因素,国民政府时期银行监管的主体机关仍然为财政部,而非中央银行和专门的银行监管机关。

(二)国家银行的特殊监管地位

国民政府时期银行监管制度思想的第二点不足之处,即国家银行在其监管体系中的特殊地位。如前所述,国民政府时期银行监管思想的发展十分迅速,内容十分丰富,不仅在机构准入制度、业务准入制度、高级管理人员准入制度等准入制度思想上较前两个时期有所发展,其在退出制度思想上的发展更是达到了相当高的水平。上述这些银行监管制度思想的不断进步和完善,最终促进了近代中国较高水平银行监管法律体系的形成。然而,在新《银行法》的附则中却有一条规定:"本法规定不适用于国家银行,但其他银行除法律另有规定外,适用本法之规定。"[1]该条规定明确表示,中、中、交、农四大国家银行并不在以新《银行法》为依据的监管体系之内,国家银行的设立与经营也不受新《银行法》有关银行准入规定的约束和限制。虽然国家银行事实上也在财政部的监管范围之内,并且依据对其监管的需要,分别制定了与之业务经营相适应的条例和规章制度,但在同一监管制度体系下,由于银行经营主体的特殊地位而遵守不同的标准,既不符合现代银行监管的基本理论,也不符合国民政府对银行业实行统一监管的基本思想。更重要的是,国家银行不受新《银行法》的约束,其自然也就不会遵守新《银行法》中存款保证准备金的缴纳规定。那么,对于国家银行在这一问题的处理上,就有两种方式:一是通过政府的强制力保证国家银行永

〔1〕"国民政府颁布银行法令稿(1947年9月1日)",中国第二历史档案馆编:《中华民国史档案资料汇编》[第五辑第三编:财政经济(二)],凤凰出版社2000年版,第28页。

不停业,即现代银行监管理论的“大而不倒”问题;二是国家银行发生问题时,其债权人自担风险。显然,第二种方式会引发严重的金融危机,国民政府必然不会采用。那么,唯一的方法就是保证国家银行的绝对安全,这显然并非一种完美的解决方式。所以,国民政府时期,国家银行在监管体系中的特殊地位是其银行监管制度思想发展中一个未能得到注意的问题。而银行“大而不倒”的问题,不仅仅是国民政府时期银行监管制度思想的不足,也是现代银行监管理论中一项待解决的重要问题。

(三)理论界关于银行监管制度思想的讨论深度不够

国民政府时期银行监管制度思想的最后一点不足之处,即理论界对于银行监管制度问题讨论的深度远远不足。虽然与晚清时期和北京政府时期相比,国民政府时期的理论界对于银行监管问题的讨论,不论是在人数上还是在讨论问题的范围上,均较前两个时期大大增加,但是,理论界对于银行监管制度实际内容的讨论,不论是在热度上还是在讨论的深度上,均远不及对监管必要性及目标的讨论。这一时期,理论界对于银行监管制度中有关准入监管及退出监管的讨论,更多的是介绍外国的银行管理制度以及对本国政府出台的各项银行法规内容的讨论,未能有学者切实地从银行监管制度建设本身来讨论我国银行监管制度的建设问题以及银行监管制度各方面内容的制定问题。对于这一不足产生的原因,笔者认为:一是此时期的学者仍将更多关注点放在我国银行制度的构建上,对于银行监管问题的讨论不能引起学者的兴趣;二是银行监管理论在世界范围内,是在20世纪初成为重点讨论的问题的。因此,银行监管作为一个新兴的理论热点问题,可供我国学者参考的资料并不多,自然不能引发我国理论界对于银行监管问题的深入研究。

第五章　近代中国银行监管制度思想发展的规律及启迪

第一节　近代中国银行监管制度思想发展的规律及特点

一、近代中国银行监管制度思想发展的规律

自1908年载泽首次提出并制定《银行通行则例》、加强对银行的立法管理，并建立相应的银行监管制度以来，近代中国银行监管制度思想经历了晚清时期的初创期、北京政府时期的发展期和南京国民政府时期的深化期三个阶段的发展和演变。通过对近代中国银行监管制度思想发展的总体考察，可以发现其在发展过程中存在如下规律：

（一）近代中国银行监管制度思想的发展体现了监管制度的强制性变迁过程

制度变迁的方式依照其是由一个（群）人自发引起还是由政府法令强制推行，可以划分为诱致性变迁和强制性变迁两种。诱致性制度变迁是指制度的创新是由一个（群）人，在响应由制度不均衡引致的获利机会时，所自发倡导、组织和实行的制度变迁。强制性制度变迁由政府命令和法律引入并实现，其变迁的主体是国家（或政府）。[1] 纵观近代中国银行监管制度思想的发展过程，不论是最初银行监管制度思想的产生，还是以后每次银行监管制度思想的改进与发

〔1〕 罗必良主编：《新制度经济学》，山西经济出版社2005年版，第139页。

展，均是从政府制定的相关银行监管法规开始的。具体地，晚清时期中国银行监管制度及思想的产生是由于载泽提出并制定了《银行通行则例》等相关银行监管法规；北京政府时期银行监管制度及思想的发展，则主要体现在1924年《银行通行法》及《银行通行法施行细则》的公布；南京国民政府时期银行监管制度及思想的发展，具体可以分为战前、战时和战后三个阶段，战前阶段以1931年《银行法》的制定和施行为标志，战时主要以《非常时期管理银行暂行办法》等一系列战时法规的施行为标志，战后则主要以1947年新《银行法》的施行为标志。由此可见，近代中国银行监管制度思想的每一次快速发展，均是由政府通过制定相应的银行监管法规引发的，这正好符合现代制度经济学对强制性制度变迁的定义。近代中国银行监管制度思想的强制性变迁还体现在，学术界对于银行监管制度的每次激烈讨论均是由于政府新银行法令的公布引发的。此外，学术界对于银行监管制度各方面的讨论，也会对银行监管制度的发展产生影响。这就体现了近代中国银行监管制度思想变迁过程中的另一个方面，即近代中国银行监管制度思想的发展虽以强制性变迁为主，但其中也有诱致性变迁的情况。例如，国民政府初期，财政部设立金融监理局为银行监管的主体机关，遭到了银行公会的强烈反对，并最终使得财政部裁撤金融监理局，改设钱币司专司银行监管职能。综上所述，近代中国银行监管制度及思想的演变，是以强制性变迁为主、诱致性变迁为辅的发展过程。

（二）近代中国银行监管制度思想的发展过程中，政府控制力不断加强

近代中国银行监管制度思想发展过程中的第二个规律，是政府的控制力在银行监管制度发展的过程中不断地得到加强。晚清时期，由于银行属于外来新生事物，所以近代中国银行的创立基本都有官营资本的参与，产生了政府对银行监管的客观需求。同时由于银行对于政府财政的重要作用，也使得政府有对银行监管的主观意愿。基于上述主观和客观两方面因素，促使载泽提出并制定《银行通行则例》，加强政府对银行管理思想的产生。一方面，北京政府时期，民营银行获得了快速发展，并逐步成为银行业的主要力量，官僚资本在银行业中的地位则逐步被削弱；另一方面，北京政府时期，军阀混战导致军费开支大量增加，促使政府通过银行获得财政收入的意愿大大增强。官僚资本的削弱和财政支出的增加，使得政府对于加强银行管理的要求更加强烈，并促使政府通过制定银行法规来强化其对银行的管理。此外，北京政府时期大量的银行由于经营不善发生倒闭，使得社会各界对于银行风险的认识逐步加强。这也使得社会各

界要求政府加强对银行的管理,以防止银行倒闭,进而引发社会经济生活的动荡。国民政府时期,随着全面抗战的爆发和国家资本主义的兴起,政府加强对银行管理的意愿更加强烈。同时,中央银行制度的不断发展也使得国民政府深刻认识到,要通过银行监管来迫使银行贯彻和执行相关货币政策,以达到政府特定的发展目标。中央银行理论及货币政策理论的发展,也促使政府不断加强对银行的管理。基于以上各方面原因,国民政府最终制定了新《银行法》,将所有银行纳入其监管范围,并制定了严格的管理措施。因此,近代中国银行监管制度思想的发展,是政府对银行控制力不断加强的一个过程。

(三)近代中国银行监管制度思想的发展是一个渐进的过程

任何制度理论从产生、发展到完善都需要一个相当长期的过程,不能一蹴而就。近代中国银行监管制度思想的发展,也是经历了晚清时期的初创阶段、北京政府时期的发展阶段和国民政府时期的深化阶段,才最终形成比较系统的银行监管制度。近代中国银行监管制度思想渐进的发展过程,不仅指其经历了初创、发展和深化三个阶段,更重要的是指这三个阶段并非相互独立的,后一个阶段的发展均是在前一阶段思想成果的基础上,通过不断修正和改进而成的。例如,对监管目标的认识,晚清时期银行监管错误地将整理政府财政作为主要目标;北京政府时期修正了晚清错误的银行监管目标,将银行监管的主要目标设定为保证银行的安全运行;至国民政府时期,银行监管的目标除了保证银行的稳健运行外,还将保证存款人的利益和辅助经济政策目标的实现作为银行监管的目标。可见,近代中国银行监管思想对于银行监管目标的认识,经历了错误目标、修正错误目标和深化监管目标的渐进发展过程。每一时期的银行监管目标,都是在对前一时期银行监管目标修正和深化的基础上形成的。近代中国银行监管制度思想发展的渐进性,不仅体现在对银行监管目标的认识上,银行监管的准入制度思想和退出制度思想等近代银行监管制度思想各个方面的发展,均体现了渐进的发展过程。近代银行监管制度思想其他方面的渐进性,通过前几章内容的论述可以得到具体体现,此处不再赘述。

(四)近代中国银行监管制度思想的发展过程中,对风险的认识不断深入

近代中国银行监管制度思想发展的最后一个规律性特征,是对银行风险认识的不断深入,并基于对银行风险认识的逐步深入理解,促使银行监管的目标、准入制度思想、退出制度思想等银行监管制度思想的发展和深化。晚清时期的银行监管是出于为政府整理财政的目的,并未认识到银行经营存在风险。同

时,由于晚清时期是近代中国银行的初创期,银行作为外来新生事物,对银行理论的学习还处于初级阶段,必然会对银行经营的风险性认识不足。北京政府时期,随着近代中国银行业和银行理论的不断发展,社会各界对于银行经营的风险性已经有了初步认识。北京政府时期的银行监管思想已经认识到,由于银行经营存在风险,银行一旦出现风险,将会对社会经济生活产生严重危害,所以必须对银行的经营活动进行监督。国民政府时期的银行监管思想在对银行经营风险有了更为深入的认识外,还认识到银行经营的风险问题不仅会危及银行业本身,而且会对社会经济生活的运行和发展产生破坏作用。国民政府时期的银行监管思想对银行的存款创造功能有着深刻理解,并从银行存款创造功能的角度来分析银行的风险性,以及银行对于社会经济稳定运行的重要作用。

近代中国银行监管思想对银行风险的认识,还深刻影响着银行监管制度思想各方面内容的发展。首先是关于准入制度思想的发展。晚清时期的准入制度思想仅仅是要求银行在设立时,应到银行监管机关进行核准注册,而对于银行的资本规模、业务经营、组织形式等方面则未能进行严格和详细的规定。北京政府时期,对银行的风险性有了一定认识,故对银行的机构准入、业务准入、高级管理人员准入等方面制定了较为严格和详细的规定。基于对银行风险性的深入认识,国民政府时期更是对银行准入制度思想的各个方面进行了完善,并针对不同类型的银行制定了与之业务经营内容相适应的准入制度。其次是关于退出制度思想的发展。随着对银行风险传递性及对国民经济稳定的重要性的认识,近代中国银行退出监管制度思想从简单的、零星的原则性规定,逐步发展为包括纠正性监管、救助性监管和市场退出监管等较为完整的银行退出监管制度思想。

综上所述,近代中国银行监管思想是基于对银行风险性认识的不断深入而逐步发展和完善起来的。对于银行风险性认识的不断深入,也是现代银行监管理论发展的基础。

二、近代中国银行监管制度思想的特点

近代中国银行监管制度思想,除上述几点规律性特征外,与现代银行监管理论相比,还存在如下几方面特点:

(一)财政部始终为银行监管的主体

现代银行监管理论中,货币政策的独立性理论要求设立专门的银行监管机

构负责银行的监管。例如,我国现行的金融监管体系中,中央银行负责统一管理金融机构和制定货币政策,设立银行保险监督管理委员会负责银行业和保险业的监管工作,设立证券业监督管理委员会负责证券业的监管工作。财政部仅负责管理国家财政和制定财政政策,并不负有对银行监管的职责。近代中国银行监管制度思想中,虽有人提出仿效外国设立专门的银行监管主体机关,但并未得到广泛认可。近代中国银行监管制度思想始终将财政部作为银行监管的主体机关,并随着银行监管制度的不断发展,其对银行的管控能力不断加强。晚清时期,由于银行属于新生事物,同时基于晚清筹建银行以振兴中国经济的特殊目的,使得清政府的财政部——户部——自然成为银行监管的主体机关。北京政府时期,由于银行常成为政府获得财政收入的工具,因而财政部自然成为银行监管的主体机关。国民政府时期,随着国家垄断资本主义的发展,国家银行逐渐成为银行业的主角,其与政府的密切关系不仅加强了财政部银行监管主体机关的地位,更使得财政部对于银行的管理能力逐渐加强。此外,近代中国银行监管制度思想始终以财政部作为银行监管的主体机关,除了上述银行与政府财政存在密切联系外,笔者还认为有"路径依赖"的原因在其中。这一点可以从两方面获得证实:一是近代中国银行监管制度思想将财政部作为银行监管的主体机关,始终未能有任何形式的质疑出现,社会各界均认为财政部作为银行的监管机关是理所当然的事情;二是新中国成立后,财政部仍为当时银行业的主管机关,即使是中国人民银行的中央银行地位确立后,财政部仍在很长一段时间内对银行业负有监管职能。以上两点均表明,近代中国银行监管制度思想始终将财政部作为银行监管的主体机关,是有"路径依赖"的因素在其中的。

(二)对银行准入制度思想的重视

现代银行监管虽然包括银行的准入监管、日常经营监管和市场退出监管,但监管重点更多的是对银行日常经营活动和市场退出的监管。近代中国银行监管制度思想与现代银行监管理论不同,近代监管思想更注重银行的准入监管。虽然近代中国银行监管制度思想的内容也包含日常经营监管和市场退出监管思想,但其思想内容无论是在深度上还是在广度上,均不及银行准入监管思想。例如,晚清时期的银行监管思想是以银行的准入为主;北京政府时期的银行监管思想中虽然出现了一些市场退出思想,但其发展程度仍不及准入制度思想;国民政府时期更是对银行准入制度思想进行了全面深化,而有关市场退出思想除了几个主要方面外,其余部分未能有较大发展。因此,纵观近代中国银行监管制度思想的发展，其每一阶段的发展均是对前一阶段监管制度思想修正的结果，而其修正的主要内容即对银行准入制度的修正，通过对银行准入制度的不断完善，以达到加强对银行监管的目的，进而防范银行风险，维护银行的稳健经营，以促进经济和金融的发展。近代中国银行监管制度思想更重视银行准入制度思想发展的这一特点，体现出近代中国的银行监管更注重对银行事前监管的理念。

（三）近代中国银行监管制度思想的发展注重对先进思想及经验的学习

我国现代的银行监管理论更多的是引进和学习外国的银行监管理论，并且现在主流的银行监管理论的教科书中，大多介绍的是较早期的西方银行监管理论，对于最新的银行监管理论内容的引入则较为滞后。近代中国银行监管制度思想主要以引进西方的银行监管思想为主，特别是以对日本和欧美银行监管思想的引进为主。与当今中国对西方银行监管理论的引进相比，近代中国对西方银行监管思想的引进和学习更为迅速。20 世纪之前，世界各国银行的运营方式及其在世界上的作用，是建立在几个严格而简单的规则之上的。除了个别国家(如瑞典和日本)以外，大多数国家不曾试图制定具体的银行组织规章。进入 20 世纪后，1914－1918 年的战争加速了银行的演变，银行事务从制定规则时代转向建立体制时代。世界银行制度的这一转变，在近代中国银行监管制度思想的发展上也得到了一定体现。以近代中国银行监管法律体系的发展为例，晚清时期的银行监管主要依据的是《银行通行则例》等一系列银行运行规则，尽管其在内容上已初具银行法的结构体系，但其名称仍为则例。进入北京政府时期后，虽仍然执行的是《银行通行则例》，但已开始探讨我国银行体制的建设并制定相应的《银行法》。可以看出，在世界银行制度开始进入体制建设时代后，此时期的中国也进入对本国银行体制建设的探索阶段，其中包括对银行监管制度建设的探索。这充分体现了近代中国银行监管制度思想发展过程中，注重对国际先进思想及经验的学习。近代中国银行监管思想虽然非常注重对西方先进思想及经验的学习，但在银行监管制度思想发展的后期，未能继续深入学习并形成如西方一样的银行监管理论，这一点是十分遗憾的。更为遗憾的是，新中国建立后，我国的银行监管制度思想长期停滞不前，直到改革开放以后，随着西方银行监管理论的引入，我国才逐渐开始学习先进的银行监管理论，并依照西方的银行监管理论建立我国的银行监管制度。

（四）近代中国银行监管制度思想的发展具有时代性

近代中国银行监管制度思想的发展除具有先进性外，依其所处的年代还有其独特的时代性。近代中国是一个半殖民地半封建的社会,由于受到资本主义列强的侵略,社会经济生活极其不稳定。同时,由于被迫地打开国门,也使得国人认识到了近代中国的落后性,开始积极学习西方先进知识,以求救国救民。因此,近代中国银行监管制度思想的发展,也深深地烙上了近代中国社会的这一时代特征。例如,载泽提出对银行的监管,一方面是希望通过政府对银行的管理来推动近代中国银行业的发展,另一方面是出于财政的需要,希望通过银行扩充国库,进而通过财政投入来增强国家的政治和军事实力。所以,不论是从促进银行的发展还是从整理财政的需要来看,载泽提出对银行的监管,均有通过银行监管来间接地实现富国强国的现实目的。

近代中国银行监管制度思想的时代性还体现在,近代中国银行监管制度思想虽然主要是学习和仿照外国的监管制度,但其并非完全照搬,而是根据我国银行业的现实特点,经过修改后形成的。所以,近代中国银行监管制度思想在其发展的过程中,是基本符合中国银行业的现实发展状况的,并从一定程度上促进了近代中国银行业的发展。例如,近代中国银行监管制度思想在确定银行监管对象时,对于是否将中国传统的银钱业纳入监管范围是十分谨慎的,其中经过了数次的修改。再如,近代中国银行监管思想对于近代中国银行业的划分,虽然初期比较混乱,但其划分始终是符合近代中国银行业的现实状况的。近代中国银行监管制度思想的发展始终与近代中国银行业的发展密切相关,监管制度思想的发展特点也体现着银行制度的发展特点。因此,笔者认为,近代中国银行监管制度思想的发展具有鲜明的时代特征。

(五)重管理、轻监督的制度设计理念

近代中国银行监管制度思想的最后一个特点是,其在制度设计过程中更多的是注重政府如何管理银行业,而非对银行业的监督。现代银行监管理论在论述政府如何监管银行时,基于银行仍然是以营利为目的的企业,并且由于金融创新对于金融业发展的重要作用,故更注重研究政府应该如何对银行进行监督,防止银行因各种原因面临风险,进而引发金融危机。近代中国银行监管制度思想重管理、轻监督的特点,首先可以从近代中国银行监管制度思想的内容中得到体现。如前文所述,近代中国银行监管制度思想内容主要可以分为准入制度思想和退出制度思想,而通过对比这两方面思想内容发展,准入制度思想是近代中国银行监管制度思想的最主要方面,其发展的速度和全面程度均高于退出制度思想。这表明,近代中国银行监管制度思想非常注重对进入金融市场

的银行的管理，而对银行退出市场并不重视。而近代中国银行监管制度思想中缺乏系统的银行日常经营监管思想，也充分体现了其重管理、轻监督的特点。其次，近代中国银行监管制度思想重管理的特点，还可以从对银行监管必要性及监管目标的讨论中得到体现。对于银行监管必要性的讨论，近代中国银行监管制度思想始终将银行与政府及社会生活的密切关系作为政府管理银行的重要依据。基于银行与政府及社会生活的密切关系，近代中国银行监管制度思想也常将执行政府的相关政策措施作为银行监管的目标之一。最后，近代中国的理论界在讨论银行监管问题时，也常常以"银行的管理"、"银行的检查"、"银行的管制"等为题目进行相关问题的探讨。综上所述，近代中国银行监管制度思想的各个方面均体现出其重管理、轻监督的制度设计理念。

第二节　近代中国银行监管制度思想的启迪

尽管近代中国银行监管制度思想与现代银行监管理论存在许多差异，但其在发展过程中仍然为现代中国的银行监管制度及理论提供了许多足资参考的内容。近代中国银行监管制度思想对于现代银行监管制度建设，不仅可以从历史发展的角度提供参考经验，同时其在发展过程中所遇到的各类银行监管问题，也能为现在的银行监管提供许多经验和启示。

一、健全的法律体系是监管制度完善的基础

纵观近代中国银行监管制度思想的变迁，每一次巨大的进步都伴随着一系列银行监管法规的出现。晚清时期银行监管制度思想的产生是以《银行通行则例》等相关法规的出台为标志，北京政府时期银行监管制度思想的发展也是以相应的《银行通行法》等法规的讨论为基础，国民政府时期银行监管制度思想的完善更是以 1931 年《银行法》和 1947 年新《银行法》为重要的里程碑。由此可见，近代中国银行监管制度思想的发展，始终是以相应的法律制度体系的建设为基础的。这首先表明，政府对银行的监管必须以相应的法律为基础，所有的银行监管行为及措施必须做到有法可依。这就启示我们，现代中国银行监管制度的建设，要先建立起与之相适应的银行监管法规体系，使银行监管做到有法可依。这样才能保证银行监管机关监管行为的合法性，并为银行监管机关的监管行为提供具体可执行的法律依据。其次，银行监管制度体系的完善与否，体

现在该国家或地区的银行监管法规体系是否完善。近代银行监管制度思想的发展与完善,就是对相应的法规体系进行不断修正和完善的结果。因此,现代中国银行监管制度的改进与完善,应先对现行的银行监管法律体系进行修正和完善。除了应当制定统一的银行监管法外,还应该根据我国现阶段银行业的现实状况,针对不同类型的银行制定与之相适应的监管法规。同时,应根据银行业的发展状况,不断对银行法规中不合时宜的规定进行修正和完善。

我国现阶段银行监管的主要法规,是2004年开始正式施行、2006年修订的《中华人民共和国银行业监督管理法》(以下简称《银行业监督管理法》)。这部法律也是自1949年新中国成立后我国颁布的第一部关于银行业监管的专门法。这部法律的颁布施行,标志着我国银行监管正式进入法制化的时代。但是,这仅仅是我国银行监管法律体系建设的第一步,其中还有很多需要逐步改进和完善的地方。例如,《银行业监督管理法》是在金融分业经营的前提下制定的银行监管法规,其中的许多内容仍然只适用于分业经营下的银行业监管。而伴随着金融混业经营趋势的加强,银行通过金融创新不断开展新的金融业务,对这些业务的监管则存在盲区。因此,现今我国银行监管法律体系的建设,仍然任重而道远。

二、监管制度的建设要学习和吸收国际经验

近代中国由于落后导致的被动挨打的局面,使得当时的国人非常注重对外国先进制度思想的学习。近代国人对西方银行监管制度的学习,推动了近代中国银行监管制度思想的产生和发展。例如,载泽在提出对银行进行管理时所推行的《银行通行则例》等一系列法规,就是在学习和参考了西方的银行法规后制定的。此后中国银行监管制度思想的每一次发展,都是在对西方各国银行监管制度学习的基础上进行的。通过前文的分析可以看出,近代中国银行监管制度思想的快速发展和完善,与近代国人重视对西方先进经验的学习密不可分。这就启示现今我国银行监管制度的建设也要与时俱进,要密切关注国际上银行监管理论的新动向,通过对国际银行监管新的理论知识和手段的学习和掌握,来促进我国银行监管制度的发展与完善。

我国现阶段对国际银行监管制度的学习,主要包括两个方面的内容:一是学习西方国家或地区有关国内银行的监管经验,包括监管制度的设计、监管方式的更新和新的银行监管理念等。特别是在现今银行通过金融创新不断开展

混业经营的现实情况下，更要学习西方各国对混业经营条件下银行监管问题的解决方法和手段。二是学习西方银行监管理论中对跨国银行的监管。随着我国银行股份制改造的完成，我国银行的规模逐渐扩大，在国际金融市场上的地位也逐步增强。所以，跨国业务将逐步成为我国银行业的重要业务内容之一。跨国业务的开展，也使银行业的跨国监管成为我国银行监管的重要方面。跨国银行的监管需要通过各个国家和地区的合作才能完成，这就需要我国的银行监管机关与国际银行监管机构及组织展开合作。我们必须学习和了解国际银行监管的理论知识，方能与国际银行监管机构展开合作，对我国银行的跨国业务和外国银行在我国的跨国经营进行有效的监管。因此，不论是为完善我国的银行监管制度体系，还是为适应跨国银行的监管而展开国际合作，均需要学习国际先进的银行监管经验。

三、监管制度的设计要符合国情

如前所述，近代中国银行监管制度思想非常重视对国际先进监管理念及方法的学习，但是其并非完全照搬西方的银行监管制度，而是在对西方银行监管制度深入学习和研究的基础上，结合近代中国银行业发展的现实状况，构建与近代中国银行业发展相适应的银行监管制度体系。关于这一点，最显著的就是近代中国银行监管始终将促进近代中国银行业的发展作为其重要目标之一。近代中国银行监管制度思想的每一次修正和改进，都是由于银行业的现实状况发生了变化，促使银行监管制度的不断修正，以适应新环境下的银行监管需要。我国现今银行监管制度虽较近代中国银行监管制度已十分先进，但就当今银行业的发展现状来看，其中的许多方面仍需要不断改进。例如，对于银行日常经营的监管，如果按照国际通行的资本充足率的计算标准，我国一些银行的资本充足率并不能达到国际标准应有的水平。这主要是因为，国际通行的资本充足率的计算标准并不完全适用于我国的银行，我国银行的资本及核心资本构成与国际通行意义上的资本及核心资本的定义并不完全一致。所以在计算我国银行的资本充足率时，必须对国际通行的计算标准进行调整，以适应我国银行的资本结构，切实发挥资本充足率监管的作用。当然，这里讨论的资本充足率监管，仅仅是我国银行监管制度体系中需要进行调整以适应我国银行监管需要的一个方面而已，其他还有诸如表外业务监管、银行的信息披露制度建设、银行的存款保险制度建设、银行的市场退出监管等许多相关制度,均要在设计时结合我国银行业的实际发展状况。只有这样,才能使得各类银行监管制度发挥其最大的监管效用。最后,需要指出的是,监管制度的设计要符合国情是一个动态的概念,即监管制度的设计不是一成不变的,而是随着国民经济和金融市场的发展,不断修正和改进以适应新条件下银行监管需要的过程。

四、监管制度的设计要具有一定的预见性

所谓监管制度的设计要有预见性,主要是指银行监管制度的设计不仅要适用于制度设计之时的监管需要,更要适应制度产生后永续监管的要求。这主要是基于两方面原因:第一,任何一套制度体系的形成都是一个长期复杂的过程,从开始设计到正式成型,需要经过长时间多人的努力才能最终形成。如果制度设计之初不考虑制度将来可执行性的话,则可能出现设计好的制度体系在正要发挥作用的时候即已过时,无法满足制度设计之初所要达到的目的和作用。也就是说,我国的银行监管在设计任何一套监管制度体系的时候,更重要的是考虑制度未来的可行性,而非制度设计时的可行性问题。只有这样,才能使得任何一套新的银行监管制度体系切实有效地发挥其所应具备的银行监管效用。第二,一套银行监管制度体系的执行,会直接或间接地对银行业未来的发展方向产生影响。这一点在近代中国银行监管制度的设计上尤为凸显。如前所述,近代中国银行监管制度实际上是政府对银行的管理制度,所以政府所期望的银行发展方向往往通过其对银行的管理来达成。因此,近代中国银行业的发展除了遵循银行业发展自身规律外,还受到近代中国银行监管制度的影响。现代中国的银行监管制度也有同样的特点,也会对现代中国银行业的发展产生重要的影响。另外,从金融创新的角度来看,金融机构进行金融创新的重要动力之一,即金融机构常通过金融创新来规避金融监管的限制,以达到经营利润最大化的目的。银行的监管直接决定着银行的业务创新,而新的银行业务又会产生新的监管要求。所以,银行监管制度设计的预见性还要求,在制度设计的时候将可能引发的金融创新考虑在内。基于上述两方面的原因,要求我国的银行监管制度在设计的时候,必须对其未来的可执行性和对银行业产生的影响有一定的预见性。只有如此,才能保证银行监管制度的有效性,并避免不合理的监管制度影响未来银行业的发展。

五、掌握信息的充分性和及时性是银行监管有效性的主要保证

近代中国银行监管制度给现今中国银行监管制度的最后一点启示是，要保证监管机关对银行实行有效的监管，则必须保证监管机关能够及时、准确地掌握银行的经营信息。近代中国的银行监管制度通过设立银行监理官，来保证财政部能够及时、准确地掌握每家银行的营业信息。尽管设立银行监理官制度最终被国民政府废止，但在各银行派驻银行监管机关的官员这一举措仍然被保留了下来。因此，可以看出，近代中国的银行监管制度对监管机关及时掌握银行的经营状况非常重视。这也是银行监理官制度对于近代中国银行监管制度重要性的体现。

及时、准确地掌握银行运营信息也是现代银行监管有效性的重要保证，因此，信息披露制度的建立成为各国银行监管制度建设的重要内容之一。现代银行监管的信息披露制度，不再如近代中国银行监管制度那样需要在各个银行设立监理官或监管机构的特派官员。现代银行信息披露制度的建立，主要通过网络系统建立起银行的网络信息披露系统。银行监管机构不需要设立专门的信息采集员，只需要建立一套完善的信息披露体系，对银行所应披露的信息内容制定统一的、规范化的报告体系，并设立合理的信息披露时间表。各家银行只需要按照银行监管机关制定的标准，按照规定的时间表如实报告其所应报告的信息即可。尽管网络通信技术的发达使得银行监管机构能够及时便利地获得银行的经营信息，但是构建一套完善的信息披露制度体系仍然存在诸多困难。第一，信息披露标准体系的构建存在困难。如何制定一套标准化的信息披露体系，从而能准确真实地反映银行的业务经营状况，并非易事。不同类型的银行，其业务内容及风险水平均不相同，即便是同类型的银行在不同时期的业务及风险状况也存在诸多差异。因此，制定一套有效通行的信息披露标准体系绝非易事。第二，如何保证银行披露信息的真实有效。通常银行并不具备主动暴露其问题的动机，同时银行也没有主动进行信息披露的意愿。因此，如何保证银行积极、诚实地报告其业务信息，也是构建信息披露制度的重要方面。特别地，如果监管机构不能获得正确的信息，极易导致监管失效或错误的监管行为，从而引发危机，甚至使危机更加严重化。因此，保证披露信息的真实有效，或者保证监管机关能够正确识别披露信息，也是银行信息披露制度建设的难点。第三，建立信息披露制度的同时，如何保证各家银行的商业秘密的安全，也是一个完

善的信息披露制度体系的重要方面。尽管构建一个完善的信息披露制度存在诸多困难,但是由于其是银行监管制度有效性的重要保证,因此,当代银行监管制度必须克服上述困难,建立一套符合我国银行监管现实需求状况的银行信息披露制度体系。

参考文献

报纸、杂志

1.《东方杂志》,1908 年第 8 期。

2.《东南经济》,1941 年第 3 期。

3.《东亚经济月刊》,1942 年第 1 卷第 5 期。

4.《财政评论》,1942 年第 8 卷第 4、5 期,1943 年第 10 卷第 5 期,1944 年第 12 卷第 6 期,1946 年第 15 卷第 1、6 期。

5.《财政日刊》,1928 年第 339 期。

6.《财政知识》,1942 年第 1 卷第 3 期。

7.《财政公报》,1934 年第 81 期。

8.《经济汇报》,1941 年第 5 卷第 10 期,1942 年第 6 卷第 4 期。

9.《经济研究季报》,1941 年第 1 卷第 2 期。

10.《经建季刊》,1946 年首期。

11.《工商法规》,1949 年第 1—26 期。

12.《公信会计月刊》,1947 年第 10 卷第 6 期。

13.《国民政府公报》,1943 年第 528 期。

14.《金融周讯》,1946 年第 2 卷第 25—26 期。

15.《金融知识》,1942 年第 1 卷第 3、4、5 期,1943 年第 2 卷第 1、3 期。

16.《金融周报》,1936 年第 1 卷第 20 期。

17.《钱业月报》,1927 年第 7 卷第 11 期。

18.《清议》,1947 年第 1 卷第 6 期。

19.《商旅友报》,1924 年第 12 期。

20.《商业月报》,1934 年第 14 卷第 6 期。

21.《商学季刊》,1936 年第 1 卷第 1 期。

22.《现代会计》,1947 年第 1 期。

23.《新经济半月刊》,1941 年第 6 卷第 6 期。

24.《新商业》,1946 年第 2 卷第 2 期。

25.《新语》,1948 年第 13 卷第 14、15 期。

26.《信托季刊》,1937 年第 2 卷第 1 期。

27.《银行通讯》,1945 年第 21—22 期,1946 年第 7 期。

28.《银行系刊》,1946 年第 3 期。

29.《银行月报》,1919 年第 3 卷第 45 号,1921 年第 7 卷第 6、7、8 号。

30.《银行杂志》,1925 年第 2 卷第 20 号。

31.《银行周报》,1918 年第 2 卷第 5、23、24 号,1919 年第 3 卷第 2、3、12 号,1920 年第 4 卷第 7、18、19、26、27、28、30、31、32、33、34、35 号,1921 年第 5 卷第 16、19、30、39、40 号,1923 年第 7 卷第 1、6、27、31、36 号,1924 年第 8 卷第 16、18 号,1928 年第 12 卷第 34 号,1935 年第 19 卷第 27、28、30 号,1936 年第 20 卷第 38 号,1944 年第 28 卷第 7—8 合刊、15—16 合刊、25—26 合刊、33—34 合刊、41—44 合刊号,1946 年第 30 卷第 21—22 合刊、26、28 号,1947 年第 31 卷第 19—20合刊、38、50 号,1948 年第 32 卷第 1、29 号,1949 年第 33 卷第 5—6 合刊号。

32.《银钱界》,1939 年第 3 卷第 7 期。

33.《浙江经济》,1946 年第 1 卷第 2 期。

34.《中央银行月报》,1936 年第 5 卷第 8—12 期,1948 年新第 3 卷第 5 期。

35.《中国经济月刊》,1935 年第 3 卷第 1 期。

36.《中国银行通信录》,1918 年第 39 期。

37.《中农月刊》,1942 年第 3 卷第 12 期,1947 年第 8 卷第 7 期。

38.《资源委员会公报》,1946 年第 10 卷第 5 期。

39.《总商会月报》,1927 年第 7 卷第 11 期。

40.《南京大刚报》,1946 年 5 月 1 日。

41.《益世报》,1942 年 8 月 9 日。

著作、论文、资料汇编

42.《荀子·修身》。

43.《宋大诏令集·政事·置市易物诏》。

44.(清)蒲松龄:《聊斋志异·阿绣》。

45.(清)魏源:《海国图志·大西洋·英吉利国广述上》。

46.(清)魏源:《海国图志·大西洋·英吉利国总记·杂记》。

47. 陈炽:《盛世危言·序》。

48. 陈炽:《续富国策·创开银行说》。

49.《李文忠公全集》译署函稿十九。

50. 邵之棠辑:《皇朝经世文统编》卷五十八·理财部三·银行。

51. 郑观应:《盛世危言·银行上》。

52.《张季子(謇)九录·政闻录》卷二。

53.《中华民国金融法规汇编》,网络电子版。

54. 中国第二历史档案馆编:《中华民国金融法规档案资料选编》,江苏古籍出版社,网络电子版。

55. 张辑颜:《中国金融论》,商务印书馆 1930 年版。

56. 徐寄庼:《最近上海金融史》,上海书店 1932 版。

57. 王志莘:《中国之储蓄银行史》,商务印书馆 1934 年版。

58. 吴承禧:《中国的银行》,商务印书馆 1934 年版。

59. 崔晓岑:《中央银行论》,商务印书馆 1935 年版。

60. 杨荫溥:《中国金融研究》,商务印书馆 1936 年版。

61. 张辑颜:《中国金融论》,上海黎明书局 1936 年版。

62. 余捷琼:《中国的新货币政策》,商务印书馆 1937 年版。

63. 朱斯煌:《银行经营论》,商务印书馆 1939 年版。

64. 邹宗伊:《中国战时金融管制》,财政评论出版社 1943 年版。

65. 徐学禹、丘汉平:《地方银行概论》,福建省经济建设计划委员会 1945 年版。

66. 刘佐人:《省地方银行泛论》,广东省银行 1946 年版。

67. 刘泽霖:《银行国有论》,中国文化服务社 1947 年版。

68. 沈长泰:《省县银行》,大东书局 1948 年版。

69. 陈行:《中央银行概论》,银行通讯出版社 1948 年版。

70. 张郁兰:《中国银行业发展史》,华南商业银行研究室 1957 年版。

71. 宫下忠雄著,吴子竹编译:《中国银行制度史》,华南商业银行研究室 1957 年版。

72. 徐义生:《从甲午战争到辛亥革命时期清政府的外债(上)》,《经济研究》,1957 年第 4 期。

73. 献可:《近百年来帝国主义在华银行发行纸币情况》,上海人民出版社 1958 年版。

74. 谭玉佐:《中国重要银行发展史》,联合出版中心1961年版。

75. 徐义生编:《中国近代外债史统计资料(1853—1927)》,中华书局1962年版。

76. 中国人民银行总行参事室编:《中国近代货币史资料》(第一辑下册),中华书局1964年版。

77. 沈云龙主编:《近代中国史料丛刊·第一辑·周止庵(学熙)先生别传(周叔媜著)》,(中国台湾)文海出版社1966年版。

78. 沈云龙主编:《近代中国史料丛刊·第八十八辑·中华银行史(周葆銮著)·第三编》,(中国台湾)文海出版社1966年版。

79. 严复:《原富》,商务印书馆1981年版。

80. 张德泽编著:《清代国家机关考略》,中国人民大学出版社1981年版。

81. 中国第二历史档案馆编:《中华民国史档案资料汇编》(第二辑),江苏人民出版社1981年版。

82. 中国人民银行上海市分行金融研究室编:《中国第一家银行》,中国社会科学出版社1982年版。

83.《孙中山全集》(第二卷),中华书局1982年版。

84. 梁启超:《饮冰室合集》(第四册),中华书局1988年版。

85. 洪葭管、张继凤:《近代上海金融市场》,上海人民出版社1989年版。

86. 中国第二历史档案馆、中国人民银行江苏省分行、江苏省金融志编委会合编:《中华民国金融法规档案资料选编》,档案出版社1989年版。

87. 中国人民银行总行金融研究所金融历史研究室编:《近代中国金融业管理》,人民出版社1990年版。

88. North, D. *Institutions, Institutional Change, and Economic Performance*. Cambridge: Cambridge University Press, 1990.

89. 姜宏业主编:《中国地方银行史》,湖南出版社1991年版。

90. 中国第二历史档案馆编:《中华民国史档案资料汇编》[第三辑:金融(一)],凤凰出版社1991年版。

91. 孔祥贤:《大清银行行史》,南京大学出版社1991年版。

92. 杜恂诚:《民族资本主义与旧中国政府(1840—1937)》,上海社会科学院出版社1991年版。

93. 姚会元:《中国货币银行(1840—1952)》,武汉测绘科技大学出版社

1993 年版。

94. 洪葭管:《中国金融史》,西南财经大学出版社 1993 年版。

95. 北京图书馆编:《民国时期总书目(1911－1949)·经济》,北京图书馆出版社 1993 年版。

96. 黄鉴晖:《中国银行业史》,山西经济出版社 1994 年版。

97. 中国第二历史档案馆编:《中华民国史档案资料汇编》[第五辑第一编:财政经济(四)],凤凰出版社 1994 年版。

98. 中国银行行史编辑委员会编著:《中国银行行史(1912－1949)》,中国金融出版社 1995 年版。

99. 交通银行总行、中国第二历史档案馆合编:《交通银行史料第一卷(1907－1949)》(上册),中国金融出版社 1995 年版。

100. 崔国华:《抗日战争时期国民政府财政金融政策》,西南财经大学出版社 1995 年版。

101. 王华庆:《中国银行业监管制度研究》,中国金融出版社 1996 年版。

102. 戴建斌、于彤:《中国近代商业银行纸币史》,河北教育出版社 1996 年版。

103. 刘慧宇:《中国中央银行研究(1928－1949)》,中国财政经济出版社 1997 年版。

104. 徐矛、顾关林、姜天鹰主编:《中国十银行家》,上海人民出版社 1997 年版。

105.(法)让·里瓦尔著,陈淑仁译:《银行史》,商务印书馆 1997 年版。

106. 中国第二历史档案馆编:《中华民国史档案资料汇编》[第五辑第二编:财政经济(三)],凤凰出版社 1997 年版。

107. 中国第二历史档案馆编:《中华民国史档案资料汇编》[第五辑第二编:财政经济(四)],凤凰出版社 1997 年版。

108. 张忠军:《金融监管法论——以银行法为中心研究》,法律出版社 1998 年版。

109. 周林主编:《世界银行业监管》,上海财经大学出版社 1998 年版。

110. 叶世昌:《近代中国经济思想史》,上海人民出版社 1998 年版。

111. 程霖:《中国近代银行制度建设思想研究(1859－1949)》,上海财经大学出版社 1999 年版。

112. 王广谦主编:《中央银行学》,高等教育出版社 1999 年版。

113. 钟思远、刘基荣:《民国私营银行史(1911—1949 年)》,四川大学出版社 1999 年版。

114. 马寅初:《马寅初全集》,浙江人民出版社 1999 年版。

115. 谢振民:《中华民国立法史》,中国政法大学出版社 2000 年版。

116. 陈旭麓、顾廷龙、汪熙主编:《中国通商银行——盛宣怀档案资料选辑之五》,上海人民出版社 2000 年版。

117. 杜恂诚:《中国近代两种金融制度的比较》,《中国社会科学》,2000 年第 2 期。

118. 中国第二历史档案馆编:《中华民国史档案资料汇编》[第五辑第三编:财政经济(二)],凤凰出版社 2000 年版。

119. 叶世昌、潘连贵:《中国古近代金融史》,复旦大学出版社 2001 年版。

120. 李桂花:《论近代中国中央银行的形成时间、制度类型与功能演进》,《中国经济史研究》,2001 年第 2 期。

121. 马志刚:《中国近代银行业监理法律问题研究》,2001 年中国政法大学博士学位论文。

122. 朱晓辉:《试析中国近代银行监管制度及思想(1859—1927)》,2002 年中国政法大学硕士学位论文。

123. 孔祥毅等著:《百年金融制度变迁与金融协调》,中国社会科学出版社 2002 年版。

124. 吴景平:《上海金融业与国民政府关系研究(1927—1937)》,上海财经大学出版社 2002 年版。

125. 杜恂诚:《中国金融通史》(第 3 卷),中国金融出版社 2002 年版。

126. 杜恂诚:《上海金融的制度、功能与变迁(1897—1997)》,上海人民出版社 2003 年版。

127. 孔令纪主编:《中国历代官制》,齐鲁书社 2003 年版。

128.《中华人民共和国商业银行法》,2004 年。

129.《中华人民共和国银行业监督管理法》,2004 年。

130. 杜恂诚:《金融制度变迁史的中外比较》,上海社会科学院出版社 2004 年版。

131. 洪葭管:《20 世纪的上海金融》,上海人民出版社 2004 年版。

132. 洪葭管主编:《中央银行史料》,中国金融出版社 2005 年版。

133. 杨春林:《商业银行有效监管论》,人民法院出版社 2005 年版。

134. 史纪良主编:《银行监管比较研究》,中国金融出版社 2005 年版。

135. 罗必良主编:《新制度经济学》,山西经济出版社 2005 年版。

136. 钱婵媛:《中国改革开放进程中的银行监管制度思想研究(1979—2004)》,2005 年上海财经大学博士论文。

137. 程霖:《近代中国中央银行制度思想演进》,《财经研究》,2005 年第 31 卷第 3 期。

138. 王晓华、吴菊英:《金国宝及其〈侣琴诗存〉的史料价值》,《档案与建设》,2005 年第 11 期。

139. 李成编著:《金融监管学》,科学出版社 2006 年版。

140. 杜恂诚:《近代中国钱业习惯法——以上海钱业为视角》,上海财经大学出版社 2006 年版。

141. 吴永光:《国民政府时期金融监管体制变迁研究》,2006 年广西师范大学硕士学位论文。

142. 杨家才、阙方平、秦汉锋编著:《银行监管通论(上)》,华中科技大学出版社 2006 年版。

143. 康有为撰,姜义华、张荣华编校:《康有为全集·第九集》,中国人民大学出版社 2007 年版。

144. 复旦大学中国金融史研究中心编:《近代上海金融组织研究》,复旦大学出版社 2007 年版。

145. 姚会元、易棉阳:《中国政府金融监管制度的演进与特点(1900—1949)》,《广东金融学院学报》,2007 年第 9 期。

146. 祁敬宇主编:《金融监管学》,西安交通大学出版社 2007 年版。

147. 李昌宝:《中国近代中央银行思想研究》,2007 年复旦大学博士学位论文。

148. 洪葭管著:《中国金融通史·第四卷·国民政府时期(1927—1949 年)》,中国金融出版社 2008 年版。

149. 复旦大学中国金融史研究中心编:《中国金融制度变迁研究》,复旦大学出版社 2008 年版。

150. 刘平著:《近代中国银行监管制度研究(1897—1949)》,复旦大学出版社 2008 年版。

151. 王丹莉:《银行现代化的先声——中国近代私营银行制度研究(1897—1936)》,中国金融出版社 2009 年版。

152. 李婧:《中国近代银行法研究(1897—1949)——以组织法律制度为视角》,北京大学出版社 2010 年版。

153. 李永伟:《论南京国民政府中央银行货币发行制——以政府主导下的制度生成过程为视角》,《金融教学与研究》,2010 年第 1 期。

154. 李辉:《〈银行周报〉研究(1925—1937)》,载于复旦大学中国金融史研究中心编:《辛亥革命前后的中国金融业》,复旦大学出版社 2012 年版。